KB111847

맹자

바른 삶에 이르는 길 ③

나를 버린다는 말은 거짓이다

맹자 바른 삶에 이르는 길 ③

나를 버린다는 말은 거짓이다

초판 1쇄 인쇄 | 2004년 10월 5일
초판 1쇄 발행 | 2004년 10월 10일

지은이 | 윤재근
펴낸이 | 양동현

펴낸곳 | 도서출판 나들목
출판등록 | 제 6-483호
주소 | 서울 성북구 동소문동4가 124-2
대표전화 | 02) 927-2345 팩시밀리 | 02) 927-3199
이메일 | academybook@hanmail.net

ISBN | 89-90517-24-9 04150
89-90517-21-4 04150 (전3권)

www.academypub.com

맹자

바른 삶에 이르는 길 ③

나를 버린다는 말은 거짓이다

尹在根 지음

나들목

■ 복간 서문

'인간이 이룩한 문명이 인간을 도둑질해 간 지 이미 오래다. 도둑질 당한 인간을 다시 찾아줄 수 있는 선생이 곧 성현이다. 성현은 어떤 사상(思想)의 창시자라기보다는 인생의 으뜸가는 선생이다. 삶의 지혜를 주는 분이 곧 성현인 까닭이다.'

10년 전에 《孟子》를 내면서 위와 같이 말한 적이 있었다. 지금도 그 생각은 여전하다. 맹자를 직접 만나 뵙고 말씀을 들어 보면 누구나 저 나름대로 일깨움을 받을 수 있다는 생각 역시 바뀌지 않았다. 맹자를 성현(聖賢)으로 뵈면 될 일이지 철인(哲人)으로 만나야 하는 것은 아니다. 맹자는 성현이므로 그 말씀을 귀담아 듣게 되면 반드시 누구나 자신을 되돌아보고 만나 보는 순간을 얻게 된다. 성현은 늘 남보다 자신을 먼저 만나 보라고 절실하게 가르쳐 준다. 이 가르침이야말로 사람이 사람으로서 살아가는 데 틀림없는 길잡이가 되어 준다.

맹자의 말씀을 정치 사상 쪽으로 무게를 두어야 하는 것은 아니다. 맹자는 무엇보다 먼저 사람이라면 당연히 사람이 되어야 함을 일깨워 주려고 한다. 맹자께서 밝혀 주는 왕자(王者)니 귀덕(貴德)이니 행인(行仁)이니 하는 말씀들은 모두 사람이 되는 길목이다.

그 길목을 벗어나지 말기를 바라는 성현의 뜻을 소중히 여기고 맹자의 말씀들을 책으로 묶었던 초심(初心)을 새삼 다짐해 두고 싶다. 성현의 말씀을 외면하는 세태가 갈수록 세차다는 느낌이 들어 그럴수록 더욱 성현의 말씀을 세상에 드러내고 싶어진다.

맹자께서는 살 만할수록 반락태오(般樂怠敖)를 두려워하라 한다. 늘 놀아나기만 하고〔般樂〕 나태하고 방자한〔怠敖〕 세상은 앞날이 어둡다는 것이다. 이를 모르면 온 천지가 노들강변인 양 먹고 놀자판 세태가 아우성친다고 한다. 지금 그런 소용돌이에 우리가 빠져든 게 아닌가 싶어 두려울 지경이다. 지금 세태는 마치 몸〔肉體〕 하나로만 살면 그만이라는 듯이 마음가짐을 소홀히 하고 심하게 팽개쳐 두고 있다. 이러한 세태는 결국 소중한 삶을 소모해 버리게 하는 불행을 불러 올 뿐이다. 그 불행을 어느 누가 일깨워줄 수 있겠는가? 법치(法治)로써도 그 불행을 다잡을 수 없고, 강압(强壓)으로써도 제치지 못한다. 이런 세태를 고쳐 갈 길은 오직 성현밖에는 가르쳐 줄 분이 없다고 확신한다.

맹자께서는 그런 길을 어느 성현보다 열렬하게 터 주고 있다. 그래서 맹자의 말씀을 귀담아 듣게 되면 그만큼 자신의 삶을 소중히 갈무리할 수 있다고 확신한다. 이런 뜻을 받아들여 《孟子》를 새로 단장하고 오자(誤字)들을 말끔히 고쳐서 복간(復刊)해 준 나들목 양동현 사장님께 감사드린다.

2004년 10월

尹在根

尹在根

■ 머리말

행복의 주인이 되는 길

공맹(孔孟)과 노장(老莊)의 말씀을 담아 둔 고전을 읽을 때마다 이 네 분의 성현(聖賢)을 보통 사람들의 선생으로 모셔야 한다는 생각이 들었다. 특히 70년대에 접어들면서부터 그런 생각이 부쩍 강해졌다. 그래서 성현들의 말씀을 들을 때마다 사람과 삶을 위한 지혜로 들었다.

노자(老子)와 장자(莊子), 그리고 공자(孔子)의 말씀을 듣고 보통 사람으로서 느낀 바를 책으로 묶어 냈다. 그리고 끝으로 맹자(孟子)의 말씀을 들어 두었던 것을 정리해 이렇게 묶어 내게 되었다. 네 분을 차례를 두고 만난 것은 아니다. 수시로 이분, 저분을 뵙고 사람이 되고 제대로 살아가는 방법을 새기려 했다. 맹자의 말씀은 가장 현실적으로 인간과 삶의 지혜를 비춰 주는 거울과 같다.

성현은 우리를 부끄럽게 한 다음 뉘우치게 한다. 꾸중을 한다거나 벌을 주지 않고 허물을 지었으면 벗을 줄 알면 된다고 다독거려 준다. 또한 성현은 목숨이 얼마나 성스럽고, 산다는 일이 얼마나 소중하고 위대한가를 깨우쳐 준다. 그래서 괴롭고 고통스러울수록 성현을 만나면 마음이 편해진다. 맹자가 들려주는 지혜들이 사라져 세상이 막막하고 잔인해져 간다고 보아도 된다.

인간이 이룩한 문명이 인간을 도둑질해 간 지 이미 오래다. 도둑질 당한 인간을 다시 찾아 줄 수 있는 선생이 곧 성현이다. 성현은 어떤 사상의 창시자라기보다는 인생의 으뜸가는 선생이다. 삶의 지혜를 주는 분이 곧 성현인 까닭이다.

문명이 토해 내는 지식은 날로 폭포처럼 쏟아져 인간을 지성(知性)의 화신(化身)으로 끌고 가고 있다. 성현의 지혜는 이미 멀어져 우리는 덕성(德性)을 잊어버리고 산다. 지성은 날카롭고 잔혹해 삶을 막막하게 하고 인간을 영악하게 몰아간다. 그러나 덕성은 삶을 부드럽고 너그럽게 하여 인간을 착하게 한다. 착한 인간이 되는 방법을 터득하려면 맹자를 선생으로 모시는 것이 가장 좋다. 현대 문명을 이룩하는 동시에 착해진다면 인간은 안팎으로 행복의 주인이 될 수 있다.

나는 철학(哲學)을 전공한 것도 아니고 한학(漢學)을 전공한 것도 아니다. 다만 보통 사람의 입장에서 손자가 할아버지를 뵙는 심정으로 노장(老莊)과 공맹(孔孟)을 만나며 나를 다스리는 지혜를 얻어 보려고 했을 뿐이다. 모든 대중들이 이 네 분의 성현을 선생으로 모신다면 미래를 불안해할 이유가 없을 것이라는 생각이 든다. 도둑질 당한 인간을 다시 찾아 주는 데는 위 네 분의 동양의 성현들이 말씀해 놓은 지혜들이 틀림없는 포도대장이 되는 까닭이다.

윤재근

차 례

진심장구 하(盡心章句 下)

왜 삶의 경전을 읽는가

《논어(論語)》, 《맹자(孟子)》, 《노자(老子)》, 《장자(莊子)》는 모두 생활의 경전이다. 철학을 위해 있다기보다는 먼저 생활의 경전으로 있다. 동양 철학은 모두 생활을 위해 생각하고 이해하게 하며 판단하게 한다. 동양 철학은 곧 생활의 철학이다. 사람이 제대로 살아가는 길을 터 주기 위해 노장(老莊)도 고뇌했고 공맹(孔孟)도 고뇌했다.

《논어》를 남긴 공자, 《맹자》를 남긴 맹자, 《노자》를 남긴 노자, 《장자》를 남긴 장자는 철인(哲人)이라기보다는 성현(聖賢)이요, 인간과 삶의 선생(先生)이다. 그래서 이들 성현의 말을 지식을 쌓기 위한 수단이 아닌 지혜로운 삶을 살기 위한 말로 듣는다면 항상 살아 숨쉬는 말을 들을 수 있다. 시대마다 삶의 수단은 변하게 마련이다. 인간은 다른 동물처럼 삶을 반복하여 그대로 이어가지 않는다. 인간에게는 삶의 역사(歷史)가 있고 문화(文化)가 있다. 그러나 인간이 삶을 통하여 바라는 목적은 변함없다. 그 목적은 바로 행복(幸福)이다.

20세기의 삶은 19세기의 것과 달랐고, 지금 21세기의 삶 역시

20세기의 것과 다를 것이다. 왜냐하면 인간의 삶은 문화로 숨을 쉬기 때문이다. 문화는 흐르는 물과 같아서 같은 물에 삶을 씻어 낼 수가 없다. 미래를 향해 흐르는 문화는 항상 새로운 물결과 방향을 잡아 삶을 항해하게 한다. 삶의 항해를 역사로 본다면 헤엄을 쳐서 문화의 바다에 나아갔던 적도 있었고, 뗏목을 타고 나아가던 적도 있었고, 돛단배를 타고 나아갔던 적도 있었다. 그런가 하면 증기선을 타기도 했었다. 그렇다면 현대의 삶은 인생이란 문화의 바다를 어떻게 항해하고 있는가? 원자력선을 타고 있다고 비유하면 될 것이다.

이처럼 삶의 바다를 항해하는 수단은 끊임없이 변화한다. 그러나 어떤 수단으로 항해를 하든 그 목적지는 변함없다. 행복이란 포구를 향해 항해의 방향을 잡아 삶의 배를 끌고 가는 것은 변하지 않기 때문이다. 목적지가 분명해야 항해의 방향도 분명해진다. 생활의 경전은 삶의 목적지를 분명하게 정해 주고, 그곳을 향한 방향을 잡게 한다. 그래서 생활의 경전을 행복의 철학이라고 일컬어도 무방하다.

맹자는 어떻게 살면 불행하고 어떻게 살면 행복한지를 매우 현실적으로 가르쳐 주는 선생이요, 성현이다. 맹자는 노장처럼 삶의 골목을 떠나 살라고 하지 않고 공자처럼 삶의 골목, 바로 그곳에서 삶의 행복을 찾아내는 법을 가르쳐 준다. 마음을 어떻게 다스리느냐에 따라 삶의 행복은 가까이 오기도 하고 멀어지기도 한다. 맹자는 이 점을 무엇보다 중요하게 다룬다. 《맹자》의 맨 마지막 장인 〈진심장구(盡心章句)〉는 바로 행복한 삶을 위하여 마음을 어떻게 다스릴 것인지를 가르쳐 주고 있는 생활의 경전이다.

성경이나 불경은 신앙의 경전이다. 신앙의 경전은 그 종교를 믿는 사람이 읽고, 그 말에 따라 행동하게 한다. 그러나 생활의 경전은 종교의 경전처럼 신앙을 전제로 하지 않는다. 생활의 경전은 인간이라면 누구나 알아야 하고 터득해야 하는 삶의 길을 터 주어 걸어가라고 한다. 〈진심장구〉는 행복한 삶을 누릴 수 있는 마음의 세계가 어떤 것인가를 생각하고 헤아리게 한다. 맹자의 말에 따라 삶의 방향을 잡아 항해한다면 반드시 행복이란 포구에 닿아 닻을 내리고 살 수 있을 것이다.

진심(盡心)하라. 이 말은 나 자신이 인간이 되어 삶의 행복을 누릴 수 있게 하라는 말이다. 행복한 삶을 누리기 위하여 마음을 다하라. 그렇게 하려면 무엇보다 먼저 마음을 잘 다스려야 한다. 마음을 어떻게 다스리면 좋을까? 이러한 문제를 맹자는 매우 현실적으로 밝혀 준다.

동양에서는 마음을 생리적으로 보지 않는다. 그런 것은 서양의 심리학에서나 다루는 것이다. 동양에서는 마음을 인간의 것으로 보기보다는 천지(天地)의 것으로 본다. 여기서 천지란 목숨을 창조하는 보편적 이치를 말한다. 그 이치를 맹자는 선(善)이라고 했다. 마음을 선하게 하라. 그것이 곧 삶의 행복이다.

선한 마음(善心)이란 무엇인가? 삶의 행복을 누리를 포구라고 생각하면 된다. 맹자의 말은 그 포구에서 일생을 누릴 수 있게 한다. 선심을 향해 마음을 다하라. 이것이 곧 맹자의 진심(盡心)이다. 행복을 바라지 말고 행복을 얻기 위해 마음을 다하라. 그러기 위해서는 선한 마음을 가져야 한다.

먼저 나를 찾아 구하라

사람은 누구나 소중한 것을 찾아 구하려고 한다. 소중한 것이 삶의 행복을 누리게 해 준다고 믿는 까닭이다. 맹자는 인간보다 더 소중한 것은 없다고 했다. 인간이 소중하다는 것은 무엇보다 삶의 행복을 누릴 수 있는 존재이기 때문이다. 그러나 행복하다고 여기는 사람보다 고통스럽다고 느끼는 사람들이 훨씬 더 많다. 여래(如來)는 삶 그 자체를 고(苦)라고 했다. 하지만 맹자는 인간이란 존재를 선(善)으로 보는 까닭에 인간의 삶도 본래는 선이라는 적극적인 관점을 편다. 다만 인간이 스스로 자신의 삶을 그릇되게 이끌어 자신과 더불어 삶을 망친다고 했다.

나에게 가장 소중한 것은 무엇인가? 돈인가, 명성인가, 권력인가, 아니면 높은 지위인가. 이러한 것들을 구하려고 하는 이유는 무엇인가? 소중한 것이 행복을 보장해 준다고 믿는 까닭인가? 그렇다면 다시 생각해야 한다. 이런 것들은 나를 행복하게 해 줄 수 없기 때문이다.

장자는 '행복은 햇빛 가득한 빈방과 같고 즐거움은 빈 것에서 나온다' 고 했다. 빈방과 빈 것은 같은 말이다. 그러므로 행복과 즐거움도 역시 같은 말이다. 빈 것이나 빈방은 무엇을 의미할까? 인간이면 저마다 간직하고 있는 마음의 모습이라고 여기면 될 것이다. 욕망을 없애 버린 마음의 모습을 곧 빈방이요, 빈 것으로 새기면 된다.

노장은 욕망 따위를 없애라 하지만 공맹은 그것을 철저하게 절제하라고 한다. 공맹은 욕망을 절제할 줄 모르는 사람의 삶은 마치 제 손에 든 도끼로 제 발등을 찍는 꼴을 당할 것이라고 밝혀준다. 삶의 현실을 경영하는 데 비추어 공맹의 말은 현실적이고 노장의 말은 이상적이다.

얻은 재물이 선한 것이라면 그것은 나쁜 것이 아니다. 얻은 지위가 선하다면 그것은 영광이고, 얻은 명성이 선하다면 그 또한 자랑스러운 것이다. 그러나 탐욕스럽게 챙긴 재물이나 술수를 써서 차지한 지위, 억지로 만들어 낸 명성은 악한 것이다. 선은 남을 돕고 보살펴서 오는 은혜지만 악은 남을 해치거나 안 되게 하여 차지한 원한일 뿐이다.

삶의 주인이 되어라. 노예가 된다면 행복한 삶의 주인이 될 수 없다. 삶의 주인이 되려면 무엇보다 먼저 나를 잘 경영해야 한다. 나를 다스리지 못하면 인생은 결국 허망해진다. 청운(靑雲)의 뜻을 품는 것은 가당하지만 그 뜻이 뜬구름과 같다면 귀중한 삶의 순간을 탕진하는 꼴이 된다. 이러한 어리석음을 모든 성현들은 안타까워했다.

정신차리고 살아라. 허깨비나 허수아비처럼 사는 것은 나를 버리고 그림자를 따라 삶의 길을 걷는 것과 같다. 유행의 바람을 타고 흉내로 인생을 마주하는 것은 삶을 사는 것이 아니라 버리는 것이다.

행복한 삶을 누려 목숨의 즐거움을 누리고 싶다면 선한 삶을 향해 마음을 다하라. 어떻게 마음을 다하란 말인가? 이 문제에 대해 맹자는 어느 성현보다 더 절실하게 우리를 향해 절규한다. "구하면 얻을 것이요, 버려두면 잃을 것이다."

비싼 옷을 입었다고 해서 나를 구했다고 생각하지 마라. 껍데기 옷이야 어떠하든 마음 됨됨이와 마음가짐이 문제다. 양의 탈을 쓰고 있는 여우는 가면을 쓰지 않은 여우보다 더 간악하고 간사하며 징그러운 존재다. 인간은 온갖 탈을 만들어 쓸 수 있는 재주를 지니고 있다. 그런 탈을 벗어 던지고 곧고 밝은 마음을 위하여 정성을 다하라.

상대방을 속이거나 이용할 생각이 없으면 마음이 당당하고 편하다. 그러나 그렇지 않으면 마음은 늘 어둡고 괴로워 입술이 마른다. 초조해 마음을 태우는 것은 결국 마음에 탈을 씌워 수작을 부리는 음모와 같다. 하루하루가 그런 음모로 이어지는 것보다 더한 불행은 없다.

'마음을 다하라(盡心).' 이 말은 언제 어디서나 선(善)을 떠나지 말라 함이다. 선하게 사는 것이 곧 천명(天命)이다. 천명이란 곧 모든 목숨을 이롭게 하라는 명령이다. 자신만을 위해 세상을 요리한다면 될 일도 안 된다. 천명을 어긴 탓이다.

천명을 비웃는 세상이 현대 사회다. 그러나 천명은 삼라만상에 두루 통하는 절대 보편성이다. 그런 보편성을 어기고 나만 잘되면 그만이라고 여기는 사람은 결국 천치(天痴)가 된다. 선하면 현명해지고, 악하면 누구나 바보가 된다.

진심장구 상
盡心章句 上

진심(盡心)과 지성(知性)

마음을 다하라

"자기의 마음을 다하면 자신의 본성을 안다〔盡其心者 知其性也〕."

맹자는 이렇게 자신의 본성을 잊지 않도록 온갖 정성을 쏟으라고 한다. 본성을 잊고 사는 것은 대충 사는 삶이다. 되는 대로 사는 것보다 더 부끄러운 것은 없다.

진(盡)은 남김없이 다하라 함이다. 기심(其心)은 그 마음이다. 그〔其〕는 무엇을 뜻할까? 바로 나를 의미한다. 한마디로 진기심(盡其心)은 바로 '내 마음을 나 자신이 스스로 다하라' 함이다.

무엇을 위해 내 마음을 다하라 함일까? 선(善)을 위해 그렇게 하라 한다. '선을 사랑하라. 선을 삶으로 실천하라.' 맹자의 진기심을 이렇게 헤아리고 새기면 무방할 것이다.

선을 사랑하라 함은 인간을 사랑하라 함이요, 그 사랑을 실천하라 함은 삶을 선하게 하라는 말로 통한다. 즉 사람이라면 무엇보다 먼저 사람이 되고, 또 그렇게 살라 함이다. 사람이라고 다 사람은 아니다. 내가 악할 때 나는 나를 미친 야수로 만들고, 내가 선할 때 나는 나를 사람으로 만든다.

스스로 다짐하라. '나는 선한 존재다.' 스스로 확인하라. '나의 삶은 선하다.' 그렇다면 하늘을 우러러 부끄러울 것이 없다. 정성껏 사는 사람은 마음속이 언제나 당당하고 떳떳하다. 마음속이 그러하다면 그 순간 바로 행복을 누릴 수 있다.

왜 마음을 다해야 하는가? 지기성(知其性)인 까닭이다. 지(知)는 알라 함이다. 기성(其性)은 바로 나의 본성이다. 성(性)이란 무엇인가? 사람을 사람이게, 개를 개이게, 풀을 풀이게, 돌을 돌이게 하는 저마다의 존재 이치가 곧 성(性)이라고 이해하면 된다. 맹자는 인간의 본성을 선하다고 했다.

나의 성(性)은 나로 하여금 사람으로 살도록 내 마음을 지키라고 한다. 어떻게 지키라 함일까? 인의예지(仁義禮智)를 잊지 말고, 온갖 삶의 굽이굽이에서 실천하며 살라 한다.

내가 어질〔仁〕면 나는 선하고, 나 자신을 부끄러워할 줄 알〔義〕면 나는 선하고, 내가 사양할 줄 알〔禮〕면 나는 선하고, 무엇을 알고 모름이 분명하〔智〕면 나는 선하다.

내가 선하면 성(性)을 누리고, 내가 악하면 성(性)을 저버리는 셈이다. 그러므로 내가 선하면 사람이요, 내가 악하면 이미 나는 사람이 아니다.

진기심자 지기성(盡其心者 知其性)은 나로 하여금 이렇게 침묵으로 통화하게 한다. '나 스스로 선을 향해 마음을 다하라. 몸과 마음이 선하도록 정성을 다하라.'

미워하는 마음을 사랑하는 마음으로, 오해하는 마음을 이해하는 마음으로, 척짓는 마음을 용서하는 마음으로, 해치는 마음을 돕는 마음으로, 빼앗는 마음을 베푸는 마음으로 옮겨 생각하고 실천하는 마음이 곧 마음을 다하는 것이다. 그리고 이렇게 마음을 다하는 것이 곧 선(善)이다. 선하면 덕(德)을 얻는다. 이렇게 스스로 독백해 본다면 마음을 다함이 본성을 아는 것임을 알 수 있을 것이다.

하늘을 알라

"그 본성을 알면 하늘을 안다〔知其性 則知天矣〕."

맹자의 말을 듣다 보면 하늘의 뜻을 어기고 살아가는 우리가 부끄럽다. 현대인을 문명인이라고 하지만 물질만 알지 하늘은 잊고 날로 사나워지고 있다. 맹자의 말은 우리로 하여금 뉘우치게 한다.

나는 왜 내 본성을 알아야 하는가? 지천(知天)할 수 있는 까닭이다. 지천(知天)은 하늘을 안다 함이다. 여기서 하늘〔天〕은 무엇인가? 목숨을 주었다가 다시 거두어 가는 섭리(攝理)의 근원쯤으로 여기면 무방하다. 하늘을 생사(生死)의 관리자로 보아도 된다.

'내 생사를 내 뜻대로 할 수 있는가?' 스스로 이렇게 물어보면 내 목숨은 내 뜻대로 할 수 없는 것임을 알 수 있다. 내 생명은 내 소유가 아닌 까닭이다. 그러므로 지천하라 함은 내 목숨이 하늘의 것임을 알라 함이다.

모든 목숨은 섭생(攝生)한다. 섭생이란 무엇인가? 목숨을 빌려 산다 함이다. 누가 목숨을 빌려주었나? 하늘이 빌려주었다. 이것이 동양의 생명관이다. 그러므로 지천은 곧 천명(天命)을 안다 함이다.

지기성 칙지천(知其性 則知天)은 나로 하여금 이렇게 침묵으로 통하게 한다. 하늘이 나에게 목숨을 빌려준다. 이를 천명이라 한다. 내가 살아 있으니 살라는 명을 받은 것이요, 받은 명을 돌려주어야 하는 것이 죽음이란 명이다. 생사의 명에 따름이 운명(運命)이요, 운명을 소중히 누림이 숙명(宿命)이다.

운명이든 숙명이든 태어남〔生〕과 죽음〔死〕 사이는 내가 허락받은 것이다. 그것을 목숨의 시간과 공간이라 여겨도 된다. 그 시공(時空)의 사이가 한평생 아닌가? 그러므로 지천은 한평생을 소중히 보내야 함을 알라는 말이다.

마음을 살펴 간직하라

"자신의 마음을 살펴 자신의 본성을 기르는 것이 하늘을 섬기는 방법이다〔存其心養其性所以事天也〕."

맹자는 우리가 어떻게 하늘을 섬겨야 하는지를 밝혀 준다. 나 자신만을 위해 마음을 살펴 간직하라는 것이 아니다. 세상의 모든 사람들이 더불어 삶을 누리기 위해서 그렇게 하라 한다.

존기심(存其心)의 존(存)은 살펴 간직하라 함이다. 왜 내 마음을 살펴야 할까? 선을 향해 내 마음이 성(誠)을 떠나서는 안 되는 까닭이다. 성(誠)이란 무슨 뜻인가? 선한 척하지 말라 함이요, 진실한 척하지 말라 함이다.

선을 빙자해 악을 팔지 마라. 그러면 자신의 본성에 성실할 수 있다. 무엇보다 내가 나를 속일 수 없음이요, 숨길 수 없다는 것이 곧 성이다.

참으로 정성스레 자신의 마음을 스스로 살펴라. 이것이 존기심(存其心)이 들려주는 지혜의 말이다. 정신 없이 산다고 말하지 마라. 그것은 곧 마음을 버리고 막가는 대로 산다는 것이므로 수치스럽다.

왜 마음을 살펴야 하는가? 양기성(養其性)을 할 수 있는 까닭이다. 양(養)은 키우고 기르라 함이다. 그러므로 양기성(養其性)은 내 본성을 키우고 기르라 함이다.

왜 성(性)을 잘 길러야 하는가? 욕망을 다스려야 하는 까닭이다. 본성은 본래 사물(事物)을 만나면 움직이려고 한다. 그런 움직임을 욕(欲)이라고 한다. 욕(欲)이 사나우면 악을 범한다. 악을 범하면 목숨이 상한다. 상하면 기를 수 없지 않는가.

사나운 욕심은 태풍과 같다. 욕망의 태풍은 질주만 할 뿐 멈출 줄은 모른다. 왜 욕심은 질주하는가? 소유에 목말라 살필 줄 몰라서다. 질주하는 욕망을 차단하는 제어 장치를 덕(德)이라고 여기면 된다.

덕(德)이란 무엇일까? 본성을 제대로 기르고 키우는 마음의 손길이다. 마음이 그 손길을 성실히 한다면 내 본성은 선하게 자랄 수 있다. 그러므로 양기성(養其性)은 덕행(德行)과 선행(善行)을 함께 기르라는 말이다.

왜 본성을 길러야 하는가? 사천(事天)할 수 있는 까닭이다. 사(事)는 받들어 섬기라 함이다. 그러므로 사천(事天)은 하늘을 우러러 섬기라는 말이다. 왜 하늘을 섬겨야 하는가? 내가 빌려 받은 목숨이 소중한 까닭이다.

나는 하늘이 심어 준 하나의 씨앗이다. 그러므로 내 본성을 내 목숨의 씨눈쯤으로 여겨도 무방할 것이다. 그래서 낳아 준 부모를 천지로 알라 했음이요, 인심(人心)은 곧 천심(天心)이라 했다.

그 씨앗에서 싹을 틔우고 나온 목숨이 바로 나다. 그러므로 내 몸은 내 목숨의 밭인 셈이고 그 밭은 천지에 매달려 있다. 누가 인생을 여로(旅路)라 했나? 누가 천지를 여관(旅館)이라 했나? 삶을 통해 지나가는 길손이라면 묵어 가는 여관을 고마워해야 하는 법이다.

내 목숨의 밭을 내가 기름지게 하면 하늘을 섬기는 것이고, 내 목숨의 밭을 내가 척박하게 하면 하늘을 어기는 셈이다. 하늘을 섬긴다 함은 내가 선하다 함이요, 하늘을 어긴다 함은 내가 악하다 함이다. 하늘을 고마워하고 무서워하라. 아마도 이러한 새김이 사천(事天)의 깊은 뜻에 가까울 것이다.

'존기심 양기성 소이사천(存其心 養其性 所以事天)' 이란 맹자의 말은 동양 정신의 핵심을 생각하게 한다. 내 목숨이 존재하는 근본을 생각하라.

목숨의 씨눈을 잘 틔워 바르게 자라게 함이 선이고 덕이다. 자라지 못하게 하는 것은 악이다. 내가 약하다면 스스로 나를 못되게 하는 것이요, 내가 선하다면 스스로 나를 잘되게 하는 것이다. 내가 선하면 내 목숨은 소중해지고, 내가 악하면 내 목숨은 천해진다. 그러므로 하늘을 섬기라 함은 곧 내 본성을 스스로 잘 가꾸라는 말이다. 그러한 가꿈을 성실히 하라 함이 존기심이다. 이를 위해 자신의 마음을 살피기 위해 홀로 있을 때일수록 삼간다고 했다. 그리고 그 살핌이 정성스러우면 내가 나를 속일 수 없다는 무자기(毋自欺)로 통하게 된다. 내가 나를 속이지 않는 것〔毋自欺〕이 곧 하늘로 통하는 길〔天之道〕의 초입이다.

그 길을 따라갈 뿐 어긋나지 마라. 천명을 따라가라. 천명에는 샛길도 없고 지름길도 없다. 목숨이 다하는 동안 선하게 사는 것이 곧 천명을 따르는 것이다. 이것이 사천(事天)에 임하는 입명(立命)이다.

그렇다면 오래 산다는 것과 요절한다는 것은 무엇이 다른가? 선하게 하루를 사는 것이 악하게 백 년을 사는 것보다 더 오래 산 것 아니겠는가. 그래서 맹자는 요절과 장수는 둘이 아니라 했고, 장자는 갓난아이의 죽음이 장수한 것이고, 칠백 년을 살다 간 팽조(彭祖)가 요절했다고 했다.

'진심' 과 '지성' 의 전문과 의역

마음을 다하는 자는〔盡其心者〕 그 성을 안다〔知其性也〕. 그 성을 알면 하늘을 안다〔知其性則知天矣〕. 마음을 살펴〔存其心〕 그 성을 기르는 것이〔養其性〕 하늘을 섬기는 것이다〔所以事天也〕. 요절과 장수는 둘이 아니요〔殀壽不貳〕, 몸을 닦아 편안히 하는 것이〔修身以俟之〕 입명이다〔所以立命也〕.

2

정명(正命)과 비정명(非正命)

명(命)은 평등의 근원이다

막비명(莫非命)은 동양의 평등 정신이다. 존재하는 모든 것은 그 명(命)에 따라야 하고, 그 명을 벗어날 수 없다. 막비명의 막비(莫非)는 이중 부정이다. 막(莫)도 부정하는 말이고, 비(非)도 부정하는 말이다. 이중 부정이므로 결국 강한 긍정을 의미한다. 그래서 막비명은 '명 아닌 것이 없다' 함이다.

막비명의 명(命)은 명령이다. 이는 시키는 대로 응하고 부르는 대로 응하라 함이다. 이 명을 천명(天命)으로 새기면 무방하다. 천명은 존재하라는 명령이다. 있으라 해서 있고 사라지라고 해서 사라지는 것이 존재다. 존재의 목숨이 바로 명(命)을 부여받은 것이다.

있거라 함이 생(生)이요, 사라져라 함이 사(死)다. 목숨이 있으라 함도 하나의 명이요, 목숨이 사라져라 함도 하나의 명이다. 곧 생사가 하나의 명인 것이다. 그 명이 곧 존재의 생사를 결정한다.

있는 것은 무엇이든 사라짐을 전제로 한다. 목숨이 있거나 없거나 모두 흥망성쇠(興亡盛衰)를 벗어날 수 없다. 갓난아이가 뜨는 해라면 늙은이는 지는 해와 같다. 흥망성쇠는 생사(生死)의 사이에 있는 삶의 줄거리라 할 수 있다. 그 줄거리가 일어나는 한 묶음을 운명(運命)으로 치면 되고, 그 묶음 속의 내용을 숙명(宿命)으로 여기면 된다. 천명은 존재의 운명과 숙명을 결정짓는 지휘봉인 셈이다.

막비명(莫非命)은 천명을 받아 받드는 것이 운명이고, 그 천명을 받들어 누리는 것이 곧 숙명임을 명심하게 한다. 운명을 벗어나 있는 것은 하나도 없다. 그러므로 삼라만상 가운데 명 아닌 것은 없다.

순리란 무엇인가

명 아닌 것이 없으므로 순수기정(順受其正) 하라. 순수(順受)는 올바름〔其正〕을 순순히 따라 받는 것을 말한다. 기정(其正)의 기(其)는 천명(天命), 즉 목숨을 허락해 준 명령이라고 할 수 있다.

올바름〔正〕을 선(善)이라 해도 무방하고, 성(性)이 타고난 인의예지(仁義禮智)라 해도 되고, 덕(德)이라 해도 된다. 그렇다면 성이든 선이든 덕이든 다 천명에 응하는 소명(召命)인 셈이다.

삶의 순리(順理)와 역리(逆理)는 무엇일까? 순리는 올바른 삶을 향하는 이치이고, 역리는 그런 이치를 어긋나게 하는 것이다. 자기 중심으로 세상을 요리하려고 하면 순리는 멀어진다. 반대로 서로가 두루두루 삶을 나누며 누려야 한다고 생각하면 역리는 멀어진다. 천명을 어기지 마라. 이것이 바로 맹자가 말한 순수기정(順受其正)의 속뜻일 것이다.

선하면 목숨은 노래를 부르고, 악하면 울부짖는다. 노래를 부르는 목숨은 바른 것을 순순히 따라 선하게 살고, 덕을 누리는 삶을 산다. 그러나 울부짖는 목숨은 그릇된 짓을 범하고, 덕을 유린하는 삶을 산다.

덕을 비웃고 짓밟는 짓은 악이다. 악은 삶을 괴롭히고 절망하게 한다. 덕을 밀쳐 내고 발버둥치는 삶은 괴롭다. 삶의 고통과 절망은 역사나 사회 때문만은 아니다. 거기에는 나 자신의 탓도 있다.

누가 험한 삶을 지을까

맹자는 지명(知命)을 당부한다. 지명자(知命者)를 명을 아는 것 또는 명을 아는 사람으로 새기면 된다. 지명자는 누구인가? 선하고 덕을 짓는 자다.

'하늘을 무서워하라.', '하늘을 두려워하라.' 선한 사람은 이런 말을 새겨들을 줄 안다. 왜 하늘을 무서워해야 하는가? 선하면 행복할 것이요, 악하면 불행할 것이라는 운명의 길이 트여 있는 까닭이다.

세상이 뜻대로 되지 않는다고 푸념할 것 없다. 어차피 세상은 어느 누구의 소유물이 아닌 까닭이다. 선하면 세상이 편을 들고, 악하면 세상이 저버린다. 이것이 곧 천명의 현실이다.

악하면 삶이 깨지기 쉬운 옹기와 같아진다. 악은 그 옹기 속에 욕망을 가득 채워 삶을 무거운 짐으로 만들어 버린다. 그러나 악한 사람은 그런 줄도 모르고 그 무거운 삶을 지고 허물어질 돌담 밑에서 겁 없이 질주하려고 한다. 그래서 맹자는 이렇게 말했다.

"지명자 불립호암장지하(知命者 不立乎巖牆之下)."

암장(巖牆)의 암(巖)은 바윗돌이고, 장(牆)은 울담이므로 암장은 돌담이 된다. 즉 암장지하(巖牆之下)는 돌담 밑이란 말이다. 돌담은 무너지기 쉽다. 무너지면 탈을 내고 만다. 무너질 돌담 밑을 떠날 줄 모르면 압사(壓死)하게 마련이다. 이처럼 암장지하는 위태롭고 위험한 곳이므로 그런 곳으로 삶을 내몰지 마라. 삶을 생죽음으로 몰아가면 운명을 험하게 하고 숙명을 망친다.

푸닥거리하듯이 권세를 부리다 쇠고랑을 찬 사람들은 돌담 밑을 맴돈 탓이다. 욕심을 부리다 험한 꼴을 당한 자들 역시 돌담 밑을 맴돈 탓이다. 명성을 얻으려고 꾀를 부리다 망신을 당한 이들도 돌담 밑을 기웃거린 탓이고, 아첨으로 신임을 사는 짓도 돌담 밑을 서성이며 목숨을 거는 꼴이다.

한마디로 사악한 것들을 모조리 몰아 상징화한 것이 바로 암장지하(巖牆之下)다. 마음속에 사악한 것이 없다면 돌담 밑에서 맴돌 리가 없다.

공자는 사무사(思無邪)라고 했다. 이 말은 '생각함에 사악이 없는 자는 지옥에서도 행복을 누릴 수 있다'는 말로 들으면 된다. 맹자가 밝힌 지명자(知命者)의 마음속은 사무사의 길로 통한다.

사악함은 명(命)을 어긴 탓이요, 명을 어기면 천벌(天罰)을 받는다. 악을 가까이하고 선을 멀리한 허물을 짓고도 뉘우칠 줄 모르면 그 허물을 면할 수 없다. 그래서 지명자는 돌담 밑을 맴돌거나 서성대지 않는다.

목이 마를수록 물을 조금 마시고, 배가 고플수록 밥을 적게 먹는다. 찬물도 쉬엄쉬엄 쉬어 가며 마시고, 아는 길도 물어 가며 차분하게 걸어간다. 억지부리고 무리하면 되는 일 없이 탈만 늘고 삶의 수렁에서 빠져나올 수 없다. 이것은 모두 순리를 어긴 탓이다.

하늘은 한 치의 어긋남이 없다 하지 않는가. 삶의 발걸음을 헛디디지 않게 함은 곧 순리를 따름이다. '무심(無心)하라.', '허심(虛心)하라.' 이런 당부들이 맹자의 순수기정(順受其正)을 통해 들린다.

생사의 길을 바르게 걷는 것이 정명이다

삶의 길을 다 가서 죽은 일생을 정명(正命)이라 한다. 정(正)은 바름이요, 어긋남이 없음이다. 명(命)은 천명(天命)이요, 목숨이다. 즉 정명은 바르게 산 목숨의 생사(生死)다.

그 길을 다 갔다〔盡其道〕 함은 삶의 길을 끝까지 다 걸어갔음을 의미한다. 목숨이 산다는 것은 일〔事〕이다. 일에는 시작이 있고 끝이 있다. 태어남은 그 길의 시작이고, 죽음은 그 길의 끝이다.

나 스스로 내 삶의 길을 다 걸어갔다 함은 내 목숨이 다해 숨을 거두었다는 뜻과 같다. 바르게 살다 목숨을 마감할 것인가, 그르게 살다가 목숨을 험하게 할 것인가? 이러한 문제를 염두에 두는 사람은 삶을 정명으로 이끈다.

죽음은 정명이지만 죽임은 비정명이다. 죽임은 죽음을 당하는 까닭이다. 죽임은 살생(殺生)이다. 자살과 자학도 살생이며, 살인과 살해도 살생이다. 살생은 모두 천명을 어기는 것이다.

'살생하지 마라.' 목숨을 빼앗지 말라 함이다. 목숨을 빼앗거나 목숨을 해치는 짓은 모두 비정명이다. 죄를 지으면 스스로 제 목숨을 상하게 한다. 권력을 앞세워 횡포를 부리는 것은 스스로 제 목숨을 칼끝에 두는 꼴과 같다. 사기를 쳐서 후리거나 겁을 주어 빼앗고 뜯어내는 것 역시 제 목을 제 손으로 조르는 꼴이다.

욕망의 불길로 속을 태우는 짓도 한순간의 자살이다. 욕정의 바람으로 몸을 버리는 것도 한순간의 자살이다. 원한의 복수심으로 이를 가는 것도 한순간의 자살이다. 살생과 더불어 자살 행위도 비정명이다.

남이 나를 살해하고 내가 나를 살해하며 사는 것은 바른 삶에서 벗어나 목숨을 버리는 것과 같다. 목숨을 버리지 마라. 목숨은 선을 행하여 다할 때까지 삶의 꽃을 피워 열매를 맺어야 한다.

악한(惡漢)은 목숨의 길을 제대로 다 가지 못하고, 목숨의 손에 고랑을 채우고 목숨의 발에 족쇄를 채워 목숨이란 천명의 길에서 벗어나 타고난 운명을 중도에 잘라 버린다. 이것이 비정명이다.

목숨은 운명이다. 운명은 내 것이 아니다. 내 것이 아니므로 소중히 누린 다음 되돌려주어야 한다. 운명을 받음이 생(生)이라면 운명을 되돌려줌은 사(死)다.

생사의 길을 바르게 걸어가면 선하다. 그러니 생사의 길에서 어긋나지 마라. 삶의 길에서 어긋나면 악하다. 생사의 바른 걸음이 공맹이 밝힌 인의(仁義)다. 어질고 바른 것, 즉 인의는 정명을 밝혀 주는 등불이다. 자신을 속이지 말라는 무자기(毋自欺)는 등불을 밝히는 기름의 순도(純度)를 뜻한다.

선한 빛을 내도록 삶의 등불을 끄지 마라. 그런 삶의 빛을 끄는 것이 비정명이다. 남이 내 목숨의 등불을 끄는 것이나 내가 내 목숨의 등불을 끄는 짓도 모두 비정명이다. 맹자의 정명 앞에 스스로 생각해 보라.

"내 목숨이 하나의 호롱불이라면 호롱 속에 들어 있는 기름은 내 운명이요, 그 기름의 양이 숙명이라면 내 목숨의 삶은 불꽃이다. 그 불꽃을 억지로 불어서 끄지 마라. 그 호롱을 깨뜨려 기름을 새게 한다면 비정명의 악한이 된다."

'정명' 과 '비정명' 의 전문과 의역

명 아닌 것은 없다[莫非命也]. 명의 올바른 바를 순리로 받아들여야 한다[順受其正]. 그래서[是故] 명을 아는 자는[知命者] 돌담 밑에 서 있지 않는다[不立巖牆之下]. 그 길을 다 간 죽음은[盡其道而死者] 바른 명이다[正命也]. 쇠고랑과 족쇄를 차고 죽는 것은[桎梏死者] 바른 명이 아니다[非正命也].

구득(求得)과 사실(舍失)

구하면 얻는다

'찾아 구하라, 그러면 얻는다〔求則得之〕.' 구(求)는 찾아 구함이요, 득(得)은 얻어 냄이다. 그렇다면 득지(得之)의 지(之)는 무엇일까? 그것은 찾아내 구하는 것이다.

득지(得之)를 어떻게 새기면 좋을까? 득지(得之)의 지(之)를 수기(修己)의 말로 듣는다면 찾아내 구할 것은 바로 나를 닦는 일이요, 득지의 지를 수기(守己)의 말로 듣는다면 찾아 구할 것은 바로 나를 지키는 일이 된다.

나를 닦는 일이든 나를 지키는 일이든 그것은 모두 내가 나를 찾아 나를 구하는 일이다. 찾아 구해야 할 나는 누구인가? 그것은 어질고 올바르며 현명한 나 자신이란 존재다. 내가 어질고〔仁〕 바르게〔義〕 산다면 나는 선하고 덕을 짓는 삶의 주인이 된다. 내가 그런 존재를 구하면 그런 나를 얻게 된다 함이 곧 맹자의 구즉득지(求則得之)다.

내가 어질려면 내 마음이 먼저 어질어야 하고, 내가 올바르려면 내 마음이 먼저 올바르게 되어야 한다. 내 마음이 어질고 올바르다면 나는 선해지고, 내가 선하다면 나는 덕을 짓고 베푸는 존재가 된다.

'찾아 구하라, 그러면 그것을 얻는다〔求則得之〕.' 이 말은 곧 선덕(善德)의 존재가 되는 나를 찾아내 성취하는 일을 멈추지 말라 함이다.

'버려두면 그것을 잃는다〔舍則失之〕.' 사(舍)는 내버려둠이다. 실(失)은 잃어버림이다. 무엇을 버려둔다는 말인가? 나 자신을 팽개쳐 둔다 함이다. 실지(失之)는 그것을 잃어버림이다. 실지(失之)의 지(之)는 곧 나 자신이라고 여기면 된다.

재물이나 명성을 잃을 것은 걱정하면서도 내가 나를 잃을 것은 걱정하지 않는다. 나를 잃고 재물만 찾는 짓이 곧 물질화(物質化)다. 내가 선하면 나를 찾은 것이고, 내가 악하면 나를 잃은 것임을 모르는 것이 곧 인간 상실이다. 그러므로 정신 없이, 겁 없이 살지 마라. 그렇게 사는 것은 곧 내가 나를 버려둔 것과 같다.

구하면 그것을 얻고 버려두면 그것을 잃을 것이라고 밝힌 맹자의 말을 스스로 생각해 보라. 막되게 사는가? 그렇다면 함부로 살지 마라. 욕되게 사는가? 그렇다면 추하고 더럽게 살지 마라. 막되고 욕되게 사는 것은 가시 방석에 앉아 있는 것과 같지만 바르게 살려고 하면 흔들의자에 앉아서도 쉴 수 있다. 내 삶을 소중히 하지 않고 내버렸다면 가시나무에 올라간 것이요, 내 삶을 조신하게 이끌어 귀하게 했다면 안락의자에 앉아 쉬어도 된다. 내가 선함을 구하면 나를 얻은 것이요, 내가 악하면 나를 버린 것이다.

구함에도 길이 있다

'구함에도 길이 있다〔求之有道〕.' 구(求)는 찾아 구함이다. 구지(求之)는 그 무엇을 구한다 함이다. 유도(有道)는 길이 있다는 뜻이므로 유도의 도(道)는 '무엇을 하는 방법' 으로 들으면 된다.

군자는 큰길을 갈 뿐 곁길이나 샛길 따위로 가지 않는다. 그 큰길을 노장(老莊)은 무위(無爲)라 했고, 공맹(孔孟)은 인의(仁義)라 했다. 큰길은 곧고 밝다. 그러나 이(利)의 길은 굽고 어둡다. 곧고 밝은 길을 마다하고 굽고 어두운 길을 탐하는 것이 욕망이란 심술이다.

인(仁)의 길은 인간이 걸어가야 하는 길이다. 그러나 욕(欲)의 길에는 탐욕의 자동차가 질주한다. 인간보다 물질이 앞서서 인간을 짓밟고 설치는 꼴은 사람이 가야 할 길을 독점한 것과 같다.

어떤 길을 구할까? 곧고 밝은 길을 찾아 걸어갈까, 굽고 어두운 길로 달려갈까? 이런 순간이 닥칠수록 용감해져야 한다. 용감(勇敢)은 인의를 지키는 마음이요, 만용(蠻勇)은 인의를 저버린 마음이다. 인의의 길을 찾아 걷는 사람과 이욕의 길을 찾아 달리는 사람 가운데 나는 어느 부류인가? 이러한 질문 앞에서 나는 넉넉해질 수도 있고 옹색해질 수도 있다.

넉넉한 마음은 인의 길을 찾고, 욕심스런 마음은 빼앗는 길을 찾는다. 떳떳한 마음은 의로운 길을 찾고, 음흉한 마음은 속이는 길을 찾는다. 착한 마음은 선의 길을 찾고, 독한 마음은 악의 길을 찾는다. 어느 길을 찾아 삶의 길을 가느냐? 그것은 마음먹기에 달려 있다.

얻음에도 명이 있다

'얻음에도 명이 있다〔得之有命〕.' 득(得)은 얻어 냄이다. 득지(得之)는 그 무엇〔之〕을 얻어 냄이다. 유명(有命)은 명(命)이 있다는 뜻이다. 명(命)이 있다 함은 무슨 말일까? 해야 할 일이 있고 하지 말아야 할 일이 있음이요, 해서 될 일이 있고 해서는 안 될 일이 있음이다.

선하게 해야 할 일을 다하라. 그러면 명을 따라 사는 셈이 된다. 못할 짓을 범했는가? 그랬다면 명을 어기고 사는 것이다. 명(命)은 무엇일까? 내 본성(本性)이 받은 명령이다. 어디서 온 명령인가? 하늘이 내린 명령이다. 맹자는 그 명령을 선(善)이라고 했다. 그러므로 선의 명령에 따라 살라. 내가 선하다면 나는 명에 따라 사는 것이요, 내가 악하다면 나는 명을 어기고 사는 셈이다.

천명을 받아 살고 있음을 잊지 마라. 그래서 인간이라면 저마다 수분(守分)하라는 것이다. 수분(守分)은 분수를 지켜 살라 함이다. 뱁새는 한 걸음에 두 푼을 가고, 황새는 한 걸음에 한 자를 간다. 뱁새는 두 푼의 걸음걸이에 만족하고, 황새는 한 자의 걸음걸이에 만족한다. 왜 뱁새가 황새걸음을 탐하면 가랑이가 찢어진다고 했겠는가? 삶에 지워진 명을 어긴 탓이다.

명의 어김이 곧 사나운 욕(欲)이다. 탐욕과 허세, 오만과 허영은 명을 어기는 속임수다. 어떤 속임수든 탐욕의 속셈을 한다. 그러면 반드시 탈이 나고 험하게 된다.

사필귀정(事必歸正)은 명의 엄격함이다. 그래서 노자는 원한을 덕으로 갚으라 했고, 공자는 원한을 바른 마음으로 갚으라 했다.

덕을 짓는다는 것은 곧 명을 따라 산다는 말이다.

나에게 있는 것을 구하라

'나에게 있는 것을 구하라〔求在我者〕.' 재아(在我)는 나에게 있다는 말이다. 그러므로 재아자(在我者)는 나에게 있는 것이다. 나에게 있는 것은 무엇일까? 몸과 마음이라고 생각하면 무방하다.

'몸을 함부로 굴리면 부모가 걱정하고, 마음을 못되게 쓰면 부모가 괴로워한다.' 이런 옛말을 믿는지 자문해 보라. 왜 이런 말이 생겨났을까? 내 몸과 마음은 내 것이 아닌 까닭이다. 내 몸과 마음은 부모가 내려 준 것이다. 이를 누가 부정할 수 있겠는가. 부모를 천지(天地)로 여기라 함은 부모가 내려 준 몸과 마음이 천지의 것임을 알라 함이다. 그러므로 나의 몸과 마음을 내 것이라고 여기지 마라.

내 몸은 내가 소유한 재물이 아니요, 내 마음은 내가 소유한 물건이 아니다. 내가 소유한 돈은 내키는 대로 쓸 수 있지만 몸과 마음은 그렇게 할 수 없다. 그러므로 몸과 마음을 소홀히 말고 소중하게 길러야 한다.

내 마음은 내 호주머니 속에 들어 있는 돈이 아니다. 내 본성인 선을 길러 내야 몸이 성하고 마음이 온전해져 바르고 제대로 된 삶을 누릴 수 있다. 그렇다면 나에게 있는 것〔在我者〕을 어떻게 이해할까? 내 본성이라 해도 좋고 선이라 해도 좋고 덕이나 인의라 불러도 된다. 마음을 즐겁게 하는 낙(樂)이어도 좋고 몸을 삼가게 하는 예(禮)라고 보아도 무방하다.

'나에게 있는 것을 구할 일이지 밖에 있는 것〔在外者〕를 구하지 마라.' 재외(在外)는 밖에 있다 함이요, 재외자(在外者)는 밖에 있는 것이라는 뜻이다. 밖에 있는 것〔在外者〕이란 무슨 뜻일까? 소유욕(所有欲)의 대상이라고 여기면 된다.

소유욕의 대상은 모두 내 욕심을 유혹하는 것들이다. 그것은 권세나 지위일 수도 있고 명성과 출세일 수도 있고 재물과 물질일 수도 있다. 이런 것에만 눈총을 드리우고 몸과 마음을 선하게 하지 않으면 눈부시게 과시하려는 욕망에 노략질당할 뿐이다.

왜 맹자는 내게 있는 것을 구하면 유익하고 내 밖에 있는 것을 구하면 무익하다고 했을까? 그것은 내게 있는 것을 구하면 소유욕이 길들여지고, 내 밖에 있는 것을 구하면 소유욕이 기승을 부리기 때문이다. 소유욕이 사납게 발동하면 선은 물러가고 악이 드러나 천해지고 험해진다. 그러면 삶이 수렁에 빠져 멍들고 망칠 수밖에 없다. 이보다 더 어리석은 짓은 없다. 스스로 욕망의 덫에 걸려드는 것을 혹(惑)이라고 한다. 혹은 어리석음이다. 어리석음은 마음에 달려 있는 못난 혹과 같다.

내가 선하여 삶이 즐거운 것보다 더 큰 이로움은 없고, 내 욕심이 사나워 삶이 괴로운 것보다 더 추한 허물은 없다. 돈 많은 재벌이 행복의 보증 수표는 아니다. 높은 지위와 명성이 행복의 보증서가 되는 것도 아니다.

나에게 있는 선을 구하면 유익하다. 선을 행하여 얻게 된 것은 언제 어디서나 삶의 행복을 보장해 준다. 욕심은 줄일수록 불어나고 적을수록 커진다. 무엇이 불어나고 커진다는 것일까? 선(善)이다. 무엇이 줄어들고 작아진다는 것일까? 불선(不善)이다.

사나운 욕심, 바로 그것이 불선이요, 악이다.

'구득' 과 '사실' 의 전문과 의역

구하면 얻을 것이고[求則得之] 버려두면 잃을 것이다[舍則失之]. 이는[是] 구해서 얻어 냄에 이로움이 있다 함이다[求有益於得也]. 그러니 나에게 있는 것을 구할 것이다[求在我者也]. 구함에도 길이 있고[求之有道] 얻는 데도 명이 있다[得之有命]. 이는[是] 구해서 얻는 데도 무익함이 있다 함이다[求無益於得也]. 그것은 밖에 있는 것을 구하는 짓이다[求在外者也].

4

반신(反身)과 구인(求仁)

자신을 돌이켜보고 성실하라

'모든 사물의 이치는 나에게 구비되어 있다〔萬物皆備於我矣〕. 자신을 돌이켜보고 성실하다면〔反身而誠〕 그보다 더한 즐거움은 없다〔樂莫大焉〕.' 맹자의 이 말은 나의 존재와 사물은 서로 떨어져 있는 것이 아니라 존재하는 이치를 서로 나누어 지니고 있음을 명심하게 한다.

자신을 돌이켜보고〔反身〕 성실한지 물어보라. 반(反)은 되돌아감이고, 신(身)은 나 자신이다. 그러므로 반신(反身)은 내가 나를 돌이켜보고 반성하는 것이다.

성(誠)은 성실하라 함이다. 맹자는 성(誠)을 하늘의 길이라고 했다. 하늘의 길이란 모든 사람이 벗어날 수 없는 이치다. 인간의 성이 지극한 것을 충(忠)이라고 했다. 충이란 하늘을 우러러 한 점 부끄러움이 없음이다. 충이란 무엇인가? 맹자는 남에게 선을 가르치는 것〔教人以善〕이라고 했다.

내 마음속을 들여다보라. 그러면 나는 나로 돌아가 나를 만날 수 있다. 내 마음속에는 나만 볼 수 있는 세상이 있다. 그 세상이 깨끗한가 더러운가를 스스로 살펴 옳고 그름을 따지는 것이 곧 반신(反身)이다.

'나에게는 온갖 이치가 갖추어져 있다〔萬物皆備於我矣〕.' 만물(萬物)은 온갖 것이고, 개비(皆備)는 빠짐없이 골고루 다 갖추어져 있다 함이다. 어아(於我)는 '나에게'의 뜻이다.

나에게 갖추어져 있다는 만물은 무엇일까? '나는 흙이요, 물이요, 바람이요, 불이다'라는 말처럼 먹고 마시고 숨을 쉬어야 살 수 있는 목숨들, 싸고 내쉬어야 살 수 있는 목숨들, 나는 그런 모든 목숨들 가운데 하나일 뿐이다.

살던 목숨은 흙으로 돌아가고, 물로 돌아가고, 바람으로 돌아가고, 불로 돌아간다. 태어남과 죽음 사이에서 삶을 누리는 목숨은 생존의 이치를 떠날 수 없다. 그 존재 가운데 하나인 내가 어찌 만물의 이치를 벗어난 유별난 존재이겠는가? 나는 유별난 존재가 아니다.

온갖 만물의 이치를 묶어서 말한다면 무엇이 가장 적당할까? 아마 선악(善惡)이란 말이 가장 가까울 것이다. 나에게 갖추어져 있다는 만물의 이치를 선악의 이치로 풀어서 듣고 새기면 될 것이다.

나에게는 선도 있고 악도 있다. 나에게는 장점도 있고 단점도 있다. 나는 어질기도 하고 강퍅하기도 하다. 나는 올바르기도 하고 그릇되기도 하다. 나는 사랑할 줄도 알고 미워할 줄도 안다. 나는 진실하기도 하고 거짓을 부리기도 한다. 이처럼 나라는 존재 안에는 선악의 교차로가 있다. 이렇게 만물의 이치가 갖추어져 있다는 말을 새기고 나를 되돌아볼 때는 스스로에게 솔직하고 엄격하라. 자기 스스로를 되돌아볼 때는 감추거나 숨길 수가 없다. 선하다면 더욱 선할 것을 맹세할 일이요, 악하다면 뼈저리게 부끄러워하고 뉘우칠 일이다. 악을 뉘우치면 곧 선의 길로 통한다.

내가 내 마음을 매질하는 것을 무자기(毋自欺)라 한다. 스스로 자신을 속이지 마라. 이것이 곧 성(誠) 아니겠는가. 하나의 거짓도 없이 맑고 곧다면 그것이 곧 성이다.

자신을 되돌아보고 살필 때는 준엄하게 논고를 내리고 엄하게 선고하라. 스스로 검사가 되기도 하고 판사가 되기도 하라. 단, 결코 변호사가 되어서는 안 된다. 성실하다면 변론은 필요 없다. 모든 일에 앞서 반성하는 것보다 더 중요한 일은 없다. 반성은 변명을 하지 않는다.

내가 내 속을 들여다보아 나 자신이 선한 것보다 더 흐뭇한 것은 없다. 반대로 내가 내 속을 들여다보아 나 자신이 추하고 더러운 것보다 더 괴로운 것은 없다. 흐뭇하다면 겸허할 것이고, 괴롭다면 뉘우칠 일이다. 그러나 선하다고 자랑할 것은 없다. 선은 깊은 물처럼 흘러야 한다. 그래서 노자도 지극한 선은 흐르는 물과 같다〔上善若水〕고 했다. 빈 수레처럼 선함을 자랑하면 악이 움튼다. 거짓의 탈을 쓴 것은 나를 숨기려는 짓이다. 남의 눈이 무서워 선한 척하는 것보다 더한 위선은 없다. 위선은 거짓이요, 거짓은 불성(不誠)이다. 그래서 공자는 '신독(愼獨)하라' 했다. 신(愼)은 삼간다는 말이요, 독(獨)은 홀로 있을 때를 의미한다. 즉 혼자 있을 때 삼가라 함이다. 조주 선사(趙州禪師) 역시 '나를 취하면 더럽다〔取我是垢〕' 고 했다. 취(取)는 앞세워 돋보이게 하는 짓이고, 아(我)는 나 자신을 두고 한 말이다. 구(垢)는 추해서 더럽다는 말이다. 이처럼 맹자의 반신은 때묻은 나를 빨래하는 것과 같다. 빨래질을 철저하게 하라. 나에게 묻어 있는 때를 말끔히 빨아내는 것, 그것이 바로 성(誠)이다.

힘들여 용서하는 마음을 행하라

'힘들여 용서하는 마음을 행하라〔强恕而行〕.' 강(强)은 힘써 노력한다는 뜻이고, 서(恕)는 용서하는 마음, 행(行)은 실천하는 행동이다. 용서하는 마음은 선을 불러오고 악을 물리치지만 앙갚음하려는 마음은 선을 뿌리치고 악을 불러들인다.

용서하는 마음은 넓고 앙갚음하는 심술은 좁다. 심술궂은 인간은 고집스럽고, 남의 마음속을 헤아리지 못한다. 용서하는 마음은 의심할 줄 모른다. 의심 많은 사람은 자기만 알 뿐 남이야 어떻게 되든 제 실속만 차리고 마음을 나눌 줄은 모른다.

마음을 트고 서로 나누어야 용서의 길이 열린다. 그 길은 넉넉하고 훈훈해 너그럽다. 마음이 넉넉하면 나눌 수 있고, 마음이 훈훈하면 아껴 줄 수 있다.

오해하거나 곡해하지 마라. 이해하려 하고 조금만 손해를 보라. 앞서감으로써 다툴 것이 아니라 한 발짝 뒤로 물러서라. 그러면 꽁했던 마음이 풀리고 속이 후련해진다. 이렇게 용서하는 마음은 미명(微明)처럼 드러난다. 오해하는 마음은 날카롭고 용서하는 마음은 너그럽다. 노자는 날카로운 것을 무디게 하라 했고, 이기고 싶다면 질 것을 먼저 생각하라 했다. 이것이 노자의 미명이다. 맹자의 강서(强恕)는 노자의 미명을 연상케 한다.

대가를 바라고 은혜를 베풀지 마라. 은혜는 속셈을 두고 따지는 흥정이 아니다. 용서하는 마음은 속셈을 하지 않는다. 모두 소중한 목숨이므로 서로를 껴안을 뿐 패를 갈라 몫을 나누려고 으르렁대지 않는다.

용서하는 마음은 인(仁)의 이웃이다. 용서는 사랑의 버금인 까닭이다. 용서할 줄 알아야 사랑할 줄 안다. 용서하는 마음은 애인(愛人)의 입구와 같다. 남을 내 입장에서 생각하는 것은 서(恕)이고, 남을 먼저 사랑하는 것은 인(仁)이다. 그래서 용서하는 마음이 인(仁)에 가장 가깝다고 한다.

공자는 예순 살에 이순(耳順)했다고 한다. 이순은 상대의 입장과 서로 바꾸어 생각해 보라는 역지사지(易地思之)와 같은 말이다. 내가 상대의 입장에서 생각한다면 상대를 의심할 것이 없다. 상대를 의심하지 않는다는 것은 곧 상대의 마음을 믿는다는 말이다. 그렇기 때문에 상대의 마음속을 저울질할 것이 없다. 상대의 말을 걸러 듣지 않고 말 그대로 들어 주는 것이 이순(耳順)이다.

용서하는 마음에는 이순의 귀가 트여 있고, 인자한 마음에는 이순의 귀가 밝다. 마음속에 밝은 눈이 빛나고, 밝은 귀가 트여 있다면 사리의 시비를 분명히 할 수 있다. 나 자신이 시비를 가려 옳은 것〔是〕이면 기뻐하고 그른 것〔非〕이면 용서하라. 이것이 곧 맹자의 강서(强恕)다. 강서를 실천하면 성실하다.

'반신' 과 '구인' 의 전문과 의역

만물의 이치가 나에게 구비되어 있다[萬物皆備於我矣]. 나 자신을 되돌아봄에 성실하라[反身而誠]. 그보다 더 큰 즐거움은 없다[樂莫大焉]. 애써 노력해 용서하는 마음을 실천하라[强恕而行]. 인자함을 구하는 데 그보다 더한 가까움은 없다[求仁莫近焉].

5

행함이 뚜렷함〔行著〕

행하면서도 모른다

'행하면서도 그것이 무엇인지를 뚜렷이 모른다〔行之而不著焉〕.' 행(行)은 행동으로 실천함이고, 행지(行之)는 그 무엇〔之〕을 실행함이다. 이(而)는 접속사로 그러나, 저(著)는 뚜렷이 파악한다는 뜻이다. 언(焉)은 한 문장의 마침표나 쉼표 역할을 한다.

그것을 실행하면서도 뚜렷이 알지 못한다면 그것은 무엇일까? 선(善)이어도 되고, 인의(仁義)여도 되고, 도(道)와 덕(德)이어도 될 것이다. 선(善)이든 인(仁)의든 도(道)이든 모두 다 덕(德)으로 드러난다고 보면 된다. 그것들의 손길은 모두 장(長)하다. 길러 주고 보살펴 주고 베풀어 주어 살게 하는 이치는 모두 덕의 품안에 든다. 덕의 손길은 만물에 두루 통한다. 그래서 덕은 크다. 덕은 곧 선의 실천이다.

알고 하는 것과 모르고 하는 것은 같지 않다. 왜 같지 않은가? 선을 알고 선을 행하면 악이 범접할 수 없는 까닭이다. 동기부터 선해야지 결과만 선하면 그만이라고 생각해서는 안 된다. 결과만 가지고 따진다면 외로 가든 모로 가든 서울만 가면 된다는 오기가 설친다.

수단과 방법을 가리지 않는 짓은 무섭고 잔인하다. 나는 왜 선해야 하고 악하지 말아야 하는가? 이런 물음에 대한 해답을 얻기 위해 마음을 쓴다면 불신(不信)도 줄어들고, 불효(不孝)도 줄어들고, 부정(不正)과 불의(不義)도 줄어들 것이다.

세상이 소란하고 더러운 것은 나에게 이로우면 선이고, 나에게 해로우면 악이라고 단정짓는 탓이다. 선은 의로운 이로움을 바랄 뿐 욕심이 발동하는 이익에는 몸담지 않는다.

말로만 선을 행하고 악을 멀리할 줄 몰라 왜 선하게 살아야 하는지도 파악하지 못한 채 정신 없이 살지 마라. 마구잡이로 사는 인생은 통 안에 갇혀 쳇바퀴를 굴리며 사는 다람쥐 꼴과 같다. 인생은 두루뭉수리가 아니다.

나는 선한가 악한가? 이렇게 수시로 자문하는 사람은 선하기는 쉬워도 악하기는 어렵다. 젖먹이를 둔 어머니는 젖이 가득 차면 아이를 안고 젖꼭지를 물린다. 이는 젖먹이의 배고픔을 아는 까닭이다. 선을 알고 행하라 함은 젖먹이를 둔 어머니의 마음을 닮으라는 말과 같다.

선함을 알면 악함이 부끄러움을 알아 사람이 된다. 본능대로 사는 것은 돼지처럼 사는 것과 같다. '되는 대로 살지 마라. 헤아리고 새기며 최선을 다해 살라.'

나만 위하려 하면 남들이 장애가 되고, 남을 위해 살면 남들이 고개를 숙인다. 이것이 삶의 최선을 이루어 낸다. 그러나 이를 모르고 살기 때문에 삶이 항상 고달프고 아득하고 막막하다. 막막한 삶은 답답하다.

버릇이 되어 살피지 않는다

'버릇이 되어 살피지 않는다〔習矣而不察焉〕.' 습(習)은 버릇이 되어 익숙함이다. 의(矣)는 문장의 마침표이고, 불찰(不察)은 살피지 않는다 함이다. 허술하거나 소홀함이 없나를 살펴 새기고 헤아리는 것이 찰(察)이다.

우리는 흙이 있어서 얻어먹고 살면서도 흙을 고마워할 줄 모르고, 물이 있어 물을 마시면서도 물이 고마운 줄 모르고, 공기가 있어 숨을 쉬면서도 바람이 고마운 줄을 모른다. 마찬가지로 부모의 사랑으로 태어나 자랐으면서도 그 은공(恩功)을 모른다. 이처럼 우리는 천지에 붙어살면서도 천지(天地)를 살필 줄 모른다. 부모는 천지와 같다. 천지가 없다면 만물이 있을 수 없고, 부모가 없다면 내가 있을 수 없는 까닭이다.

부모가 있지만 부모를 모실 줄 모르고, 형제가 있지만 서로 도울 줄 모르고, 이웃이 있지만 서로 통할 줄 모른다. 이처럼 우리는 세상에 붙어살면서도 세상을 살필 줄 모른다. 그러나 부모는 왜 자식을 돌봐야 하는지 살피고, 자식은 왜 부모를 모셔야 하는지 살피고, 치자(治者)는 왜 백성을 위해야 하는지 살피고, 부자는 왜 검소해야 하는지 살피고, 빈자는 왜 부지런해야 하는지를 살펴 저마다 인생이란 수레를 끌고 간다면 시기하고 시샘할 일이 없다.

'삶을 습성으로 버려두지 마라.' 본능에 맡겨 산다면 삶이 소중한 줄 어찌 알겠는가. 되는 대로 살지 마라. 아마도 이것이 습의불찰(習矣不察)의 속뜻이리라.

목숨이 소중하듯이 그 삶도 소중하다. 소중한 것은 갈고 닦아야 한다. 구슬이 서 말이라도 꿰어야 보배라고 하지 않는가. 목숨이 누리는 삶보다 더한 보석은 없다. 그러나 악은 그 보석에 금을 내고, 심하면 쪼개 버린다. 그러니 막되게 살지 마라. 익숙한 것일수록 살펴 소중히 마주해야 한다. 그렇게 사는 삶을 두고 공자는 날마다 새롭다고 했다. 날마다 새롭다는 것은 삶을 생각하고 살핀다는 말이다. 생각하고 살피면 사랑이 저절로 이루어지고, 사는 일이 사랑하는 일이면 절로 즐거워진다.

온 세상이 벗이라면 적이 없을 것이고, 적이 없으면 마음을 닫아 두고 원한을 키울 일도 없다. 삶을 즐겁고 괴롭게 하는 것은 모두 나에게 달려 있다. 내가 내 삶을 살피면 세상을 보살펴야 한다는 도리를 알게 되고, 어리석어지거나 옹고집이 되지 않는다. 오늘을 어제처럼 보내지 말 것이요, 내일을 오늘처럼 보내지 말 것이다. 내가 독백을 할 때 내 마음은 눈을 뜨고, 내 몸은 겸허해져 삶을 새기고 살핀다. 인생이 나그네라면 가야 할 길을 함부로 가서는 안 된다.

죽을 때까지 그것을 따른다

'종신토록 그것을 따른다〔終身由之〕.' 종(終)은 끝냄이요, 마감이며, 신(身)은 내 몸이다. 그러므로 종신(終身)은 일생의 마감을 뜻한다. 유(由)는 말미암아 비롯됨이다. 유지(由之)는 그 무엇〔之〕으로 말미암아 비롯됨이니 따른다 함이다.

내가 종신토록 따르는 것은 무엇일까? 목숨이라고 여기면 무방하리라. 나는 내 목숨을 따라 살기 때문이다. 어떻게 따라 사는가? 도를 따르고 인의를 따라 산다. 도를 따르고 인의를 따라 산다 함은 곧 삶의 천명이다.

목숨을 천명(天命)이라 하지 않는가. 천명에 따라 사는 것은 도리(道理)다. 그러므로 유지(由之)의 지(之)는 그 도리를 말한다. 선이란 목숨의 도리를 지키는 것이며, 악이란 목숨의 도리를 어기는 것이다.

산중에 있는 샘물은 선한 물이고, 썩은 물은 악한 물이다. 샘물은 목숨을 살리지만 썩은 물은 목숨을 죽인다. 살리는 일은 선이 되고, 죽이는 일은 악이 된다.

삶의 도리를 지키면 목숨이 삶을 누리고, 삶의 도리를 어기면 목숨이 비명(非命)을 지른다. 서로 살도록 돕는 것이 목숨의 도리이고, 서로 헤집고 시기하는 것은 도리를 어기는 짓이다.

내가 살 수 있는 것은 세상이 있기 때문이다. 세상에는 나만 있는 것이 아니라 남도 있고 만물도 있다. 그러므로 만물 가운데 나만 귀하고 남은 천하다고 여길 것 없다. 이보다 더 목숨의 도리에 어긋나는 짓은 없다.

흙이 없고 물이 없고 바람이 없으면 몸이 살지 못하듯이 마음에 선과 덕, 인의가 없다면 마음이 악한의 칼이 되고 만다. 선은 목마른 목을 적셔 주는 샘물과 같고, 덕은 온갖 만물이 자리잡고 사는 대지(大地) 같다. 그리고 인의는 마음을 마시고 숨쉬게 하는

대지의 맑은 공기라고 여기면 된다

덕과 선, 그리고 인의는 한집안 식구다. 그것들은 목숨의 도리를 다하는 충신들이다. 이런 충신들이 내 마음에 깃을 펴야 일생동안 내 목숨을 누릴 삶의 궁전을 세울 수 있다. 그러나 이러한 목숨의 도리인 삶의 이치를 모르고 살면 악한(惡漢)이 된다. 악한은 천명인 목숨을 얕보고 경멸하는 무리다. 세상이 이런 무리로 들끓으면 전쟁과 살인이 일어나고, 부정부패가 기승을 부린다. 맹자는 이를 질타했다.

'내가 무뢰한이 되지 않으려면 목숨의 도리를 알아야 한다.' 이러한 맹자의 종신유지(終身由之)는 나로 하여금 살피게 한다.

'한 송이 국화꽃을 피우기 위해 봄부터 소쩍새는 그렇게 울었나 보다.' 이 시구(詩句)는 목숨을 예찬하고 사랑하라는 뜻이다. 천지에 송홧가루가 휘날리는 봄 나절, 산천초목(山川草木)은 암수가 정을 나누어 새 생명을 마련하고, 인간은 선하게 살려고 땀을 흘린다.

내가 성실하고 부지런해야 함은 나만을 위하는 것이 아니라 남을 위함도 되고 만물을 위함도 된다. 나만을 위하여 무슨 일을 한다고 고집하거나 착각하지 마라. 독불장군은 처음부터 없는 법이다. 농부가 있어 밥을 먹고, 기술자가 있어 자동차를 타고, 윗사람과 아랫사람이 있어 세상이 굴러가는 것이다.

세상을 보금자리처럼 여기고 살아가라. 내 마음대로 살고 싶다는 것은 허망한 욕심이다. 세상이 내 뜻대로 되어 주기를 바라는 것은 망상이고, 세상이 뜻처럼 되지 않는다고 분노하는 것은 미친 짓이며, 살기 힘들다고 투정부리는 것은 욕심이다.

내 목숨은 나 홀로 존재하는 것이 아니다. 무수한 목숨들과 어울려 살고, 무수한 사물이 있어서 세상이 열리는 것이다. 그 가운데 내가 서 있다는 것은 서로 함께 산다는 말이다. 이렇게 독백하다 보면 저절로 내 목숨의 이치를 짚어 낼 수 있다.

'행함이 뚜렷함' 의 전문과 의역

그것을 행하면서도 뚜렷이 알아내지 않고[行之而不著焉], 습성이 되었는데도 살피지 않고[習矣而不察焉], 죽을 때까지 그것을 따르면서도[終身由之] 그 도리를 모르는 자들이[而不知其道者] 많다[衆也].

부끄러워하는 마음〔恥〕

부끄러워하는 마음이 있다

인간이라면 부끄러워할 줄 모르면 안 된다. 생물은 부끄러워할 줄 모른다. 그러나 '인간이라면 부끄러워할 사람 앞에서 부끄러워하는 마음이 없어서는 안 된다〔人不可以無恥〕.' 인(人)은 사람이다. 불가이(不可以)는 어떤 것을 할 수 없다는 뜻이고, 무(無)는 없다는 것을 의미하므로 불가이무(不可以無)는 없을 수 없다는 말이다. 치(恥)는 마음이 어떤 것을 부끄러워한다 함이다.

부끄러움을 알라. 그러면 사람이다. 부끄러워할 줄 모르면 사람 구실을 제대로 할 수 없다. 선악을 분별하지 못하면 부끄러워할 줄 모른다. 선하면 얼굴을 들고, 악하면 고개를 떨군다. 이것이 떳떳함과 부끄러움의 차이다.

무안(無顔)하다는 말은 얼굴을 들 수 없다는 뜻이다. 왜 얼굴을 들 수 없는가? 부끄러운 까닭이다. 면목(面目)이 없다는 말은 남의 얼굴을 바라볼 수 없다 함이다. 미안(未安)하기 때문이다. 미안하다 함은 상대의 마음을 상하게 해서 죄송하다는 마음이다.

내가 염치없거나 뻔뻔하거나 얄미우면 남의 눈총을 받거나 손가락질을 당하게 된다. 이렇게 되면 내가 나 자신을 부끄럽게 하는 꼴이 된다. 부끄러워할 줄 모르면 내가 추하고 천해진다.

자존심을 앞세워 주장하지 마라. 부끄러워할 줄 알면 자존심은 저절로 온다. 자존심을 요구하지 마라. 이보다 더 염치없는 철면피(鐵面皮)는 없다.

무시하고 멸시하고 경멸하지 마라. 그렇게 하지 않으면 남의 감정을 돋우어 가시를 돋게 만들 뿐이다. 돋아난 가시는 반드시 나를 찌른다. 가시를 돋게 해 놓고 왜 찌르냐고 묻는 것은 어리석은 짓이다. 이처럼 부끄러운 짓은 반드시 나에게로 다시 되돌아온다. 누워서 하늘에 침 뱉는 짓을 하지 마라. 이는 부끄러움을 몰라 짓는 어리석음이다.

선하면 부끄러울 것이 없고 악하면 부끄럽다. 너그러우면 부끄러울 것이 없고 옹색하면 부끄럽다. 수수하면 부끄러울 것이 없고 치장하고 꾸미면 부끄럽다. 참말은 부끄러울 것이 없고 거짓말은 부끄럽다.

완전 범죄란 없다. 못할 짓을 해 놓고 남이 모른다고 해서 마음이 편한 것은 아니다. 도둑이 제 발 저리듯이 잘하고 잘못했음은 자기 자신이 가장 잘 안다. 그래서 뉘우칠 줄 알면 자신을 부끄럽게 하지 않는다.

'사람은 부끄러워하지 않으면 안 된다[人不可以無恥].' 맹자의 이 말은 무슨 뜻일까? 선(善)하게 살라는 말이다. 선하라. 이 말은 곧 사람이 되라 함이다.

선악을 분별할 줄 알기 때문에 나는 사람이다. 그래서 사람과 짐승은 다르다〔人獸之辨〕. 사람〔人〕과 짐승〔獸〕은 왜 다른가? 산에 사는 야수(野獸)는 부끄러워할 줄 모르지만 마을에 모여 사는 인간들은 부끄러워할 줄 아는 까닭이다.

내가 염치없으면 남들이 불편해지고, 내 욕심이 사나우면 남들을 해롭게 한다. 또 내가 뻔뻔하면 남을 화나게 한다. 이를 뉘우친다면 스스로 부끄러워져 쥐구멍이라도 찾아 숨고 싶은 심정이 들 것이다.

부끄러운 일을 감출 필요는 없다. 잘못을 빈다고 해서 내가 작아지는 것은 아니다. 오히려 솔직한 사과가 작아진 나를 크게 해준다. 사람은 누구나 남이 나에게 해로운 짓을 하지 않기를 바란다. 그렇다면 나도 남에게 해로운 짓을 하지 말아야 한다.

말 한 마디, 몸짓 하나를 허투루 해서 나를 천하게 하지 말아야 한다. 부끄러운 내가 될까 봐 나는 걱정한다. 이렇게 하면 다른 걱정이 없어진다. 걱정이 없는 삶은 편안하다. 편안한 것은 누릴수록 즐겁다. 부끄러워할 줄 알면 오히려 삶을 즐거운 세계로 이끌 수 있다.

부끄러워하는 마음이 없는가

'부끄러워하는 마음이 없음을 부끄러워하라〔無恥之恥〕.' 무(無)는 없다는 뜻이고, 치지(恥之)는 그 무엇〔之〕을 부끄러워한다는 뜻이다. 그러므로 무치지(無恥之)는 부끄러워함이 없다는 말이 된다. 치(恥)는 부끄러워하라는 뜻이므로 무치지(無恥之)는 치

(恥)의 목적이다.

'털어서 먼지 안 나는 사람 없다', '얌전한 강아지가 부뚜막에 먼저 올라간다'는 말처럼 사람마다 흠이 있고 틈이 있게 마련이다. 완벽하고 완전한 사람은 성인(聖人)이다. 그러나 누가 성인이란 말인가. 우리는 모두 다 불완전한 인간일 뿐이다.

내가 불완전함을 모르고 있음을 부끄러워하라. 그러면 절로 마음을 살피게 된다. 마음을 살펴라〔存其心〕. 이 말 역시 부끄러워하라는 말로 들으면 된다. 마음을 살펴 내 본성을 선하게 하지 못함을 부끄러워하라. 나의 결함을 모른 척하면 부끄러워할 줄 모르게 되는 까닭이다. 남의 혀가 세 치라면 내 코는 석 자다. 이를 모르면 염치없어진다. '똥 묻은 개가 재 묻은 개를 흉본다'는 속담은 나를 엄하게 한다.

'남을 헐뜯기 전에 자신을 먼저 돌이켜보라. 자신을 돌이켜보는 데 성실하라〔反身而誠〕.' 이 말 역시 자신을 부끄러워하라는 말로 들으면 된다. 내가 선한지 악한지를 수시로 돌이켜보고 뉘우쳐라.

건방지게 굴거나 오만을 떨지 마라. 건방진 것은 경솔한 탓이고, 오만한 것은 자기 도취에 빠져 있기 때문이다. 천하에 부끄러울 것이 없다고 자신하는 마음은 착각이다. 겸허하라. 이것은 자신에게 허물이 있는지 없는지를 살피는 마음씨다.

부끄러워할 것이 없다〔無恥之〕고 장담하는 것은 허세부리는 것과 같다. 허세야말로 바람이 잔뜩 들어간 풍선이다. 풍선은 바람에 위로 올라가지만 결국에는 터져서 아래로 추락하고 만다.

부끄러워할 줄 아는 마음은 악을 범하지 않는 방패가 된다. 그러나 부끄러운 짓인 줄 알면서도 그 짓을 범하는 것은 마치 아편 중독자처럼 인생을 탕진하는 꼴과 같다. 아침마다 양치질을 하고 세수를 하는 것은 입속과 얼굴이 찜찜한 까닭이다. 못된 짓을 범하거나 저지른 뒤의 마음 역시 세수를 안 한 낯가죽처럼 찜찜하다. 이는 마음의 눈에 눈곱이 낀 것과 같다. 마음의 눈에 낀 눈곱을 씻어 내는 것, 이것이 곧 부끄러워할 줄 아는 것이다.

'염치없이 살 수 없다.' 이런 다짐이 곧 부끄러워할 줄 아는 것이다. 이렇게 하면 부끄러울 것 없다며 마음과 몸을 내버려두는 일은 범하지 않게 된다.

변명하지 않는다, 핑계를 대거나 구실을 붙여 위기를 모면할 생각을 않는다, 내 몸 하나 편하기 위해 남을 힘들게 하지 않는다. 만일 이렇게 산다면 부끄러워할 이유가 없다.

부끄러워질 원인을 없애려면 먼저 부끄러워할 것이 없다고 여기는 자만심을 부끄러워할 줄 알아야 한다. 나를 더럽게 하는 것도 나에게 달려 있고, 나를 깨끗하게 하는 것 역시 나에게 달려 있다. 나를 천하게 하는 것도, 나를 귀하게 하는 것도 내 마음과 행동에 달려 있다.

부끄러워할 줄 안다면 그만큼 부끄러운 짓에서 멀어진다. 맹자는 나로 하여금 속삭이게 한다. 부끄럽지 않으려면 먼저 부끄러움을 알라.

'부끄러워하는 마음' 의 전문과 의역

사람에게 부끄러워하는 마음이 없어서는 안 된다[人不可以無恥]. 부끄러워하는 마음이 없는 것을 부끄러워하면[無恥之恥] 부끄러워할 것이 없다[無恥矣].

부끄러워함은 크다〔恥大〕

부끄러워하는 마음을 써라

인간에게 있는 부끄러워할 줄 아는 마음은 대단히 중요하다〔恥之於人大矣〕. 치지(恥之)는 부끄러워함, 즉 부끄러워하는 마음이다. 어인(於人)은 '사람에게'의 뜻으로 간접 목적어로 여기면 된다. 대(大)는 '크다'는 의미로 중요하다는 말이다.

선한 본성을 선하지 않게 하는가? 이를 살펴 선하지 않다면 부끄러워해야 한다. 그래서 맹자는 부끄러워할 줄 아는 마음이 중요하다고 했다. 맹자는 인간은 태어날 때부터 선한 존재라고 말했다. 인간이 선하지 않다면 인간이 아니다. 사람이면서 사람답지 않음을 부끄러워하라. 고자(告子)는 이렇게 말했다.

"본성은 선한 것도 없고〔性無善〕, 선하지 않은 것도 없다〔無不善也〕."

또 어떤 이는 이렇게 말하기도 했다.

"본성은 선할 수도 있고〔性可以善〕, 선하지 않을 수도 있다〔可以

爲不善].”

이처럼 사람의 본성을 고자처럼 자연으로 보는 경우도 있고, 선악을 함께 지닌 것으로 보는 경우도 있다. 그러나 맹자는 인간이 타고난 본성을 선이라고 선언했다.

사람에게 악한 구석이 있는 것은 사실이다. 하지만 맹자는 그것을 태어나 살아가면서 붙은 땟국처럼 보았다. 본래부터 선한 본성을 더럽히는 짓을 부끄러워하라.

주(周) 나라 문 왕(文王)의 백성은 착했다. 문 왕이 어진 정치를 베풀었던 덕이다. 정치가 인자하면 백성은 선을 좋아한다. 그러나 주 나라 유 왕(幽王)의 백성은 포악했다. 포악한 정치를 벌였던 탓이다. 이처럼 정치가 포악하면 백성은 선을 멀리한다.

같은 백성이라도 다스림의 선악에 따라 선을 따르기도 하고 악을 따르기도 한다. 힘으로 정치를 하면 백성은 약아지고 법을 어기는 재주를 자랑스럽게 여기고 뽐낸다.

한탕주의가 기승을 부릴 때는 아무도 부끄러워할 줄 모른다. 인자한 마음은 포악한 마음을 부끄러워할 줄 알지만 포악한 마음은 부끄러워할 줄 모른다.

순(舜) 임금은 효성이 지극하고 우애가 두터웠다. 그러나 순의 아버지 고수(瞽瞍)는 후처의 꾐에 빠져 순을 죽이려 했고, 이복동생인 상(象)은 악하기가 이를 데 없어 순을 독살하려 했다. 순은 부끄러워할 줄 알았지만 고수와 상은 부끄러워할 줄 몰랐다. 그러나 불효를 부끄러워했던 순은 아버지 고수에 대한 원한을 덕으로 갚았다.

은(殷) 나라 마지막 왕이었던 주(紂)는 아무리 오랜 시간이 흘러도 폭군의 대명사로 입에 오르내린다. 그런 주를 향해 작은아버지였던 비간(比干)은 포악하지 말라고 꾸짖었다. 그러나 주는 비간을 붙들어다 가슴을 쪼개고 염통을 찢어 죽였다. 비간은 부끄러워할 줄 알았고 주는 부끄러워할 줄 몰랐다.

이런 역사는 우리나라에도 있다. 폭군 연산군의 포악함을 참다 못한 내시 김처선(金處善)은 연산군을 향해 성군이 되라고 간청했다. 그러나 분에 못 이긴 연산은 처선의 몸뚱이를 칼질로 동강내고 창자를 끄집어내 휘둘러 궁정의 방바닥을 핏물로 물들였다. 김처선은 부끄러워할 줄 알았고 연산군은 부끄러움을 몰랐다.

부끄러움을 아는 사람은 본성이 선한 줄 알지만 부끄러움을 모르는 사람은 본성이 선한 줄 모른다. 그래서 맹자는 부끄러워할 줄 아는 마음이 인간에게 중요하다고 했다.

"성정에 따라 한다면〔乃若其情〕 선해질 수 있다〔則可以爲善矣〕. 만일 선하게 되지 않는다면〔若夫爲不善〕 그것은 재성의 죄는 아니다〔非才之罪也〕."

맹자가 고자장구(告子章句)에서 밝힌 이 말은 '사람에게 부끄러워함이 중요하다〔恥之於人大矣〕' 는 말과 겹쳐 온다.

내약기정(乃若其情)의 기정(其情)은 무슨 뜻일까? 성(性)의 정(情)일 것이다. 그 정(情)은 선을 좋아하는 것〔好善〕과 통하리라. 비재지죄(非才之罪)의 재(才)는 무슨 뜻일까? 성(性)의 재(才)일 것이다. 그 재(才)는 선을 행할 수 있는 재능이리라.

맹자는 본성이 지닌 정(情)과 재(才)를 한마디로 사단(四端)이라고 했다. 불쌍히 여기는 마음을〔惻隱之心〕 사람마다 지닌다〔人皆有之〕. 이런 마음씨를 인(仁)이라고 한다. 부끄러워하는 마음을

〔羞惡之心〕 사람마다 지닌다〔人皆有之〕. 이런 마음씨를 의(義)라고 한다. 받드는 마음을〔恭敬之心〕 사람마다 지닌다〔人皆有之〕. 이런 마음씨를 예(禮)라고 한다. 시비를 가리는 마음을〔是非之心〕 사람마다 지닌다〔人皆有之〕. 이런 마음씨를 지(智)라고 한다.

이 네 갈래의 마음씨를 선한 마음의 실마리로 잡아 맹자는 사단(事端)이라고 했다. 사단(四端)은 곧 선한 마음씨가 마음속에 있다가 드러나는 것이며, 단(端)은 빙산의 끝이 바닷물 밖으로 드러나 보이는 것과 같은 표현이다.

선한 마음씨를 성(性)의 정(情)과 성(性)의 재(才)라고 했다. 내 마음에 사단이 소중하게 있다면 나를 얻는 것〔得己〕이요, 내 마음에 사단이 소홀히 있다면 나를 잃는 것〔失己〕이다. 그래서 맹자는 구하면 얻고〔求則得之〕, 버려두면 잃는다〔舍則失之〕고 했다. '내 본성을 버려두어 잃어버리지 마라.' 이 말은 곧 부끄러워할 줄 알라는 말이다.

'부끄러워함은 크다' 의 전문과 의역

인간에게 있는 부끄러워할 줄 아는 마음은 중요하다[恥之於人大矣]. 임시변통에 기민한 자는[爲機變之巧者] 부끄러워하는 마음을 써 볼 데가 없다[無所用恥焉]. 남과 같지 않음을 부끄러워하지 않는다면[不恥不若人] 어찌 남과 같은 점이 있겠는가[何若人有]?

8

호선(好善)과 망세(忘勢)

선을 좋아하고 권세를 잊는다

'선을 좋아하고 권세를 잊는다〔好善而忘勢〕'. 호(好)는 좋아함이다. 선(善)은 본성을 소중히 하는 것, 즉 착함이다. 이(而)는 '그러나'의 뜻이다. 망(忘)은 잊어버림, 세(勢)는 권세나 세력 따위다.

선(善)은 사랑할 뿐 과시하지 않는다. 그러나 세(勢)는 힘을 믿고 군림하고 호령한다. 선은 베풀되 요구하지 않는다. 그러나 세는 요구하고 소유하며 정복한다. 선은 부끄러워하고 겸허하다. 그러나 세는 뻔뻔스럽고 오만하다. 선은 모실 줄 알고 받들 줄 안다. 그러나 세는 복종을 누리며 명령한다. 선은 시비를 가리되 용서하고 포용한다. 그러나 세는 시비를 덮어두고 속셈부터 한다.

선을 좋아하는 사람은 누구일까? 성현을 그리워하고 존경하는 자일 것이다. 마음을 베푸는 마음을 성(聖)이라 하고, 재물을 베푸는 마음을 현(賢)이라 한다.

선을 좋아하는 사람이 세상을 다스리면 그 세상은 선하고 백성은 착하게 산다. 선정(善政)은 산들바람 같아 풀잎 같은 백성은 바람결에 몸을 맡기고 산들거린다. 그러나 세를 좋아하는 사람이 세상을 다스리면 그 세상은 답답하고 백성은 영악하게 산다. 세는 폭정(暴政)을 마다하지 않고, 마치 태풍과 같아서 풀잎 같은 백성은 몰아치는 바람에 상처를 입는다.

예부터 성군(聖君) 밑에는 충신이 따로 없고, 폭군(暴君) 밑에는 충신과 간신이 갈라선다고 했다. 간신은 권력의 품에서 놀아나기를 좋아하고, 권력의 엄호를 받으면서 노략질을 일삼는다.

부정부패가 왜 일어나고 특권층이 왜 생기겠는가? 제 밥상만 걸게 차리려는 간신들이 수작을 부리기 때문이다. 그런 수작을 불의(不義)라 한다. 불의는 이욕(利欲)의 앞잡이 노릇을 한다.

선은 치세(治世)를 불러온다. 제대로 바르게 사는 세상은 치세이고, 더럽고 추하게 사는 세상은 난세(亂世)다. 세는 결국 난세를 자초한다. 왜 선은 치세를 불러오고 세는 난세를 자초하는가? 선은 의를 앞세우지만 세는 이를 앞세우는 까닭이다. 그래서 맹자는 이렇게 밝힌다.

"만일 의를 뒤로하고 이를 앞세우면〔苟爲後義而先利〕 빼앗지 않고는 만족할 줄 모른다〔不奪不厭〕."

권세가 권력으로 둔갑하는 것은 욕심을 부리기 때문이다. 권력에 대한 욕심이 사나우면 나라를 훔치게 되고, 그렇게 되면 백성은 그 도둑의 배를 채워 주기 위해 배를 주려야 한다. '선을 싫어하고 세를 좋아하지 마라.' 공맹이 천하를 돌며 수많은 왕에게 이렇게 고했지만 그 말을 귀담아 들어 준 군왕은 하나도 없었다. 권세를 믿는 왕은 언제나 욕심이 탈이다. 지금 공맹이 되살아나 다시 세상을 돌아다닌다고 해서 달라질 것은 하나도 없다. 여전히 권부(權府)는 세력으로 성을 쌓고 있다.

어디 치자만 선을 싫어하고 세를 좋아하겠는가? 이제는 모든 사람들이 선보다 세를 더 좋아한다. 오히려 선할수록 망하고 세가 강할수록 이긴다고 믿어 세력 다툼에서 한 치도 물러서지 않으려 한다.

조선조의 세조는 매월당(梅月堂)을 여러 번 불렀다. 하지만 매월당은 마지못해 세조를 독대하고는 몰래 궁궐을 빠져 나와 여염집 똥통에 들어가 숨었다. 매월당에게는 궁궐 속의 구린내보다 여염집 뒷간의 구린내가 덜 독했던 모양이다.

남명(南冥) 역시 선조가 여러 번의 벼슬을 내렸지만 그때마다 번번이 거절했다. 왕의 간청에 못 이겨 선조를 만난 남명은 '왕이 조각배라면 백성은 강물이오. 강물이 순탄하면 뱃길이 열리고 강물이 노하면 배는 산산조각나게 마련입니다' 하는 직언을 했다. 그리고는 노발대발하는 선조를 뒤로하고 돌아와 지리산에서 사약을 기다렸다.

매월당은 왜 세조를 멀리하고 남명은 왜 선조를 피했을까? 그들의 속뜻을 헤아려 본다면 선을 좋아하고 권세를 잊는다고 한 맹자의 말을 알 수 있다.

그 도리를 누린다

'그 도리를 누려라[樂其道].' 낙(樂)은 즐겨 누린다는 뜻이며,

기도(其道)는 사람이 마땅히 지키고 따라야 할 도리다. 그 도리를 즐거워하고 누린다면 그 도리는 무엇일까? 그것은 선을 좋아하고 세를 잊어버리는 도리다. 호선이망세(好善而忘勢)의 이치를 즐기는 사람은 현명한 선비가 될 수 있다. 현명한 선비는 성군을 기리지만 어리석은 선비는 폭군을 몰라보고 아첨할 뿐이다.

남의 세력에 빌붙어 출세의 길을 닦으려고 덤비는 무리는 포수를 따르는 사냥개 구실을 마다하지 않는다. 그러나 현명한 사람은 남의 세력을 탐하거나 부러워하지 않는다. 세력은 무엇이든 이용만 하고 말기 때문이다.

돈이면 무조건 좋고, 돈만 있으면 무엇이든 다 할 수 있다고 믿는다면 큰일이다. 사람이 돈벌레로 전락하면 겁날 것이 없다. 미쳐 버리는 까닭이다.

현명한 사람은 돈 앞에 가위눌림을 당하지 않는다. 돈을 땀 흘린 보람의 선물로 생각하는 사람은 돈의 귀중함을 알고, 그것이 선한 돈인가, 악한 돈인가를 살펴 둔다. 그러나 사람이 돈벌레가 되면 돈이 주인이 되고, 사람이 돈의 노예가 되어 버린다. 그렇게 되면 돈을 벌기 위해 살인도 마다하지 않는 일이 빚어지고 만다. 돈을 벌기 위해 수단과 방법을 가리지 않는다면 돈을 아무리 많이 벌어 부자가 된다 해도 그 끝은 항상 험하고 망신스러울 수밖에 없다. 특히 아무리 돈이 많아도 민심을 얻지 못한 재벌은 모래 위에 회사를 세우고 돈놀이하는 꼴과 다를 바가 없다. 돈놀이꾼은 제 손에 들려 있는 돈이 자신의 목을 조르는 밧줄이 될 수도 있음을 모른다. 남의 목에 칼을 들이대고 돈을 내놓으라며 협박하는 강도나 남의 집 아이를 유괴하여 돈을 요구하는 유괴범이나 유부녀를 농락하고, 그것을 빌미로 돈을 뜯어내는 제비족과 같은 인생 파괴범들은 제 명대로 인생을 살 수 없다.

권력과 돈, 출세와 명성에 걸신들린 사람은 세를 믿는 부류에 속한다. 세를 믿는 부류는 세상을 힘으로 저울질하기 때문에 강하면 이기고 약하면 진다고 호언장담한다. 강하면 약해지고 이기면 패배하고 늘어나면 줄어드는 것이 세의 다툼이다. 세는 음모를 꾸미고 모략을 늘어놓고 행패를 일삼기 때문에 아무리 붙잡아 두려 해도 흥망(興亡)의 길을 재촉할 뿐이다. 그러나 현명한 사람은 인생의 모든 길목에서 흥망을 재촉하지 않는다. 순리가 아니면 따르지 않고 목숨에 어긋나는 짓은 범하지 않는다. 또 본분에 따라 열심히 일하고 만족하며 소중한 목숨과 더불어 인생을 누릴 줄 안다. 그래서 현명한 사람은 선의 길을 즐겁게 누리고 남들이 부러워하고 추구하는 권세를 잊는다.

어떻게 하면 남보다 잘살 수 있을까? 어떻게 하면 남보다 더 돋보일 수 있을까? 어떻게 하면 남보다 더 빨리 출세할 수 있을까? 이러한 문제를 만들어 놓고 속을 끓이지 마라.

자신의 인생을 남과 상대하여 비교하는 것은 스스로 인생을 소모하는 짓일 뿐이다. 그러면 인생은 초라하고 불쌍해진다. 내 인생을 나 스스로 소중히 하지 않는다면 남이 내 인생을 천하다 해도 뭐라고 항변할 길이 없다.

갖가지 세를 향해 불나방처럼 질주하는 꼴을 범하지 마라. 인생은 불덩이도 아니고 소유나 정복의 대상도 아니다. 맹자의 호선이망세(好善而忘勢)는 이를 깨우쳐 준다.

‘호선’과 ‘망세’의 전문과 의역

옛날의 현명한 왕들은[古之賢王] 선을 좋아하고 권세를 잊었다[好善而忘勢]. 옛날의 현명한 선비들도[古之賢士] 어찌 그렇지 않았겠는가[何獨不然]? 그 도리를 누리고 남의 권세를 잊었다[樂其道而忘人之勢]. 그래서 왕이나 대신들이 경의를 지극히 하고 예의를 다 갖추지 않으면[故王公不致敬盡禮] 그들을 자주 만날 수 없었다[則不得亟見之]. 자주 만나는 일조차 힘들었거늘[見且猶不得亟] 하물며 그들을 불러서 신하로 삼을 수 있었겠는가[而況得而臣之乎]?

9

존덕(尊德)과 낙의(樂義)

덕을 존경하라

덕을 존경하고 의를 즐긴다〔尊德樂義〕. 존(尊)은 높이 받들어 모신다는 뜻이며, 덕(德)은 큰 마음이자 선을 행하는 마음씨다. 낙(樂)은 즐겨 누린다는 뜻이며, 의(義)는 올바르지 못함을 부끄러워하는 마음이다.

덕을 득(得)이라고도 한다. 덕은 반드시 무엇을 얻게 해 주기 때문이다. 그렇다면 덕이 무엇을 얻게 해 줄까? 나에게 즐거운 마음을 준다. 덕이 득이라면 부덕(不德)은 실(失)이다. 부덕은 나에게서 즐거운 마음을 앗아가는 까닭이다.

나를 중심으로 하지 않으면 마음은 저절로 넓어지고 커진다. 넓고 큰 마음은 넉넉하고 훈훈하다. 이처럼 덕은 마음속을 이루어 준다. 그러나 반대로 자기 중심적으로 세상을 대하면 저절로 우물 안 개구리가 되어 마음이 좁아진다. 그렇게 되면 남의 밥에 있는 콩이 더 커 보이고, 사촌이 논을 사면 배 아파하게 된다. 이렇게 부덕한 마음은 좁고 옹색하다.

덕을 존중하는 사람은 자신에 대해 태연하고, 남을 먼저 살펴 돕는 길을 찾는다. 덕이란 마음을 베풀 때 드러나는 정이고, 그런 정을 농락하는 것은 부덕이다.

부끄러워하라 함은 내 욕심을 차리지 말라 함이다. 내 욕심을 뒤로하고 남의 형편을 먼저 살피는 것이 곧 덕의 손길이다. 덕의 손길이 훈훈한 마음은 무엇이 부끄러운 짓인가를 안다. 이를 일러 의(義)를 즐긴다고 해도 무방할 것이다.

남을 도우려는 마음보다 남을 이용하려는 마음이 앞서면 이미 그 마음에서 의(義)는 멀어지고, 이(利)가 자리잡아 똬리를 튼다. 의는 요구하고 차지하는 짓을 멀리하지만 이는 요구하고 차지하는 짓을 일삼는다. '나는 이익을 봐야 하고 너는 손해를 봐도 된다' 는 마음이 곧 이기심(利己心)이다. 의는 이기심을 부끄러워하고, 이는 그것을 자랑으로 삼는다. 욕심은 이를 전리품으로 확신한다.

전리품은 싸워서 이겨야만 가질 수 있다. 싸워서 갖는 것은 빼앗는 것이며, 빼앗는 것은 남의 것을 제 것으로 착복하는 짓이다. 의는 이런 짓을 부끄러워한다. 그래서 덕을 존중하는 사람은 이익이 되는 것을 보면 먼저 의를 생각한다. 옳지 못한 이익을 차지하지 않는 마음은 언제 어디서나 당당하고 떳떳하며 태연하다. 태연한 마음은 감출 것도 없고 숨길 것도 없는 상태에서 얻을 수 있는 자유다. 그러나 착복하고 갈취하면 언제 어디서나 불안하다. 불안하면 숨길 것도 많고 감출 것도 많아진다.

태연하면 저절로 나를 얻고〔泰然自得〕, 불안하면 저절로 나를 잃는다〔不安自失〕. 나를 얻는 것은 나를 구하는 것이요, 나를 잃는 것은 나를 버리는 것이다. 그래서 덕을 존중하고 의를 즐기는 사람은 그 자신을 얻고, 덕을 무시하고 이를 탐하는 사람은 남의 것을 빼앗으면서도 오히려 잃어버린다.

궁해도 의를 잃지 않는다

'궁해도 의를 잃지 않는다〔窮不失義〕.' 궁(窮)은 곤궁한 상태를 말하고, 실(失)은 잃어버린다는 뜻이다. 그러므로 부실(不失)은 잃지 않는다는 말이 된다. 의(義)는 옳은 것과 부끄러워할 줄 아는 마음씨를 말한다.

살기가 궁핍하다고 해서 궁상을 떨 것은 없다. 궁상을 떨어 남의 동정을 받는 것은 거지꼴과 같다. 곤궁하다고 남에게 손벌릴 것 없다. 그에 앞서 내가 게으르거나 방만해서 궁해진 것이 아닌가 살필 일이다. 궁할수록 바른 길을 걸어가야 한다. 목구멍이 포도청이라고, 사흘 굶은 군자는 없다고 하지만 이 말은 군자를 모르고 한 말이다. 쌀이 없어 나물을 먹고 물을 마실지언정 남의 집 쌀독을 넘보지 않는 사람이 없는 것은 아니다.

불가(佛家)에서도 '하루를 놀았다면 먹지 말라' 고 했다. 곤궁한 것이 내 탓임을 깨우친다면 의를 잃지 않을 수 있다. 의는 무엇보다 나를 반성하게 하는 까닭이다. 내가 모든 일에 성실하다면 설령 거부(巨富)가 될 수는 없을지언정 굶지는 않는다.

하는 일이 뜻대로 되지 않는다고 해서 세상을 탓하지 마라. 세상에는 수많은 일들이 있고, 순간순간 일들이 치러지지만 특별히

기다리고 있는 일은 없다. 하는 일이 풀리지 않아 궁하다면 그 까닭이 밖에 있다고 억지를 부릴 것도 없다. 무엇이 잘못되었는가를 살필 일이요, 옳은 길을 따라 열심히 했다면 그것으로 족한 것이다.

왜 현명한 사람은 궁할 때일수록 의를 잃지 않는가? 궁하면 통하고〔窮則通〕, 통하면 변화한다〔通則變〕는 순리를 아는 까닭이다. 궁할수록 의를 잃지 않아야 통하는 길이 넓어져 나를 얻을 수 있다〔得己〕.

궁한 것이 모조리 내 탓이라고 헤아릴 때 자신을 닦아 묻은 때를 지울 수 있다. 그래서 뜻을 얻지 못하면〔不得志〕 나를 닦아 세상에 드러난다〔修身見於世〕 하고, 궁하면 홀로 내 몸을 선하게 한다〔窮則獨善其身〕고 했다.

뜻이 같지 않을 때일수록 나를 닦는다〔修身〕. 나 자신이 부덕함을 뉘우치고, 나 자신이 선하지 못함을 깨닫는 것이 곧 수신(修身)이다.

변명으로 궁한 순간을 넘기려 하는가? 구실을 삼아 궁한 순간을 피하려 하는가? 약은 꾀로 위기를 모면하려고 잔재주를 부리는가? 그렇게 한다면 의(義)를 버린 것과 같다.

의연(毅然)할 줄 모르면 이미 의를 따돌리고 곁길이나 샛길을 찾아 꾀를 부렸다고 할 수 있다. 약고 영악한 나를 두둔하지 마라. 그러면 나는 점점 더 고약해져, 결국 내 손에 든 도끼로 내 발등을 찍고, 개미귀신의 집에 들어가 험한 일을 자초하게 될 뿐이다. 세상은 포근한 둥지도 되지만 험한 개미귀신의 집이 되기도 한다.

이룬 뜻을 베풀어라

'뜻을 이루어 잘되어도 바른 길을 벗어나지 않는다〔達不離道〕.' 달(達)은 잘되었다는, 즉 마음먹은 대로 이루었음을 의미한다. 그래서 달(達)은 궁(窮)과 반대되는 상태를 말한다. 달은 뜻을 이룬 것이고, 궁은 뜻을 이루지 못함이다. 이(離)는 벗어나 떨어져 나감이다. 도(道)는 바른 길, 즉 정도(正道)이며 도리(道理)다.

노루는 비탈을 올라 정상에 닿으면 멈추어 서서 자기가 달려온 거리를 훽 둘러 살핀다. 그러면 포수는 그 순간을 낚아채 불질을 하고, 멈추어 서서 과시하던 노루는 사냥꾼의 불질을 받아 죽는다. 정상에 올랐다고 자만하고 과시하지 마라.

빛나되 눈부시게 하지 말 것이며, 공을 세우되 돋보이려고 하지 마라. 이것이 바로 뜻을 이룬 다음 정도(正道)를 밟는 마음가짐의 수순이다. 우쭐대고 얕보는 것은 하룻강아지 범 무서운 줄 모르고 덤비는 꼴과 같다.

겸허하고 검소하면 정도를 밟는 것이요, 어질고 바른 것도 정도를 밟는 것이다. 뜻을 이룬 다음 이렇게 한다면 어찌 세상이 따돌리겠는가? 백성은 그런 사람에 대해 실망하지 않는다.

윗사람이 뜻을 이루었으되 군림하지 않으면 아랫사람이 희망을 잃지 않는다. 그래서 치자가 뜻을 이루었으되 정도를 벗어나지 않으면 백성은 실망하지 않는다〔民不失望焉〕고 했다. 뜻을 이룬 뒤 그 혜택을 제 것으로 삼지 않으면 그 뜻이 마치 봄철의 단비처럼 내린다. 봄철의 단비는 산천의 초목을 살게 하고, 인의로 뜻을 이루면 모든 사람을 살게 한다. 품은 뜻이 야심이나 야망이 아닌 백성을 위한 것이라면 그것은 은혜가 되어 백성에게 보다 많은 혜택을 준다[澤加於民].

출세와 명성이 나쁜 것은 아니다. 출세를 빌미로 한몫 챙기고, 명성을 앞세워 제 욕심을 채우려 하기 때문에 출세와 명성이 더럽혀지고 해로운 냄새로 세상을 덮을 뿐이다. 고관(高官)이 비리를 범해 쇠고랑을 찬 것은 비록 뜻은 이루었지만 그것을 제 욕심을 채우는 수단으로 삼은 탓이다. 대권을 누리다 백성의 원망을 사고 물러나는 것 또한 모든 것이 제 것인 양 소유하려는 야망 탓에 빚어진 결과다.

군자는 야망과 야심을 품지 않는다. 이룬 뜻이 백성을 실망하게 하지 않음은 그 뜻이 자신과 더불어 현실을 선하게 하는 까닭이다. 뜻을 이루었다면 자신과 더불어 천하를 선하게 하라[達則兼善天下]. 그렇기 때문에 일이 잘될수록 정도를 걸어야 한다는 것이다.

대통령이 물러난 뒤에는 대통령의 친·인척들이 백성의 입질에 오르내리곤 한다. 이는 뜻을 이룬 자가 바른 길을 걷지 않은 뒤탈이다. 미운 놈 떡 하나 더 주라고 했지만 사실은 팔이 안으로 굽으려고 할수록 더욱 정신을 차려야 하는 법이다. 우두머리가 가신(家臣)만 챙기면 골목대장이 되고 만다.

힘이 있다고 정도를 비웃지 마라. 정도를 아무리 누르려 해 봤자 그것은 헛일이다. 돌로 풀을 누르는 꼴에 불과하기 때문이다. 돌을 치우면 눌렸던 풀잎은 다시 일어난다. 뜻을 이루어 출세했다고 사람을 멸시하는 것은 물 위에 뜬 조롱박을 누르는 짓과 같다. 조롱박은 아무리 눌러도 물에 가라앉지 않는다. 민심(民心)은 천심(天心)이란 말을 잊지 마라. 민심은 결코 바른 길을 벗어나지 않는다.

궁할 때는 선해야 하고, 잘되었을 때는 더욱 선해야 한다. 스스로 이렇게 당부한다면 세상을 무서워할 것도 없고 탓할 것도 없이 내 마음과 몸은 바른 길을 찾아 나선다.

'존덕' 과 '낙의' 의 전문과 의역

맹자가 송구천에게 말했다[孟子謂宋句踐曰]. "당신은 유세하기를 좋아하지요[子好遊乎]? 내가 당신에게 유세하는 것을 말해 주리다[吾語子遊]. 남들이 당신을 알아주더라도[人知之] 태연해야 하고[亦囂囂] 남들이 당신을 몰라주더라도[人不知] 역시 태연해야 하오[亦囂囂]." 이에 송구천이 물었다[曰]. "어떻게 해야 태연할 수 있는지요[何如斯可以囂囂矣]?" 맹자가 이렇게 말해 주었다[曰]. "덕을 존중하고 의를 즐기면[尊德樂義] 태연할 수 있지요[則可以囂囂矣]. 그래서 선비는 궁해도 의를 잃지 않고[故士窮不失義], 뜻대로 되어도 정도를 벗어나지 않지요[達不離道]. 궁해도 의를 잃지 않으므로[窮不失義故] 선비는 자신의 본성을 얻고[士得己焉], 뜻대로 되어도 정도를 잃지 않으므로[達不離道故] 백성이 실망하지 않지요[民不失望焉]. 옛사람들은[古之人] 뜻을 이루면[得志] 백성에게 혜택을 더해 주고[澤加於民], 뜻을 이루지 못하면[不得志] 자신을 닦아서 세상에 드러냈지요[修身見於世]. 궁하면 홀로 자신을 선하게 하고[窮則獨善其身], 뜻대로 되면 자신과 더불어 천하를 선하게 했지요[達則兼善天下].

10

범민(凡民)과 호걸(豪傑)

선을 향해 스스로 분발하라

'덕으로 세상을 다스리는 자가 나오면 분발하는 것은 백성이다〔興者凡民也〕.' 맹자는 이렇게 말했다. 흥(興)은 떨쳐 일어남, 즉 분발함이고, 범(凡)은 평범함을 말한다. 그러므로 범민(凡民)은 일반 백성이다.

살기 좋은 세상이 있는가 하면 살기 힘든 세상도 있다. 이는 곧 선악의 세상이 있다 함이다. 세상이 선하고 악한 것은 그 세상을 다스리는 자들에게 달려 있다. 옛날에는 세상을 다스리는 자를 치자(治者)라 했고, 지금은 정치인(政治人)이라고 부른다.

세상이 선하려면 먼저 정치가 선해야 한다. 정치가 선하려면 먼저 정치하는 자들이 선해야 한다. 세상이 선하면 백성이 좋아서 떨쳐 일어난다. 그러나 세상이 악하면 백성은 분노해 떨쳐 일어난다.

공자가 백성을 민초(民草)라고 비유한 것은 그 수가 많다는 뜻도 되지만 생명력이 질기고 모질다는 의미도 있다. 풀잎은 바람이 동으로 불면 동쪽으로 눕고, 서로 불면 서쪽으로 눕는다. 이처럼 백성은 스스로 뜻을 정해 고집하지 않는다.

세상에 선한 바람이 불면 백성은 선해지고, 세상에 악한 바람이 불면 백성은 악해진다. 선한 바람은 선정(善政)이요, 악한 바람은 학정(虐政)이다. 학정은 백성을 억눌러 탄압한다. 독재자 밑에 있는 백성은 너구리처럼 마음속에 땅굴을 판다.

민심이 흉흉하다는 것은 정치가 썩고 있다는 징후다. 썩는 냄새가 구리면 코를 막고 찡그리듯이 정치가 썩으면 백성의 마음은 분을 품는다. 이는 백성이 못살겠다는 표정을 짓는 꼴이다.

독재와 폭군 밑의 백성은 신바람이 나서 사는 것이 아니라 죽지 못해서 산다. 거기서 더 정치가 부패하면 백성은 썩은 냄새로 코를 막고 숨통을 조이다가 결국엔 참지 못해 민란(民亂)을 일으킨다. 그러나 정치가 싱싱하면 백성들은 심호흡을 하며 즐거운 삶을 누린다. 이렇게 되면 백성은 다툴 줄을 모른다. 그래서 맹자는 이런 말을 남겼다.

"문 왕을 맞이한 뒤에〔待文王而後〕 기뻐 떨친 것은 백성이었다〔興者凡民也〕."

여기서 대(待)는 기다리고 대접함이다. 그러므로 대문왕(待文王)은 문 왕을 기다려 모셨다는 뜻이며, 문 왕은 덕치를 베푸는 치자의 대명사라고 보면 된다.

새야 새야 파랑새야 녹두꽃에 앉지 마라
녹두꽃이 떨어지면 청포 장사 울고 간다.

녹두장군이 붙잡혀 갔을 때 남도의 백성들이 불렀던 이 노래는 학정에 못 이겨 신음하던 백성의 눈물이다. 그런데 지금 우리는 그런 눈물을 씻어 내고 사는가? 강한 것이 약한 것을 위협하고, 다수가 소수를 억누르고, 배운 자가 못 배운 자를 농락하고, 힘 있는 자가 힘 없는 자를 겁주는 세상은 없어졌는가? 정치가 선하고 치자가 선하면 백성은 신명이 나서 떨쳐 일어나 춤을 출 텐데 날마다 너도나도 아우성을 치는 것은 무슨 연유일까?

호걸은 스스로 떨쳐 일어난다

호걸(豪傑)의 호(豪)는 호방함이고, 걸(傑)은 걸출함이다. 호걸은 재주와 지혜를 갖추어 비범한 사람으로, 그런 호걸을 사(士)라고 부른다. 사(士)는 선비이며, 바른 길을 가는 선구자다.

호방한 사람은 제 욕심을 채우기 위해 꽁한 마음을 갖지 않는다. 그는 자신에게만 매달려 있지 않기 때문에 홍정은 붙이고 싸움은 말릴 수 있다. 또한 덕을 가로막는 벽을 허물어 버릴 수도 있다.

걸출한 사람은 약자를 사랑한다. 강자가 군림하면 물리치고, 약자가 힘겨워 하면 주저 없이 밀어 주고 끌어 준다. 호걸은 백지장도 맞들면 낫다는 진리를 안다.

선비는 세상의 모범이자 거울이다. 호걸이 많으면 세상은 밝고 맑아진다. 그들은 세상이 더러우면 빨래질을 하고, 세상이 추하면 쓰레기를 쓸어 낸다. 그래서 걸출한 사람은 항상 백성의 영웅이 된다. 그러나 옹졸한 선비는 명성을 밝힌다. 옹졸한 인간은 마음이 좁아 못난 인간이다. 못난 인간은 명성을 틀어쥐면 그것을 제 뱃속을 채우는 수저로 여겨 백성의 밥상을 넘본다.

못난 선비가 높은 지위를 탐하면 높이 올라가기 위해 아랫것을 털어 위에 바쳐야 한다. 이처럼 뇌물은 백성의 피를 뽑은 고름으로 만들어진다. 그 간신은 높은 벼슬자리를 차지하고 난 뒤에는 작은 벼슬자리를 팔아 더러운 관리를 새끼치고, 더러운 관리는 또다시 백성을 등쳐먹는다.

'썩은 원님이 오면 아전이 춤을 추고, 엄한 원님이 오면 아전은 덫을 놓는다' 고 했다. 관청이 복마전이 되려면 위아래가 맞아야 한다. 복마전이란 도둑들이 모여 장물을 나누는 곳이다. 호방한 선비는 그런 복마전을 무너뜨리고 백성의 한을 풀어 준다.

폭군은 호걸을 멀리하고, 간신은 호걸을 무서워한다. 그래서 난세(亂世)가 되면 호걸은 백성 속으로 몸을 감춘다. 그렇다면 백범(白凡) 김구 선생과 우남(雩南) 이승만 대통령은 다 같은 호걸이었을까? 둘은 함께 독립 투쟁을 한 지도자이긴 하지만 민족 반역자에 대한 감정은 서로 달랐다. 그 결과 백범은 백성의 선생이 되었지만 우남은 결국 쫓겨난 대통령으로 역사에 남고 말았다. 왜 그렇게 되었던가? 우남은 간신에게 이용당해 호걸로 끝맺지 못했기 때문이다.

호걸은 엄하기도 하고 너그럽기도 하다. 누구에게 엄하다는 말인가? 자기 자신에게 엄하고 간신에게 엄하다. 그렇다면 누구에게 너그러운가? 백성에게 너그럽고 훈훈하다. 그는 백성을 선한 주인으로 알기 때문이다. 호걸은 선을 좋아하고〔好善〕, 남들이 누리려는 권세를 잊는다〔忘勢〕.

이 대통령 밑에서 마지막 내무장관을 지낸 최인규(崔仁圭, 1916 ~ 1961)를 기억하는가? 그는 결국 서대문 형무소의 교수대에서 죽임을 당했다. 이 대통령에게 수양 아들을 바치고, 아내의 치마폭에 싸여 세상 물정 모르던 이기붕(李起鵬, 1896~1960)을 아는가? 도망갈 길이 없었던 그는 결국 청와대 옆집의 한 방에서 온 가족과 동반 자살을 했다. 최인규가 이 대통령을 더럽힌 무모한 졸개였다면 이기붕은 이 대통령을 속여먹은 간신이다. 이기붕이나 최인규 모두 권세를 누리기 위해 상전에게 붙어 간신 노릇을 했다. 간신들은 멍청한 개와 같아서 마치 천하가 편안한 개집이 되리라고 믿는다.

어느 세상에나 졸개는 많아도 걸출한 선비는 드물다. '까마귀 싸우는 골에 백로야 가지 마라'는 말이 왜 생겨났겠는가? 까마귀들이 백로의 정수리를 쪼아먹기 때문이다. 즉 악이 선을 잡아먹으려 덤비기 때문이다. 생선 가게 옆의 생쥐가 제명대로 살지 못하듯이 백성은 간신을 잡기 위해 마음속에 덫을 놓는다. 그러나 간신들은 세상을 썩은 생선 토막쯤으로 알고 자청해서 어물전의 하수인이 되기 위해 침을 흘린다. 하수인이 된 뒤에는 썩은 생선을 마구 물어뜯다가 가시에 걸려 쇠고랑을 차기도 하고, 덫에 걸려든 생쥐처럼 제명대로 살지 못하고 죽기도 한다.

걸출한 선비는 천명(天命)을 누린다. 세상이 소란하면 몸소 제 몸을 닦고, 백성이 목말라 하면 봄철의 단비처럼 비를 내려 백성의 갈증을 풀어 준다. 걸출한 선비는 또한 청렴(淸廉)하다. 청렴하면 청빈(淸貧)을 누린다. 청빈은 가난한 것이 아니라 남들이 다 부자가 된 다음에야 부자가 되겠다는 마음이다. 그래서 호걸은 백성의 배가 부를 때까지 배고픔을 참는다. 호걸의 청렴과 청빈은 곧 세상의 소금이다.

백성이야 굶든 말든 내 배만 부르면 그만이라는 마음을 가진 소인배가 권세를 잡고 한탕 즐기면 천하는 어쩔 수 없이 걸출한 선비를 찾게 된다. 그럼에도 걸출한 선비가 등장하지 못하는 것은 천하가 모조리 밑 빠진 독이거나 쓰레기통이 되어 버린 까닭이다.

돼지 눈에는 돼지로만 보인다는 말처럼 치자도 썩고 백성도 썩으면 천하는 온통 도둑의 소굴이 되고 만다. 도둑질을 잘해 치부를 하면 유능하고 잘난 사람이며, 성실하고 착실하게 맡은 일에 몰두하면 못나고 능력 없는 사람이라고 멸시하는 세상에서 어찌 걸출한 선비가 나오기를 바라는가?

세조 때, 한명회(韓明澮, 1415~1487)가 압구정(狎鷗亭)을 지어 놓고 늘어진 권세를 노래하며 경륜을 자랑하고 있을 때 노량진 근처의 낮은 산 둔덕 아래 강벌에는 사육신(死六臣)의 시신이 버려지고 있었다. 단종의 입장에서 볼 때 한명회는 간신이지만 세조의 입장에서는 측근이자 충신이다. 반대로 사육신은 단종의 편에서 보면 충신이지만 세조의 편에서 보면 역적이다. 걸출한 선비는 궁궐을 모르고, 여염집 굴뚝에서 때마다 연기가 나는지 알고 싶어 스스로 떨쳐 일어나 선을 행한다. 맹자가 밝히는 선은 정치 도구나 기술이 아닌, 소중한 목숨이 천명을 누리게 하는 것임을 걸출한 선비는 온 세상 사람들에게 가르쳐 준다.

졸렬한 선비는 이(利)를 탐하고, 걸출한 선비는 의(義)를 탐한다. 의를 탐하면 부끄러움을 알고, 이를 탐하면 부끄러움을 모른다. 그래서 걸출한 선비는 의연하고, 졸렬한 선비는 뻔뻔하다.

걸출한 선비는 대인(大人)이라 부르면 되고, 졸렬한 선비는 소인(小人)이라 부르면 된다. 그러나 비록 내가 소인이더라도 대인을 모실 줄 알고 존경할 줄 알면 그만큼 나는 부끄러움을 아는 자가 될 수 있다. 그렇게 되면 대인의 이웃쯤은 되어 세상의 몰매를 면할 수 있다.

'범민' 과 '호걸' 의 전문과 의역

문 왕을 맞이한 이후로[待文王而後] 떨쳐 일어난 것은[興者] 온 백성이었다[凡民也]. 무릇 호걸은[若豪傑之士] 비록 문 왕이 없어도[雖無文王] 오히려 더욱 분발한다[猶興].

11

인의의 만족

무엇보다 먼저 인의다

'자시감연(自視欿然)'이라는 맹자의 말이 있다. 자(自)는 자기 또는 자신을 뜻하고, 시(視)는 바라봄이다. 그러므로 자시(自視)는 자신을 바라봄이다. 즉 자시(自視)는 반신(反身)이며, 자기 성찰이다. 감(欿)은 마음에 차지 않는 것이고, 연(然)은 모습이므로 감연(欿然)은 만족하지 못하는 모습이다.

옷이 날개라는 말이 있다. 좋은 옷을 입으면 보기에 좋다는 말이다. 그러나 겉보기만 그럴 뿐이다. 자리가 사람을 만든다는 말이 있다. 높은 지위가 사람을 돋보이게 한다는 말이다. 그러나 이 역시 자리 덕분이다.

잘난 척하는 사람은 어리석다. 설익은 열매에 불과할 뿐이다. 못난 척하는 사람은 영악하다. 이런 사람은 고슴도치의 가시처럼 되기 쉽다. 이들은 모두 스스로를 돌이켜볼 줄 모르는 무리다.

듬직한 사람은 수시로 자기 자신을 살핀다. 자신의 됨됨이를 걱정하고 부족함을 두려워한다. 그래서 듬직한 사람은 인품의 무게를 스스로 덜어내는 짓을 하지 않는다.

인격(人格)은 사람에게 격(格)이 있음을 말하고, 인품(人品)은 사람에게 품(品)이 있음을 말한다. 격(格)과 품(品)은 가치의 서열이다. 그 서열은 선할수록 높고 악할수록 낮다.

된사람은 성현을 부러워해 제 마음이 자유를 누리게 하고, 난사람은 명성(名聲)을 부러워해 속을 태우며 조바심을 낸다. 성현을 부러워하는 사람은 마음을 닦고, 명성을 부러워하는 사람은 겉치장을 한다. 재력의 교만과 권력의 오만은 자신을 파는 짓이다. 그 마음속에는 큰 거지가 숨어 있어서 도둑을 마치 제 자식인 양 착각한다.

'한위의 재산을 다 주어도〔附之以韓魏之家〕 자신을 살펴 만족하지 못한다면〔自視欿然〕 남보다 훨씬 뛰어난 사람이다〔則過人遠矣〕' 고 맹자는 밝혀 두었다. 부지(附之)는 준다는 뜻이고, 한위지가(韓魏之家)는 진(晉) 나라의 경(卿)인 한 씨와 위 씨의 집안으로, 여기서는 한위의 재산을 말한다.

한위는 오늘날의 재벌처럼 부자였다. 한위와 같은 부자가 죽으면 남긴 재산을 서로 차지하기 위해 피붙이들이 서로 다투거나 심하면 소송을 벌이게 마련이다. 그러나 그 재산을 통째로 물려받아도 만족하지 못하는 사람은 어떤 사람일까?

마음이 부유한 사람과 돈과 재물로 부유한 사람은 다르다. 마음이 부유한 사람은 가진 재물에 만족하지만 재물로 부자가 되려는 자의 욕심은 한이 없는 까닭이다.

배를 갈라 보석을 감춘다〔割腹藏玉〕는 말이 있다. 할(割)은 갈라

쪽을 내는 것이고, 복(腹)은 복부다. 장(藏)은 남의 눈에 띄지 않게 감추는 것을, 옥(玉)은 보석으로, 재물을 뜻한다.

옛날에 가호(賈胡)라는 자가 있었다. 어느 날 그는 세상에서 가장 값비싼 보석을 수중에 넣게 되었다. 그러나 보석을 소유한 순간부터 가호는 온 세상 사람들이 도둑으로 보이기 시작했다. 그 의심은 날로 심해져 아내와 자식마저도 도둑으로 보였다. 결국 가호는 보석을 숨겨 둘 곳을 찾지 못해 밤잠을 설쳤다. 값진 것을 땅에 묻을 수도 없고, 보석함에 넣어 두면 힘센 강도가 통째로 들고 갈 것 같았다. 보석을 어디에 감출 것인지를 고민하던 가호에게 묘안이 떠올랐다. 바로 믿을 것은 자기 자신밖에 없다는 결론이었다. 그는 결국 제 손으로 제 배를 갈라 그 속에 보석을 감췄다. 그러나 보석을 제 뱃속에 감춘 가호는 뱃속이 곪아서 보석을 뱃속에 넣은 채 죽고 말았다.

값진 재물을 탐하면 가호처럼 마음속을 가르게 된다. 그래서 마음속에 소 잡는 칼을 품지 말라는 것이다.

한위(韓魏)의 재산을 다 물려받아도 만족하지 못하는 것은 재물 때문이 아니다. 맹자가 밝히는 그는 가호 같은 자도 아니요, 과보(跨父) 같은 자도 아니다. 과보는 태양을 잡아다 제 것으로 만들어 온 세상 사람들에게 햇빛을 팔아 부자가 되겠다고 호언한 사람이다.

맹자가 밝히는 '그'는 성현을 본받으려는 사람이다. 돈과 재물이 아무리 많아도 권세를 누리고, 지위가 높고, 명성이 천하를 채워도 만족하지 못하는 자는 과연 무엇에 만족하려고 하는 것일까? 맹자가 밝히는 그는 선을 지극히 사랑하고, 어질고 바른 것을 절실하게 따르고, 항상 불선(不善)한가를 스스로 살피는 존심자(存心者)다. 그러나 어느 세상에서나 성현의 길을 밟는 사람은 극히 드물다. 이 세상에 한 명 정도만 있어도 다행이다. 특히 물질의 시대일수록 그런 사람은 더욱 드물다. 그래도 성철 스님(性徹, 1911~1993)이나 테레사 수녀(Mother Teresa, 1910~1997)는 성현의 길을 밟은 편이다. 성현은 종교의 한계를 벗어나 존재한다.

공맹(孔孟)은 성현의 모습을 인의(仁義)라 했고, 노장(老莊)은 포일(抱一)이라 했고, 여래(如來)는 자비(慈悲)라 했다. 이 말들은 모두 마음이 만족할 수 있는 양식이다.

인의는 남을 사랑할 줄 모르면 부끄러워하라 함이고, 포일은 사랑과 증오를 분별치 말고 모두 껴안으라 함이고, 자비는 모든 중생을 어루만져 사랑하라 함이다. 성현은 이 모든 것을 품에 안고 사랑하며 용서한다.

돈 때문에 나를 잊은 적은 없는가? 출세를 좇느라고 나를 잊은 적은 없는가? 명성을 쌓으려고 나를 버린 적은 없는가? 선악을 분별하지 못하고 나를 흘린 적은 없는가? 이렇게 자문하는 순간 정신이 번쩍 든다.

나를 돌이켜보아 부끄럽고 계면쩍고 한심한 느낌을 버릴 수 없다면 대견한 나 자신을 다시 찾을 수 있다. 나 자신이 나를 찾게 해 주는 것을 자반(自反)이라 하고 자시(自視)라고 한다. 나를 반성하는 것〔自反〕과 나를 바라보는 것〔自視〕은 선의 길로 통하는 출발점이다.

맹자는 선의 길을 존덕락의(尊德樂義)라고 한 셈이다. 덕을 존경하는 마음은 권력과 지위, 재산, 명성 따위에 만족하지 못하고, 의(義)를 즐기는 사람은 사나운 욕심에 놀아나 삶을 소모하고 탕진하지 않는다.

나는 얼마나 덕을 존경하면서 사람을 사랑하고 사물을 소중히 하는가? 나는 얼마나 의를 즐기면서 삶의 현실이란 굽이굽이에서 당당한가? 이렇게 나 자신을 담금질할수록 숨통이 트이고 마음이 후련해진다. 그리고 그렇게 묻는 순간 나는 감사하는 마음으로 삶 앞에 설 수 있다. 이것이 곧 선함이 주는 삶의 선물이다.

맹자여, 재벌의 전 재산을 다 준다 해도 자신을 바라보며 만족하지 못하는 사람을 세상은 바보라고 비웃겠지만 그런 사람은 세상의 험담을 두려워하지 않는다.

'인의' 와 '만족' 의 전문과 의역

한위의 재산을 다 주어도[附之以韓魏之家] 자신을 살펴 만족하지 못한다면[如其自視欿然] 남보다 훨씬 뛰어난 사람이다[則過人遠矣].

12

마음을 편하게 하는 길〔佚道〕

백성을 편하게 하라

'편안한 길로 백성을 부린다〔以佚道使民〕.' 이(以)는 무엇으로써, 일(佚)은 편안함을 뜻한다. 도(道)는 길이므로 일도(佚道)는 백성을 편하게 하는 길이고, 이일도(以佚道)는 '백성을 편안하게 하는 길로써'라는 의미다. 사(使)는 시키는 것, 즉 부리는 것을, 민(民)은 백성 또는 국민을 뜻한다. 그러므로 사민(使民)은 백성을 부리는 것이다.

폭군은 제 목숨을 위해 성곽을 높이는 데 백성을 동원하고, 성군은 백성을 윤택하게 하기 위해 제방을 쌓는 데 백성을 동원한다. 백성은 폭군의 부역에는 몸서리치지만 성군의 부역에는 환호한다.

조선 왕조가 기울어 망하려고 할 때 대원군은 왕의 권위를 되찾기 위해 백성을 동원하고 물자를 거두어 경복궁을 증축했다. 그러나 그러한 대원군의 정책은 백성의 원망을 샀다. 왜 원망을 샀을까? 대원군이 강요한 노역(勞役)은 왕실만을 위할 뿐 백성에게는 무거운 짐이 된 까닭이다.

길이 없으면 길을 내고, 다리가 없으면 다리를 놓고, 산사태가 나면 사방 공사를 하고, 강둑이 무너지면 제방을 쌓는 일은 백성이 마음놓고 살게 하기 위함이다. 이처럼 성군은 백성을 위해 치산치수(治山治水)를 한다.

백성을 위해 백성의 노동력을 부린다면 그 노동이 아무리 힘들어도 백성은 원망하지 않는다. 그러나 어느 특권층의 부귀영화를 위해 백성의 허리띠를 졸라매게 하면 백성의 원성과 원망은 밤낮을 가리지 않고 불어난다.

정치가 백성의 원망을 사는 것은 정치를 요리하는 치자들이 썩은 탓이고, 정치가 백성의 환호를 받는 것은 정치를 맡은 치자들이 정직한 까닭이다. 세상을 다스리는 자들이 스스로 청렴하다면 백성은 동고동락을 마다하지 않는다.

백성은 굶주리고 치자들만 배부를 때 백성의 원성은 분노의 불길을 지핀다. 그래서 맹자는 '백성을 편안하게 하는 길로 부린다면〔以佚道使民〕 비록 힘들더 하더라도〔雖勞〕 원망하지 않는다〔不怨〕' 고 했다.

대통령이 물러난 뒤에는 대통령의 친인척들이 줄줄이 사람들의 입질에 오르내린다. 대통령의 권좌를 빌미로 온갖 특혜를 받아 하룻밤 사이에 벼락부자가 되고, 없던 재산이 태산처럼 쌓인다면 땀 흘려 일하고 성실하게 살아온 백성은 넋을 잃고 절망할 수밖에 없다.

윗물이 맑아야 아랫물도 맑은 법이다. 윗자리에 있는 자들이 큰 도둑질을 하면 아랫자리에 있는 자들은 좀도둑질을 일삼고, 세상은 도둑의 천하가 되어 백성은 부끄러워할 줄 모르고, 너도 나도 도둑이 되려고 한다.

도둑질이 못되고 나쁜 짓이라는 걸 잊는 순간 세상은 난장판이 되고, 그 난장판 속에서 인간은 등치고 빼앗는 풍각쟁이가 되고 만다. 천하가 도둑의 소굴과 같은 세상은 반드시 망하고 만다.

죽음을 당해도 원망하지 않는다

'살리는 길로 백성을 죽인다〔以生道殺民〕.' 생(生)은 살게 하는 것을 뜻하므로, 생도(生道)는 백성을 살 수 있게 하는 길이다. 살(殺)은 죽이는 것을 뜻하므로, 살민(殺民)은 백성을 죽이는 것이다.

병든 몸을 성한 몸으로 바꾸기 위해서는 병을 일으킨 병균을 죽여야 한다. 마찬가지로 병든 세상을 건강한 천하로 바꾸기 위해서는 세상을 병들게 한 무리를 찾아내 깨끗하게 도려내야 한다. 못된 인간을 사형에 처하면 백성은 원망하지 않는다. 고름은 살로 가지 않는다. 종기 속의 뿌리를 뽑아 내고 고름을 짜내야 한다. 종기의 뿌리를 뽑고 고름을 짜내려면 고통을 참아야 한다.

선량한 사람을 죽이면 살인범이고, 선량한 백성의 재산을 빼앗으면 천하의 살인자다. 자유당 시절, 주먹 하나로 세상을 주름잡았던 이정재를 아는가? 그러나 그는 4 · 19 직후 교수대로 끌려가 교수형을 받았다. 이정재를 죽인 것은 백성의 살길을 가로막고 온갖 행패를 부린 탓이다.

대권을 쥔 자가 권력 맛을 사욕(私欲)으로 채우면 개떼처럼 간신들이 몰리게 마련이다. 그렇게 되면 독재자의 먹이를 받아먹는 개들은 힘없는 백성을 물고 뜯는다. 백성을 못살게 하는 무리를 모조리 잡아 형장으로 끌고 가 죽여도 백성은 원망하지 않는다. 오히려 썩은 이를 뽑아 냈다는 듯이 시원해할 뿐이다.

백성을 잘살게 하는 길을 가로막고 있는 장애물을 단호하게 치울 수 있는 정치야말로 선정(善政)이다. 이생도살민(以生道殺民)에서 백성을 죽인다〔殺民〕 함은 선량한 백성을 살리기 위해 못된 백성을 찾아 처벌한다 함이다. 그러므로 살민(殺民)의 민(民)은 백성을 등쳐먹거나 백성의 것을 빼앗아 훔친 무리를 의미한다. 그래서 맹자는 백성을 못살게 하는 무리를 찾아내 죽인다 해도〔雖死〕 못된 자들을 처단하는 것을 원망하지 않는다〔不怨殺者〕고 했다.

살자(殺者)는 오늘날의 법치(法治)라는 말과 통할 수 있다. 그러나 맹자는 법치보다는 덕치(德治)를 바랐다. 법치는 힘을 바탕으로 세상을 다스리지만 덕치는 목숨을 사랑하는 마음으로 세상을 다스린다. 불원살자(不怨殺者)의 살자(殺者)를 덕치를 위한 방편으로 보아도 무방하다.

백성을 못살게 하는 것을 치우는 것도 살자라고 할 수 있다. 나 자신을 더럽고 추하게 하는 욕심을 치우는 것 또한 나 자신을 위한 살자다. 선을 살리고 악을 죽이는 것이 곧 맹자의 살자다.

하늘은 소중한 목숨을 죽이는 짓을 원치 않는다. 하늘이란 온 천하의 사람들이 두루 갖는 선이다. 그래서 그 뜻을 어기면 하늘이 노한다. 소중한 목숨을 해치는 무리는 천벌을 받는다. 천복(天福)과 천벌(天罰)은 백성을 억울하게 하지 않는다.

선은 악을 죽일 수 있어도 악은 선을 죽일 수 없음을 백성은 안다. 마음속에 있는 악을 날마다 죽이는가 아니면 마음속에 악을 키우고 있는가? 마음속에 선을 자라게 하고 있다면 스스로를 살리는 길로 인도하는 것이고, 마음속에 악을 숨겨 두고 있다면 나를 죽이는 길로 끌고 가고 있는 것이다.

더불어 살아가면서 죽일 놈이란 말을 듣지 마라. 살도(殺道)와 생도(生道)의 숨은 뜻을 헤아린다면 선을 향한 길을 아무도 원망하지 않는 이유를 알 수 있을 것이다. 내가 선하면 모두 잘살고, 내가 악하면 모두 잘살 수 없다는 것이 맹자의 생도(生道)다. 그리고 선하게 사는 길을 가로막는 장애물을 치우고 없애는 것이 바로 맹자의 살도(殺道)다.

'마음을 편하게 하는 길' 의 전문과 의역

백성을 편안하게 하는 길로 부린다면[以佚道使民] 비록 힘들다 하더라도[雖勞] 원망하지 않는다[不怨]. 살려 주는 길로 백성을 죽인다면[以生道殺民] 비록 죽이더라도[雖死] 죽인 자를 원망하지 않는다[不怨殺者].

13

패자(覇者)와 백성(白姓)

패자의 백성은 날뛴다

'패자의 백성은 기뻐 날뛴다〔覇者之民驩虞如也〕.' 패(覇)는 힘으로 으뜸가는 것을 뜻한다. 그러므로 패자(覇者)는 힘을 앞세우는 자다. 지(之)는 '의' 라는 연결어로 새기면 되고, 민(民)은 백성을 뜻한다. 환(驩)은 기뻐서 날뛰는 모습이고, 우(虞)는 즐거워 좋아하는 모습이다.

한 손에는 당근을 들고, 다른 손에는 채찍을 든 마부는 무거운 짐을 싣고 가는 나귀의 패자다. 마부는 나귀가 당근을 좋아하는 것을 이용해 속여 부려먹는다. 이런 마부 기질을 지닌 자가 세상을 다스리면 백성은 졸지에 등짐을 실어 나르는 나귀 신세로 전락한다.

정치를 잘한다고 선전하는 치자는 백성이 최면에 걸려들기를 바란다. 전시 행정(展示行政) 따위가 바로 그것이다. 닭 잡아먹고 오리발을 내밀거나 여우 꼬리를 착복하고 개꼬리를 내놓는 짓거리는 모두 패자의 잔꾀다.

패자는 백성에게 은혜를 베푸는 척만 한다. 그러나 그런 은혜는 낚싯밥에 불과하다. 물고기가 낚싯밥에 홀리면 미늘에 걸려 낚시꾼의 횟감이 되는 법이다. 패자는 낚시질하듯 정치를 하여 백성을 낚고, 나아가 백성을 후려 잡기 위해 투망질을 마다하지 않는다. 맹자는 이런 모습을 이렇게 밝혀 두었다.

"힘〔力〕을 인(仁)인 것처럼 하는 것이 패〔以力假仁者覇〕다."

말하자면 등을 어루만지고, 간을 빼 가는 것이 패라는 것이다. 패자란 누구인가? 겉으로는 어진 척하면서 속으로는 힘으로 백성을 후리는 자다.

선거철이 되면 유권자의 손에 돈봉투가 은밀하게 들어오고, 유권자를 위한 술자리가 벌어지고, 공짜 여행을 시켜 주는 일들이 왜 일어나겠는가? 패자가 되려는 후보들이 낚싯밥을 던지는 까닭이다. 그런 줄도 모르고 돈봉투와 자신의 한 표를 맞바꾸고, 술과 밥에 한 표를 찍어 주고 희희낙락하는 모습은 패자들이 엮어 놓은 투전판이다.

병 주고 약 준다는 말이 있다. 패자는 백성을 이용할 뿐 보살필 줄은 모른다. 패자의 권위에 도전하면 반국가(反國家)요, 패자의 비위를 맞추면 애국(愛國)이라고 한다. 이처럼 패자는 백성은 모르고 자기만 안다.

패자가 대권을 잡으면 졸부(猝富)가 판을 치고 세상은 농락당한다. 졸부는 강한 힘 앞에서는 기도 못 펴지만 약자를 만나면 짓밟고 군림하려 한다. 그래서 호랑이가 없으면 토끼가 왕 노릇을 한다는 것이다.

패자는 졸부들을 충직한 졸개로 거느리고 백성을 향해 나를 따르면 당근을 주겠노라고 너스레를 떤다. 그러면 어리석은 백성들은 당근을 받아먹는 데만 혈안이 되어 아무것도 모른 채 패자를 따른다. 패자의 노림수가 비극인 줄도 모르고 광대처럼 희극 배우 노릇을 하며 허튼 웃음을 짓는 것이다. 그런 모습을 맹자는 '기뻐 날뛰고 즐거워하는 것 같다〔驩虞如〕' 고 했다. 힘을 앞세우는 패자는 백성을 선동하고, 덕으로 다스리는 왕자(王者)는 백성을 설득한다.

남산에 불려 가기만 하면 곤죽이 되도록 매를 맞고 나오던 시절이 있었다. 시키는 대로 하면 살려 주고, 말을 듣지 않으면 죽인다는 유신 체제(維新體制)의 정보부 사찰이 기승을 부리던 때의 일이다. 본래 유신(維新)이란 새봄에 돋아나는 새싹처럼 새롭게 하고 즐겁게 산다는 말이지만 우리가 겪은 유신은 패자의 방패이자 창이었다. 유신의 창을 휘둘러 호령하면서 사는 무리도 있었고, 굶은 개처럼 허덕이던 쪽도 있었다. 그저 보릿고개를 넘게 해 준 고마움을 담보로, 자유야 어찌되든 배불리 먹게 해 줄 테니 벙어리로 살라고만 했다. 배고프지 않게 밥을 줄 테니 시키는 대로만 하라는 것, 이것이 바로 패자의 당근이다.

유신 헌법은 패자의 성곽이었다. 그럼에도 찬밥을 얻어먹고 배부르다고 새마을 노래를 부르면서 독재자를 모시고 잘살아 보세를 외치며 자작하던 때를 생각해 보면 패자 밑의 백성은 기뻐 날뛴다는 맹자의 말이 저며 온다.

왕자의 백성은 차분하다

'왕자의 백성은 느긋하다〔王者之民皡皡如〕.' 왕자(王者)는 덕(德)으로 다스리는 자를 말한다. 호(皡)는 마음이 넓고 깊어 느긋한 모습이다. 그러므로 호호여(皡皡如)는 마음속이 넓고 너그러워 스스로 만족하며 차분한 모습이다.

패자는 당근과 채찍을 동시에 들고 호령하지만 왕자는 덕으로 세상을 어루만지며 안는다. 덕은 봄철에 내리는 단비와 같다. 산천초목에 생명을 불어넣는 단비처럼 다스림이 백성을 골고루 흐뭇하게 하는 것이 곧 덕치(德治)다.

참으로 민주적이고 평등한 것보다 더 분명한 덕치는 없다. 왕자는 민주 정치의 담당자이고, 패자는 독재자의 옛말이다. 왕도(王道)는 백성을 주인으로 알지만 패도(覇道)는 백성을 종으로 삼는다. 왕도는 민주 정치의 길이고, 패도는 독재 정치의 길이다.

패자의 환우(驩虞)는 백성이 속아넘어가 즐거워하는 것이다. 왕자의 호호(皡皡)는 백성 스스로 즐거워 만족함이다. 한 되의 땀을 흘린 사람은 한 되만큼 살고, 한 말의 땀을 흘린 사람은 한 말만큼 살면 아무도 원망하거나 원한을 품지 않는다.

패자는 날마다 백성의 원한을 쌓이게 하고, 왕자는 날마다 백성의 원한을 허문다. 맹자는 죽여도 원망하지 않는다〔殺之而不怨〕고 했다. 살지(殺之)는 그 무엇〔之〕을 죽임이다. 선함을 죽이면 원망이 쌓이고, 악함을 죽이면 원망이 사라진다.

죄 없는 사람을 불러다 겁을 주어 길들이는 것은 패자의 행패다. 패자의 행패는 선한 것을 죽인다. 그래서 패자는 원한을 사고 원망을 부른다. 어느 독재자를 불문하고 그 말로가 험하고 흉한 것은 이 때문이다.

'말을 강가로 끌고 갈 수는 있어도 억지로 물을 먹일 수는 없다.' 왕자는 이 말을 믿지만 패자는 믿지 않는다. 말을 억지로 끌고 갈 수도 있거니와 억지로 물을 먹일 수도 있다는 억지가 패자의 오만이요, 위세다. 이처럼 패자는 백성의 입에 재갈을 물리고 고삐로 백성의 목을 묶는다.

풀밭 위의 말은 풀을 뜯다 목이 마르면 제 스스로 강가로 가 물을 마신다. 이것이 왕자의 확신이요, 믿음이다. 왕자는 간섭을 하지 않고 백성을 편안하게 한다. 그래서 왕자의 살지는 백성을 후련하게 하고, 패자의 살지는 백성의 원한을 산다.

이롭게 해 주어도 그 공을 모른다. 이(利)는 이로움이고, 이지(利之)는 이로움을 행하는 것, 즉 이롭게 함이다. 이(而)는 '그러나'의 뜻이고, 불용(不庸)의 용(庸)은 공로를 인정하는 것이므로 불용(不庸)은 공을 몰라주는 것이 된다.

패자는 백성에게 생색을 일삼지만 왕자는 백성에게 공치사를 하지 않는다. 공치사를 하지 않는 것이 곧 덕이다. 왕자는 백성을 보살필 뿐 대가를 바라지 않으므로 백성은 선정(善政)을 모른 채 편안하게 산다. 그러나 패자는 학정(虐政)을 숨기기 위해 백성을 요리하므로 선동과 제 자랑을 한다. 그래서 맹자는 '왕자의 백성은 이롭게 해 주어도 백성은 그 공로를 모르고〔王者之民 利之而不庸〕, 백성의 삶이 선해져도〔民田遷善〕 백성은 그렇게 해 준 이를 모른다〔不知爲之者〕'고 했다. 민전(民田)은 백성의 삶이요, 천선(遷善)은 선으로 옮겨감이다.

백성이 선량해진다는 것은 살기가 좋다 함이다. 목구멍이 포도청이라고, 살기가 어려우면 흉흉할 뿐이다. 백성이 정치를 모르고 구김살과 아쉬움 없이 사는 정치를 덕치라고 부르면 된다. 맹자가 밝힌 왕자 역시 덕치라고 새겨도 무방하다.

죽여도 원망하지 않는다〔不怨殺者〕는 맹자의 말을 잘 새겨들어야 한다. 사는 길로 백성을 죽이면〔以生道殺民〕 비록 죽이더라도〔雖死〕 죽이는 자를 원망하지 않는다〔不怨殺者〕 함을 잘 헤아려야 한다.

왕자는 백성의 살길〔生道〕을 트고, 패자는 백성의 살길을 가로막는다. 최루탄을 얼굴에 박아 김주열을 죽인 것이나 물고문을 가해 박종철을 죽인 것은 패자의 살자(殺者)다. 패자의 살자는 백성을 겁주는 행패이고, 왕자의 살자는 백성을 겁주는 행패를 죽인다.

'이롭게 해 주어도 공로로 여기지 않는다〔利之而不庸〕' 함을 사무치게 새겨들어야 한다. 백성을 이롭게 해 준다고 생색내는 것은 폭군과 독재자가 자주 써먹는 속임수다. 참으로 백성을 이롭게 하는 치자는 공치사를 하지 않는다.

나만 이롭게 하려는 것은 내 욕심이고, 남을 이롭게 해 주려는 것은 내가 짓는 덕이다. 그중에서도 온 백성을 이롭게 하는 것은 더할 수 없는 큰 덕이다. 덕치를 실천하는 왕자는 숨어 피는 풀꽃처럼 향기롭다. 그래서 맹자는 백성을 선하게 하는 자는 백성이 모른다〔不知爲之者〕고 했다.

서로 어울리는 세상은 좋다

'천지와 더불어 위아래가 흐름을 같이한다〔上下與天地同流〕.' 상(上)은 위를 뜻하고 다스리는 쪽을 의미한다. 하(下)는 아래를 뜻하고 다스림을 받는 쪽을 의미한다. 여(與)는 무엇과 같다는 말도 되고, 무엇과 더불어라는 의미도 된다. 그러므로 여천지(與天地)는 '천지와 더불어' 라는 의미로 통한다. 천지(天地)는 하늘과 땅이며 천(天)은 상(上)을 말하고, 지(地)는 하(下)를 뜻한다.

왕자가 다스리는 세상은 하나의 덩어리처럼 뭉치지만 패자가 군림하는 세상은 두 쪽으로 쪼개져 서로 등진다. 패자는 인간의 역사에 수없이 많지만 왕자는 찾아보기 어렵다. 이런 탓에 인간의 역사에서는 피비린내가 멈추지 않는다.

치자가 왕자의 아류쯤만 되어도 그 나라의 백성은 편히 밤잠을 잘 수 있을 것이다. 잘되는 민주 정치는 현대판 왕자의 치세라고 보아도 무방하다.

공맹은 왕자가 될 수 있는 후보를 군자(君子)라고 했다. 군자는 어떤 자인가? 백성을 위해 편한 길〔佚道〕을 트고, 백성을 위해 사는 길〔生道〕을 트는 선구자다. 공맹은 '군자는 백성을 위해 일도(佚道)와 생도(生道)를 인의(仁義)로 터야 한다' 고 했다. 군자의 생각에는 인의가 무성하므로 군자는 선(善)의 사도(使徒)이고, 군자의 행동은 인의를 실천하는 현장이므로 군자는 덕을 실현하는 담당자가 된다.

맹자는 또한 '군자가 지나가는 곳은 교화된다〔所過者化〕' 고 했으며 '군자가 머문 곳은 밝고 성스러워진다〔所存者神〕' 고도 했다.

소(所)는 무엇을 하는 바를 뜻하고, 과(過)는 거쳐 지나감이다. 그러므로 소과자(所過者)는 지나가는 곳이 된다. 화(化)는 변화를 뜻하므로 결국 인의로 교화(敎化)됨을 의미한다.

군자가 있는 곳은 신성하다〔所存者神〕. 소(所)는 무엇을 하는 바를, 존(存)은 있음을 뜻한다. 그러므로 소존자(所存者)는 머물러 있는 곳이다. 신(神)은 천(天), 성(聖), 명(明)을 뜻하므로 결국 백성이 군자에게 감화를 받아 밝고 맑게 됨을 의미한다.

군자가 지나가는 곳〔所過者〕은 왜 교화될까? 백성이 선으로 옮겨가는 것〔遷善〕이 구현되는 까닭이다. 소란하고 부패한 세상이 평화롭고 정직해지는 것이 곧 천선(遷善)이요, 교화(敎化)다.

천선은 침으로 다스리는 패자를 부끄럽게 하고, 억눌렸던 백성을 깨우치게 해 삶을 싱싱하고 풋풋하게 한다. 독재자가 망하면 백성이 환호하는 것은 삶의 행복을 향한 바람이다. 그런 바람을 이루어 주는 마음이 곧 선이다.

군자가 머무는 곳〔所存者〕은 왜 밝고 성스러워질까? 백성이 선해져 인의로 살 수 있기 때문이다. 군자의 덕성은 하늘처럼 넓고 크다. 만물에 두루 통하는 덕은 하늘의 마음을 뜻하는 천신(天神)과 같다. 만물을 끌어내 살게 하는 것〔引出萬物者〕을 천신이라 한다. 그래서 성은 곧 신이다〔乃聖乃神〕라고 한다.

목숨을 신성(神聖)하다고 하는 것은 모든 사람이 선하면 세상은 하늘처럼 밝다는 의미다. 모든 사람이 소중한 목숨을 즐겁게 누리는 것이 곧 삶의 신명(神明)이다. 군자가 머물러 있으면 백성은 신명을 누린다.

위의 것을 덜어내 아랫것에 더해 주는 것을 태(泰)라 하고, 아랫것을 덜어내 위의 것에 더해 주는 것을 비(否)라 한다. 그래서 《주역(周易)》에서도 태괘(泰卦)를 길(吉)하다 하고, 비괘(否卦)를 흉(凶)하다 하는 것이다. 길(吉)은 행복한 것이고, 흉(凶)은 불행한 것이다.

학정은 비괘의 세상을 끌어내고, 선정은 태괘의 세상을 이룬다. 패자는 비괘를 저질러 세상을 썩게 하고, 왕자는 태괘를 이루어 세상을 싱싱하게 한다.

위가 아래를 착취하지 않는다면 아래는 위를 받들어 모실 것이고, 위는 아래를 보살필 것이다. 그러면 세상은 위아래가 어울려 살게 된다. 이런 세상이 곧 맹자의 상하동류(上下同流)다.

윗물이 맑으면 아랫물도 맑고, 윗물이 더러우면 아랫물도 더럽다. 대통령이 청빈하면 부패한 관리를 벌할 수 있고, 부패한 관리가 없으면 백성은 굶주리지 않는다.

나무가 흔들리면 새가 놀라서 날아가고, 고기가 놀라면 물이 흐려지는 법이다. 세상을 한 그루의 나무라 하면 백성은 그 나무에 둥지를 틀고 사는 새와 같다. 그 나무를 흔들어 대는 무리는 패자이고, 그 졸개들을 탐관오리(貪官汚吏)다.

패자는 나라를 훔치는 큰 도둑이고, 탐관은 그 권력에 빌붙어 뜯어먹는 들개이며, 오리는 백성이 낸 세금을 훔쳐먹는 생쥐와 같다. 위아래가 같은 흐름을 타고 가는 세상은 동고동락할 수 있다.

고생도 함께하고〔同苦〕 즐거움도 함께 나누는〔同樂〕 세상에는 큰 도둑도 없고, 들개도 없고, 생쥐도 없다. 그러나 우리가 살고 있는 세상은 부익부(富益富) 빈익빈(貧益貧)의 돌개바람이 불어 마치 난장판처럼 소란하게 굴러가고 있다. 어느 날에나 군자가 이 땅을 지나고 머물러 줄까? 군사 정권 아래서나 문민 정부 아래서나 비리는 끊임없이 터져 나오고, 비자금(秘資金)의 단위는 항상 수억 단위로 드러난다.

힘으로 세상을 다스리면 법도 거미줄과 같아져 힘없는 벌레만 걸려들고 힘센 새는 날아가는 법이다. 법과 권력만 앞세워 백성을 내몰지 마라. 백성을 위한다면 군자의 아류라도 되라.

'패자'와 '백성'의 전문과 의역

패자의 백성은[霸者之民] 기쁘고 즐거워 날뛰는 것 같다[驩虞如也]. 왕자의 백성은[王者之民] 도량이 넓고 깊어 느긋한 것 같다[皞皞如也]. 그래서 죽여도 원망하지 않고[殺之而不怨], 이롭게 해 주어도 그 공을 모르며[利之而不庸], 삶이 선으로 옮겨가도[民田遷善] 백성은 그렇게 해 준 자를 모른다[而不知爲之者]. 무릇 군자가[夫君子] 지나가는 곳은 교화되고[所過者化], 머무는 곳은 밝고 성스럽게 되어[所存者神] 천지와 더불어 위아래가 같은 흐름을 탄다[上下與天地同流]. 이 어찌 도움이 작다고 하겠는가[豈曰小補之哉].

선교(善教)와 득민심(得民心)

어진 것은 사람을 파고든다

'인자한 말은 인자함을 실천하는 것이 사람을 깊이 파고드는 것만 못하다〔仁言不如仁聲之入人深也〕.' 인언(仁言)은 말로만 하는 어짊이고, 인성(仁聲)은 인자함의 실천이 이루어져 다른 사람이 감탄하는 소리다. 인성지입(仁聲之入)은 인성의 들어감이며, 인심(人深)은 사람의 깊이, 즉 마음속을 뜻하며 감동시킨다는 말과도 통한다.

'소문난 잔치에 먹을 것 없다.' 이는 말만 앞세우지 말라 함이다. 실천하지 못할 말은 껍데기에 불과하다. 겉치레로만 하는 인은 진실로 어진 것이 아니라 어진 척하는 것뿐이다. 그것은 위선(僞善)이다.

선한 마음은 반드시 행동으로 옮기되, 악한 마음이 들어도 그것을 억제해 행동으로 옮기는 것이 바로 맹자가 말하는 자반(自反)이다. 자반(自反)은 내가 나를 살피는 것으로, 그렇게 살피는 것이 내가 먼저 해야 할 삶의 도리다. 그러한 도리를 실제로 옮기는 마음을 성(誠)이라고 불러도 된다. 어질어 감동하게 하는 것〔仁聲〕은 어진 것이 성실한 덕에 남의 마음을 통하게 한다. 마음을 서로 통하게 하는 것은 사는 보람이자 감동이다. 이것은 참사랑이며 진실의 본바탕을 이룬다.

사랑을 요구하지 마라. 그것을 먼저 베풀어라. 진실을 요구하지 마라. 나부터 진실하면 그만이다. 이렇게 마음을 쓰고 행동으로 옮겨 비롯되는 감동이 곧 맹자의 인성(仁聲)이다.

빛 좋은 개살구란 말이 있다. 개살구는 겉만 번지르르해 빛깔만 요란할 뿐 속살이 없다. 말로만 어진 것은 개살구와 같다. 인언(仁言)은 인성(仁聲)으로 통할 때 감동스럽다.

삶을 감동스럽게 하는 것보다 더 귀한 것은 없다. 삶의 감동은 단지 삶의 기쁨으로만 그치지 않는다. 진실한 감동은 반드시 지혜로 이끄는 까닭이다. 기쁨을 살필 줄 모르는 것은 쾌락에 취한 꼴과 같다. 쾌락은 입속의 사탕과 같아서 삶의 입맛을 앗아간다.

기쁨을 살펴 소중히 하는 것이 곧 감동이다. 감동을 살펴 귀하게 하는 것은 지혜(智慧)의 터전이다. 인성은 삶의 지혜를 터득하게 하고, 그러한 터득은 감탄을 자아낸다.

어질다고 자찬하거나 주장하지 마라. 어질게 생각하고 어질게 행동하는 것으로 족하다. 그래서 맹자는 인자한 말〔仁言〕은 실제로 인자함〔仁聲之〕이 사람의 마음속을 깊이 파고드는 것〔入人深〕만 못하다고 했다.

말 한 마디에 천 냥 빚도 갚는다 하고 가는 말이 고와야 오는 말이 곱다고도 한다. 그러나 나에게 참으로 어진 생각이 있다면 마음속에 간직해 두고 실천으로 드러내면 그만이다. 인자한 생각은 소리 없이 실행하면 될 뿐 은혜를 베풀었다고 자만하는 것은 못난 짓이다. 왼손이 한 일을 오른손이 모르게 하라 했다. 나는 얼마나 베풂에 인색했나? 나는 얼마나 말을 남용했나? 자문해 볼 일이다.

내 생각이 어질다면 나 또한 어진 것이다. 내 생각이 거칠다면 나 또한 거친 것이다. 인언보다 인성이 소중하다는 것은 어질수록 입이 무겁고 남에게는 대범하며 자신에게는 엄격함을 알게 한다. 그래서 공자는 눌언(訥言)이 인에 가깝다 했다. 눌언은 달변(達辯)의 반대말이다. 좋은 가르침은 사람을 얻는다〔善教之得民〕. 선(善)은 무엇을 잘한다는 뜻이고, 교(教)는 가르침을 뜻한다. 그러므로 선교지(善教之)는 가르침을 잘한다는 뜻으로 보아도 되고, 잘 가르치는 것으로 보아도 된다. 득(得)은 얻음이고, 민(民)은 백성 또는 백성의 마음으로 새기면 무방하다.

노장은 사람을 그냥 그대로 두라고 했지만 공맹은 사람을 닦아서 사람답게 하라고 했다. 선교(善教)는 사람이 되는 법을 가르치는 일이다. 사람되는 법을 가르치는 이를 선생(先生)이라고 한다. 선생의 교육은 선교(善教)다. 인생에 선악이 있는 것은 인생을 주관하는 사람들이 마음에 선악을 아울러 지니고 있는 까닭이다. 선교는 인간의 본성은 선하지만 악해질 수도 있음을 인정하고 인간을 선하게 가르치는 것이다. 이보다 더 좋은 가르침은 없다.

사랑하고 아끼는 마음〔惻隱〕을 닦아라. 측은(惻隱)해하는 마음이 곧 어짊〔仁〕이다. 부끄러워하고 꺼리는 마음〔羞惡〕을 닦아라. 나쁜 것을 부끄러워하는 수오(羞惡)의 마음이 곧 의(義)다. 나를 물리고 남을 앞세우는 마음〔辭讓〕을 닦아라. 사양(辭讓)하는 마음이 곧 예(禮)다. 옳고 그름을 살피는 마음〔是非〕을 닦아라. 시비(是非)를 분명히 하는 마음이 곧 지(智)다. 말하자면 인의예지(仁義禮智)는 선교(善敎)의 덕목이자 이념이다.

무엇을 알려고 하기 전에 먼저 사람이 되는 법을 터득하라. 알면 탈이고 모르면 약이 된다는 말처럼 아는 것이 많아도 사람됨이 되어 있지 않을 수 있다. 오늘날의 교육은 결코 선교가 아니다. 사람되는 법은 멀리 두고 아는 법만 앞세우기 때문이다. 그렇다고 해서 선교를 배우기 위해 학교를 찾아갈 필요는 없다. 선교의 교실은 인생의 현장에 있기 때문이다. 그래서 공자는 세 사람만 모여도 그중에 내 선생이 하나 있다고 했다.

선생이란 누구인가? 사람되는 법을 가르쳐 주는 분이다. 제 마음을 살피는 사람〔存心者〕이 되어 있다면 만물은 다 선생이다. 감동해 배우게 하고, 뉘우쳐 인생을 배우게 하는 선생은 위대하다.

맹자는 '구하면 얻고〔求則得之〕 버려두면 잃는다〔舍則失之〕' 고 했다. 선교는 나를 구해 나를 얻게 한다. 나를 얻는다 함은 곧 선한 나를 얻는다는 말이다. 선하면 마음이 착해 인생이 행복하다. 그러나 지금 사람들은 그러한 삶의 행복을 보증하는 선교를 멀리하려 한다. 그런 탓에 우리 모두는 사람을 잃고 산다. 사람을 찾아 얻는 데는 맹자의 선교가 으뜸이다.

맹자는 '선정은 선교가 사람을 얻는 것만 못하다〔善政不如善敎之得民也〕' 고 했다. 선정은 나를 선하게 부리지만 선교는 나를 선하게 깨우치게 하는 까닭이다.

"편한 길로 백성을 부리면 힘이 들어도 원망하지 않고, 사는 길로 백성을 죽이면 죽이는 자를 원망하지 않는다. 편한 길〔佚道〕로 백성을 이끌기 위해서는 일을 시켜야 하고, 사는 길〔生道〕로 백성을 이끌기 위해서는 못된 것을 처단해야 한다. 그래서 선정이라도 백성은 두려워한다〔善政民畏之〕."

맹자의 이 말을 기억하는가? 그러나 백성은 선교를 사랑한다〔善教民愛之〕고 했다. 백성은 왜 선교를 사랑하는가? 인간으로 하여금 사랑하는 법을 가르쳐 주는 까닭이다.

사람이라면 사람을 사랑할 줄 알라. 내 삶을 사랑하는 것처럼 남의 삶도 사랑할 줄 알라. 이것이 선교의 목표다.

'선정은 백성에게 재물을 얻게 하고〔善政得民財〕, 선교는 백성의 마음을 얻게 한다〔善教得民心〕.' 재물을 얻게 하는 것보다 마음을 얻게 하는 것이 더 소중하다. 그러나 현대인들은 맹자의 이러한 말을 들으려 하지 않는다.

돈만 있으면 그만이지 마음 따위는 상관없다는 마음으로 사는 것이 인생을 두루뭉수리로 만드는 것인 줄도 모르고 오히려 이욕(利慾)의 동물임을 자랑스러워한다. 나만 이로우면 된다는 생각은 남은 손해를 봐도 된다는 생각을 낳는다. 여기서 나만 잘살면 되었지 남이야 죽든 말든 내가 알 바 아니라는 억지가 나온다. 그래서 아무리 선정이 재물을 공정하게 분배하려 해도 특권 세력이 나타나 중간에 잘라먹기도 하고, 부정부패가 기승을 부려 백성의 세금을 훔쳐먹기도 하는 것이다.

재물은 욕심의 미끼가 되어 빼앗지 못하면 못 견디게 한다. 그래서 백성은 선정이라도 두려워하고 남의 밥에 있는 콩이 더 커 보여 근심 걱정을 한다. 그러나 선정은 백성의 배를 부르게 한다.

학정은 백성의 배를 곯게 하고, 권세의 뱃속을 채우기 때문이 백성이 미워하고 무서워한다. 백성은 선정과 학정을 모두 두려워하지만 그 두려움의 내용은 서로 다르다. 선정은 깨질까 두려워하고, 학정은 사라지지 않을까 봐 두려워하기 때문이다.

선교는 백성을 따르게 한다. 선한 방법을 가르쳐 주고 덕을 나누게 하는 까닭이다. 무조건 요구하기만 하면 백성의 마음을 잃지만 베풀면 마음을 얻는다. 선교는 백성의 아픈 곳을 어루만져 준다. 욕망이 사나워 상처를 내면 선교는 욕망을 거두어 없애는 방법을 가르쳐 주고, 폭군이 세상을 주름잡아 고통을 가하면 선교는 폭군에게 선정을 하라고 요구한다.

선교는 '민심은 천심'이라는 연유를 밝혀 익혀 두게 한다. '마음을 다해 본성이 선임을 살펴라.' 맹자가 이렇게 말한 것은 선교의 지표다.

잘 가르친다는 것은 사람이 되는 법을 가르치는 것이다. 사람이 되려면 먼저 스스로 마음을 살피는 자가 되어야 하고, 제 마음을 살펴 부끄러움이 없도록 하려면 사람이 되는 선을 잊지 말아야 한다. 여기서 '선교는 백성이 사랑하고〔善教民愛之〕, 백성의 마음을 얻는다〔得民心〕'는 맹자의 말을 짚어 낼 수 있다.

내 마음을 살펴 배우기보다 내 욕심을 위해 재물을 얻으려고 방황하지 않았나? 내 마음을 버려두고 내 욕심이 갖고 싶어하는 것을 향해 줄달음치지 않았는가? 지금 나의 삶을 무거운 짐으로 여기고 있지는 않은가? 스스로 자문해 보라.

누가 인생을 등짐처럼 만들어 주었나? 남이 아닌 바로 나 자신이다. 세상을 무겁고 추하게 마주하는 것은 다른 사람 때문이 아니라 전적으로 나 때문이다. 혹시 지금도 선교의 선생을 멀리하고 물질만을 찾아 불나방처럼 방황하고 있지는 않은가?

이제는 교육이란 말만 있고 선교란 말은 없다. 선보다 욕(慾)이 앞서는 세상에서는 선할수록 망하고 욕망이 강할수록 성취도가 높다고 믿는다. 이런 세태에서 어떻게 살아야 할 것인가? 자유롭게 살고 싶다면 선을 찾아 나설 일이요, 멍에를 쓰고 살아도 좋다면 욕망의 수레를 끄는 소가 되어야 할 것이다. 인간은 선을 누리는 순간부터 자유롭다. 삶의 자유가 곧 행복이다. 그러면 나는 거인이 되어 당당하고 의젓하게 삶 앞에 설 수 있다.

'선교' 와 '득민심' 의 전문과 의역

인자한 말은[仁言] 인자함을 실천하는 것이 사람의 마음을 깊이 파고드는 것만 못하다[不如仁聲之入人深也]. 잘 다스리는 것은[善政] 잘 가르쳐 백성을 얻는 것만 못하다[不如善教之得民也]. 잘 다스림은 백성이 두려워하고[善政民畏之], 잘 가르침은 백성이 사랑한다[善教民愛之]. 선정은 백성에게 재산을 얻게 하고[善政得民財], 선교는 백성의 마음을 얻게 한다[善教得民心].

15

양지(良知)와 양능(良能)

인은 가까운 데 있다

'어버이를 모시고 받들면 인이다〔親親仁也〕.' 친친(親親)에서 앞의 친(親)은 가까이서 잘 받든다 함이고, 뒤의 친(親)은 부모, 즉 어버이를 뜻한다. 인(仁)은 어질다는 뜻으로, 사람이 사람답게 됨을 의미한다.

어미는 제 새끼를 아껴 길러 주고 키워 준다. 그러면 새끼는 제 어미를 따르고 자란다. 이것이 바로 움직이는 목숨의 섭리(攝理)다. 섭리란 빌려 받고 물려받은 근본 이치를 뜻한다.

빌려 받은 것은 물려받은 것이니 소중히 하고 귀하게 하라. 무릇 목숨이 소중한 것은 섭리에 따라 생사를 짊어진 까닭이다. 이런 까닭은 모를지라도 살고 있다는 것만은 누구나 안다. 맹자가 말했다.

"사람이 배우지 않고도 할 수 있는 것이 가장 잘하는 것이고〔人之所不學而能者其良能也〕, 생각하지 않고도 아는 것이 가장 잘 아는 것이다〔所不慮而知者其良知也〕."

맹자는 배우지 않고도 능히 잘할 수 있고, 생각하지 않고도 능히 잘 아는 것을 친친(親親)이라 했다. 친친은 피붙이 사이에 오고가는 사랑이다. 가장 가까운 것을 소중히 하고 사랑하는 것을 친(親)이라 한다. 아기는 젖을 빨리는 어미를 좋아한다. 그 아기는 자라 부모를 섬길 줄 알고, 형을 공경해 따를 줄 안다.

어버이는 자식을 사랑하고 아끼며 자식은 어버이를 섬기고 모신다. 맹자는 이것을 인(仁)이라 했다. 이러한 사랑이 친친의 인이다. 친친의 인은 애인(愛人)의 출발점과 같다. 가족을 사랑하라는 것이 바로 친친이다. 그리고 이웃을 사랑하라는 것이 애인(愛人)이다.

제 가족을 사랑할 줄 알아야 남도 사랑할 줄 안다. 그러므로 남을 사랑하는 큰마음을 가지려면 먼저 친친의 인이 두터워야 한다. 공자는 인을 애인이라고 했다. 남을 먼저 사랑함이 곧 인이라는 것이다. 맹자는 애인을 몸소 실천하는 바탕으로 친친의 인을 밝힌 것이다. 그러나 이제는 친친에도 틈이 생기고 있다. 그로 인해 부모를 섬기는 효(孝)가 실종되고, 아우를 보살피는 제(弟) 역시 비틀거리고 있다. 가족이 서로 사랑하는 정신의 바탕인 효제(孝弟)를 현대인들이 경시하고 있기 때문이다. 이러한 경시는 마음을 경시한 탓이다.

맹자는 배우지 않고도 잘할 수 있고, 생각하지 않고도 잘 아는 것을 친친이라고 했다. 하지만 친친이 비틀거리는 지금, 애인은 절박한 위기에 처해 있다. 가족 사랑이 사회 사랑으로 이어지려면 인간이 서로의 마음을 믿고 사랑해야 한다. 그러나 인간은 물질을 믿고 사랑하는 데로만 치달아 인간 사이의 인은 자꾸만 얇아지고 있다.

편애(偏愛)하지 마라. 그러나 현대인은 편애를 할 뿐 진정한 사랑은 할 줄 모른다고 비난을 받아도 될 만큼 사랑을 자신의 소유물로 착각하고 있다. 편애는 사랑을 소유하고 독차지하려는 욕심에서 비롯된다. 친친의 편애는 내 가족만 중할 뿐 남의 가족은 어찌 되든 상관없다는 좁은 생각으로 이어진다. 그러나 애인의 편애는 하나의 연인을 정해서 사랑할 뿐 다른 사람에게는 관심이 없다는 무정(無情)으로 통한다.

인은 널리 사랑하라 함이다. 인은 편애가 아니라 박애(博愛)다. 편애는 사랑의 세계를 좁혀 놓고, 그 밖의 것들은 경계하고 의심하지만 박애는 사랑을 넓혀 온 세상을 하나의 보금자리로 여기고 서로 믿고 돕는다.

인과 의가 따로 있는 것은 아니다. 널리 사랑하는 인이 곧 의이고, 널리 올바르게 하는 의가 곧 인이다. 박애는 항상 의로 통한다. 맹자는 이렇게 단언했다.

"자녀는 어버이를 받들어 섬기고 부모는 자녀를 사랑하는 것이 인이다〔親親仁也〕. 나이 든 이를 공경하는 것이 의다〔敬長義也〕. 그 밖에 다른 것은 없고 그것을 온 천하에 달성하도록 나아가는 것이다〔無他達之天下也〕."

경(敬)은 공경하는 것이고, 장(長)은 나이 든 사람을 말한다. 경장은 나이 든 이를 공경하는 것이며, 무(無)는 없다는 말이고, 타(他)는 다른 것이다. 무타(無他)는 다른 것이 없다는 말이다. 달(達)은 도달한다는 뜻이며 지(之)는 동사처럼 쓰이게 하는 기능을 한다. 그러므로 달지(達之)는 이루어 낸다는 뜻이다.

바르고 제대로 살려면 친친(親親)하고 경장(敬長)하라. 친친과 경장은 곧 인의의 길로 걸어가라 함이다. 친은 인을 행하는 길이며 경은 의를 행하는 길이다. 그러나 그 길은 두 갈래가 아니라 한 갈래다. 진실로 마음을 사랑하라 함이 친이다. 선을 넓히고 악을 막으라 함이 경이다. 그러므로 경장(敬長)은 나이 든 이를 모시고 섬기라 함이다. 모시고 섬긴다는 것은 선을 존경한다는 말과 같다.

왜 맹자는 인생의 질서는 친친과 경장이라고 단언했을까? 친친과 경장을 떠나서는 소중한 목숨을 누릴 수 없는 까닭이다. 목숨을 물려주고 보살펴 키워 준 부모에게 고마움을 모르면 인간은 막돼먹은 후레자식으로 전락하고 만다. 또 위아래의 분별이 없어지면 강자가 약자를 잡아먹는 짐승 꼴로 타락할 수밖에 없다.

연인을 사랑하는 것은 좁은 사랑이다. 좁은 사랑은 언제나 욕망을 동반한다. 그 욕망은 소유하기를 좋아한다. 사랑하다 미워하는 것은 욕망의 저울질이 변덕스러운 까닭이다. 그러나 인간을 사랑하는 것은 넓은 사랑이다. 넓은 사랑에는 증오도 질투도 시기도 없다. 서로 목숨을 나눈 인간임을 믿고 사랑하려는 마음만 있다. 이런 마음을 하늘이라 한다. 부모를 하늘같이 여기라는 것이 곧 친친의 풀이다. 그리고 어른을 선생으로 모시라 함이 경장의 해석이다.

'양지' 와 '양능' 의 원문과 의역

사람이 배우지 않고도 할 수 있는 것은[人之所不學而能者] 그가 가장 잘할 수 있는 것이며[其良能也], 생각하지 않고도 알 수 있는 것은[所不慮而知者] 그가 가장 잘 아는 것이다[其良知也]. 어린것이 제 어버이를 사랑할 줄 모르지 않고[孩提之童無不知愛其親者], 자라서는[及其長也] 제 형을 공경할 줄 모르지 않는다[無不知敬其兄也]. 어버이를 어버이로 모시는 것이 인이며[親親仁也], 나이 많은 이를 공경하는 것이 의다[敬長義也]. 다른 것은 없고[無他], 이 둘을 천하에 두루 적용해 나아가는 것이다[達之天下也].

16

성인(聖人)과 범인(凡人)

순(舜)을 잊고 살지 마라

순(舜)은 효의 화신(化身)이자 선의 화신이다. 맹자는 이런 순을 전설 속의 주인공으로만 삼지 말고 실생활의 모범으로 삼아야 한다고 강조한다. 순을 모범 삼고 걸(桀)을 따르지 않는 삶이야말로 바르고 제대로 된 삶이다. 걸은 순과 반대로 포악한 인간의 표본이다.

'한 마디 선한 말을 듣거나〔及其聞一善言〕 한 가지 선한 선한 행실을 보면〔見一善行〕 순은 그것을 실천하지 않고는 살 수 없었다'고 맹자는 알려 준다. 급(及)은 '그러나' 정도로 새기면 되고, 기(其)는 영어의 관사 같은 것으로, 여기서는 순 임금을 의미한다고 보면 된다. 문(聞)은 듣는다는 뜻이고, 일선언(一善言)은 한 마디의 선한 말이므로 기문일선언(其聞一善言)은 '그가 한 마디 선한 말을 듣는다'가 된다. 견(見)은 직접 본다는 뜻이므로 견일선행(見一善行)은 하나의 선한 행실을 마주본다는 말이다.

순은 요(堯) 임금의 눈에 들기 전까지 깊은 산중에서 가난한 농부로 살았다. 산수(山水)와 더불어 사슴, 멧돼지들과 함께했으니 야인(野人)과 다를 것이 없었다. 그러나 순은 범인(凡人)과는 달랐다. 선을 실천하려는 마음이 그를 범인과는 다른 존재가 되게 했다.

선한 사람이 잘되고 악한 사람이 못되는 세상이야말로 제대로 된 세상이다. 그러나 못된 것이 된 것을 좇고, 나쁜 것이 좋은 것을 멸시하는 세상은 참담하다. 악이 선을 능멸하는 세상이야말로 지옥이다. 그러나 지금의 현대인들은 착하면 망하고 영악하면 살아남는다고 아우성이다. 이런 생각이 바로 우리의 삶을 지옥과 같은 현장으로 내몬다.

세상이 아수라장으로 변하는 것을 남의 탓으로 돌리지 마라. 나도 그 속에 끼어 세상을 흐리고 더럽고 추하게 하는 데 한몫하고 있는 중이니 말이다. 하나의 연극에는 여러 명의 배우가 출연한다. 인생은 현실이란 무대 위에 올려진 연극과 같다. 혹시 내가 악역을 맡고 있지는 않은지, 내 마음 한구석에 스스로 악역을 맡아야 한다는 용심은 없는지 자문해 보라.

순은 선을 듣거나 보면 막혀 있는 물줄기를 터서 콸콸 흐르게 하듯이 그 선을 실천하고 행했다. 지금 현대인의 마음속에 있는 선한 마음은 결코 없어진 것이 아니다. 단지 그 선한 마음을 실천하려는 의지가 쇠약해져 마치 선을 잊어버린 것으로 착각하고 있을 뿐이다.

순은 산속에 묻혀 야인으로 살았지만 결국 왕이 되었다. 그것도 한 나라의 왕이 아닌 인간의 왕이 되었다. 선을 삶으로 실행한 덕에 그렇게 되었다.

그대여, 삶의 현실에서 왕이 되고 싶은가? 그렇다면 삶의 굽이굽이에서 무엇이 선이고 무엇이 악인가를 살펴 무조건 선의 편에 서라. 그러면 삶의 현장에서 왕 노릇을 할 수 있다. 순처럼 살라. 이는 곧 선하게 살라 함이다. 그러면 누구나 삶의 왕이 된다.

'성인' 과 '범인' 의 원문과 의역

순은 산중에 살면서[舜之居深山之中] 나무와 더불어 하나의 돌 틈에 살았고[與木石居], 사슴과 멧돼지와 놀았으니[與鹿豕遊] 산중의 야인과 다를 것이 거의 없었다[其所以異於深山之野人者幾希]. 그러나 그는 한 마디 선한 말을 듣거나[及其聞一善言] 한 가지 선한 행실을 보면[見一善行] 마치 양자강과 황하의 물막이를 틀어 콸콸 흐르는 것과 같아 그 도도한 흐름을 막을 자가 없었던 것이다[若決江河沛然莫之能禦也].

17

무위(無爲)와 불위(不爲)

남의 입장으로 돌아가 생각해 보라

'자신이 하지 않는 것을 남에게 시키지 마라〔無爲其所不爲〕'. 무위(無爲)는 무엇을 하지 말라는 뜻이다. 기(其)는 관사로 보면 되고, 소(所)는 '무엇을 하는 바'라는 뜻이다. 불위(不爲)는 하지 않는다는 말이므로 기소불위(其所不爲)는 하지 않는 것을 의미한다.

내 입에 달면 남의 입에도 달고, 내 입에 쓰면 남의 입에도 쓴 법이다. 나는 단것을 먹으면서 남에게는 쓴것을 먹게 하는 것은 나쁘다. 심술맞고 옹졸한 인간은 쉬운 일은 자기가 하고 힘든 일은 남에게 떠넘기려고 한다. 심술쟁이는 못할 짓을 하면서도 모른 척한다. 이것은 잔인하다. 잔인한 마음은 너그러울 줄 모르고, 너그러울 줄 모르면 포용(包容)할 줄 모른다. 이렇게 꽉 막혀 자기만 아는 인간은 독불장군 노릇을 하다가 언젠가는 제풀에 망하는 법이다.

백지장도 맞들면 낫고, 행복은 나누면 두 배가 되고 불행은 나누면 절반이 되는 법이다. 그러므로 사람이라면 서로 의지해 돕고 살아야 한다. 그렇게 하려면 내가 하기 싫은 일을 남에게 시키지 말라는 맹자의 말을 새겨들어라. 남에게 입은 은혜를 한 되의 마음으로 베풀면 고마운 마음이 한 말이 되어 되돌아온다. 그러나 남에게 당한 원한을 한 되의 마음으로 지으면 그 억하심정이 마치 오뉴월의 서릿발처럼 한 섬의 앙갚음이 되어 돌아온다. 그래서 노자도 '원한을 덕으로 갚으라〔報怨以德〕' 고 했다.

내가 하기 싫어 안 하는 것은 남도 마찬가지로 하기 싫어한다. 궂은 일을 남에게 강요하고 부려먹으면 원한을 사게 되고, 그렇게 되면 그 원한은 결국 원망이 되어 앙심을 품게 한다. 남에게 못할 짓을 하는 것은 제 스스로 제 마음을 감옥으로 만들어 옥살이를 하는 꼴과 같다. 형무소는 밖에만 있는 것이 아니다. 남에게 못할 짓을 하면 자기 자신이 곧 형무소가 될 수 있다.

내가 원하는 것은 남도 원한다. 이것을 삶의 행복이라고 한다. 내가 바라지 않는 것은 남도 바라지 않는다. 이를 삶의 불행이라고 한다. 나 자신을 행복하게 하기 위해 남을 불행하게 한다. 그러면 나는 남을 등쳐먹는 사기꾼에 불과하다. 남의 등을 치고 간을 빼먹는 못난이로 자신을 추락시키는 인간은 시궁창에서 썩어가는 생선의 쓸개만도 못하다.

'내가 원하지 않는 바를 남이 원하게 하지 말 것이다〔無欲其所不欲〕.' 맹자의 이 말을 마음에 간직하고 사는 사람은 남의 눈총을 받을 리가 없다. 누구에게나 인생은 한 번뿐이다. 인생은 결코 되풀이되지 않고, 단 한 번의 순간순간으로 이어진다. 그 순간순간을 남과 더불어 나누어야 하는 것이 현실이다. 그 삶을 멍들고 망치지 않게 하려면 무엇보다 내가 하고 싶지 않은 것을 남에게 떠넘기지 않는 마음가짐이 앞서야 한다. 그러면 거짓도 사기도 약탈도 없어진다.

소매치기 인생은 쓰레기보다 못하다. 남의 귀중한 물건을 공짜로 훔쳐 제 것으로 만드는 것은 비겁한 짓이다. 도둑질은 인간을 음흉하고 사납게 한다. 단돈 몇만 원 때문에 남의 목숨을 빼앗는 악한이 있다는 것은 막돼먹은 인간임을 부끄러워할 줄 모르는 탓이다.

착한 마음은 선한 마음이다. 그런 마음은 남에게 아픈 짓을 하지 않는다. 불가(佛家)의 유마 거사(維摩居士)는 남들이 모두 아프니 나도 아프다고 했다. 유마 거사의 그런 마음은 맹자의 말로 통한다. '내가 원치 않는 것을 남이 원하게 하지 마라.' 이 말은 곧 거짓으로 속여 남을 못되게 하지 말라 함이다. 어떤 속임수든 속임수는 악의 씨앗을 틔운다.

'무위' 와 '불위' 의 원문과 의역

자기가 하기 싫은 일을 남에게 시키지 말 것이며[無爲其所不爲] 자기가 원치 않는 것을 남이 원하게 하지 말 것이다[無欲其所不欲]. 그렇게 하는 것일 뿐이다[如此而已矣].

18

덕혜(德慧)와 술지(術知)

괴로움이 삶의 거름이 된다

덕혜(德慧)는 덕행과 지혜의 준말이다. 술지(術知)는 학술과 지식의 준말이다. 덕행은 온 천하에 두루 통하는 선이고, 지혜는 삶을 사랑하는 방법을 터득하게 하는 것이다. 지식은 인간의 재능이고, 학술은 모르는 것을 배우는 기술이다. 이러한 덕혜와 술지는 거저 오지도 않고 호사스럽게 오지도 않는다.

땀 흘려 힘들이지 않아도 인생을 경영할 수 있다고 여기거나 믿지 마라. 매미가 한 닷새 삼복 더위에 신선한 나무 그늘에서 노래를 부를 수 있는 것은 땅 밑 어둠 속에서 굼벵이로 고생을 한 덕택이다. 칠 년 고생에 닷새를 호사한다면 어느 누가 논다고 하겠는가.

산다는 것은 일한다는 것이다. 그 일은 쉬운 노동이 아니라 마음고생이다. 인생을 한 송이 꽃처럼 여긴다면 그 꽃을 피우기 위해 땅 밑에 숨어 있는 뿌리를 생각해 둘 일이다.

'덕행과 지혜와 학술과 재능을 갖춘 인간은 항상 열병을 지니고 있게 마련이다〔人之有德惠術知者恒存乎疢疾〕.' 인지(人之)는 사람이 사는 것, 즉 삶이라고 이해하면 된다. 유(有)는 있다는 말로, 주어를 뒤로 받는다. 덕혜술지(德惠術知)가 곧 유(有)의 주어다. 그리고 자(者)는 영어에서 명사절을 이끄는 'that'과 같다고 보면 된다. 항(恒)은 '언제나'라는 뜻이고, 존(存)은 처해 있다는 뜻이므로 항존(恒存)은 언제나 무엇에 처해 있다는 말이다. 호(乎)는 영어의 'in'으로 새기면 되고, 진질(疢疾)은 원래 열병을 뜻하나 여기서는 고뇌로 생각하면 된다.

뜻을 이루려고 열병을 앓는 사람은 병자가 아니다. 고뇌하는 사람은 절망하지 않는다. 좌절하고 체념하는 자만이 절망한다. 넘어야 할 험한 고개가 있다면 그 고개를 피하거나 무서워할 것 없다. 땀 흘려 넘어가면 된다. 고생 끝에는 반드시 낙이 오지만 방탕 끝에는 언제나 좌절과 절망이 찾아오는 법이다.

'자식에게 재산을 물려주면 몸은 편하게 해 주지만 마음은 게으르게 한다'는 옛말이 있다. 부유한 집에서 태어나 고생 모르고 자란 인간은 큰 재목이 되기는커녕 허랑방탕에 빠져 물려받은 재산을 탕진하고, 추한 인간이 되는 꼴을 심심찮게 목격한다. 젊어 고생은 사서 하고, 인간이 되고 싶어 고뇌하는 것은 그 열병이 심할수록 좋다고 한다.

'외로운 신하나 외로운 얼자가 조심하는 것은 위태함이며〔獨孤臣孽子其操心也危〕, 환난을 염려하는 것이 깊다〔其慮患也深〕. 그러므로 사는 이치에 두루 통하게 된다〔故達〕.' 고신(孤臣)은 왕에게 따돌림당하는 신하를, 얼자는 부모에게 사랑받지 못하는 자식을 말한다. 버림받은 사람이 조심해야 할 것은 무엇인가? 위태함이다. 그리고 버림받은 사람이 해야 하는 것은 무엇인가? 깊은 사려(思慮)다.

얼자는 부모에게 버림받은 자다. 그런 자의 위태함은 어디서 오는가? 원한과 분노가 치밀어 마음속을 증오의 용광로처럼 태우는 마음에서 위태로움이 비롯된다. 순(舜)은 학대를 넘어 죽이려고까지 했던 아버지께 효성을 드릴 수 없게 된 지경을 원망했을 뿐 미워하지는 않았다. 오히려 계모의 사주를 받아 본처의 소생인 자기를 미워하는 아버지를 지성껏 모시고 받들었다. 그 덕분에 순은 불효의 위기를 극복할 수 있었다.

왜 버림받은 자일수록 생각이 깊어야 하는가? 사랑받지 못함을 온전히 자신의 탓으로 돌리는 까닭이다. 일이 잘못되었을 때 그 잘못에 대해 남을 핑계 삼지 않고 내 잘못으로 치면 묶였던 일이 풀리고, 막혔던 심정이 터진다. 생각이 깊은 마음은 남의 마음속을 떠보려 하지 않는다. 다만 자신의 마음을 살펴 허물을 찾아내 고치기 위해 뉘우치고 고뇌한다. 그래서 외롭게 고뇌하는 사람의 마음은 언제나 크고 넓어 결국 밝은 삶을 맞이한다.

'덕혜' 와 '술지' 의 원문과 의역

사람에게 덕행과 지혜와 학술과 재능이 있다는 것은 항상 열병을 앓게 한다[人之有德惠術知者恒存乎疢疾]. 외로운 신하나 외로운 얼자가 조심하는 것은 위태함이며[獨孤臣孼子其操心也危], 환난을 염려하는 것이 깊다[其慮患也深]. 그러므로 사는 이치에 통달한다[故達].

19

정기(正己)와 물정(物正)

대인은 누구인가

대신(大臣)은 천민(賤民)이 되기도 하지만 진정한 대인(大人)은 천민(天民)이 된다. 천민(賤民)은 추하고 더러워 천한 인간이란 말이고, 천민(天民)은 어질고 착해 하늘의 백성이란 말이다. 폭군 밑에 빌붙어 권세를 구걸하는 재상에게는 벼슬자리가 아무리 높다 한들 천해 빠진 인간에 불과하다. 그러나 비록 누추한 집에 살면서 험한 음식을 먹고 산다 해도 삶을 선하게 이룩하려고 고뇌하는 자는 하늘의 백성이다. 하늘의 백성이란 위대한 인간이란 말이다.

왕의 비위를 맞춰 기쁘게만 해 주는 자들은 아첨을 일삼는 무리다. 맹자는 이런 자들을 비웃는다. 왕의 비위나 맞춰 주고 떡고물을 받아먹는 꼴은 처량할 뿐이다. 상전의 눈치를 살피느라 제 정신을 잃고 사는 인간은 남의 부속품이다. 사직(社稷)을 안정시키려는 신하는 그 일을 기쁨으로 삼는 자다. 사직은 정권의 체제를 말한다. 체제를 안정적으로 유지하려는 자는 통치자의 측근이고, 권부의 실세다. 이런 자는 백성의 신하가 아니라 한 통치자의 수족일 뿐이다. 맹자는 그런 수족을 비웃는다. 어디 맹자만 그러하겠는가. 모든 백성은 그런 부류를 비웃고 원망한다.

하늘의 백성이 있는데〔有天民者〕, 자신의 뜻을 천하에 행할 수 있게 된 후에〔達可行於天下而後〕 그 지위를 행하는 자다〔行之者也〕. 맹자가 밝힌 천민(天民)은 천하를 위해 봉사하려는 뜻을 지닌 자다. 천하를 위한다 함은 곧 백성의 삶을 위한다는 말이다. 이런 천민을 성군(聖君)이라 불러도 되고, 왕자(王者)라고 보아도 된다. 왕도를 걷는 왕자는 사직보다 백성을 먼저 생각한다. 체제의 안정을 노리는 통치자는 이미 백성의 눈에 나 있을 뿐이다. 그러나 천민은 그가 그만둘까 봐 백성이 걱정하기 때문에 체제를 걱정할 것이 없다.

대인이란 자가 있는데〔有大人者〕, 자기를 바로잡아 나가면 사물이 바로잡혀 나가게 된다〔正己而物正者也〕. 대인을 대장부(大丈夫)로 불러도 된다. 대장부는 마음이 어질고 의롭고 넓어서 그 안에 천지를 품고 있는 경지에 도달한 성인(聖人)이요, 성현(聖賢)이다. 맹자는 대인의 경지를 호연지기(浩然之氣)라고 했다. 호연지기는 사사로운 것에 매달려 자기만 알고 남은 모르는 옹졸한 마음을 부끄럽게 하는 인의(仁義)의 마음 그 자체라고 보면 된다. 맹자는 대인을 공경하고 사모한다.

나를 바르게 하라〔正己〕. 이는 인의의 길을 걸어가는 자다. 그러면 사물이 바로잡힌다〔物正〕. 그러나 사물의 관계가 불리한지 유리한지를 따져 저울질하고 흥정하기 때문에 하는 일마다 뒤틀리는 것이다. 나에게는 유리하게 하고 남에게는 불리하게 하려는 속셈을 숨기고 있는 까닭이다. 공평하다면 사물이 무슨 해코지를 하겠는가? 사물은 해코지를 않는다. 그런 잔꾀는 인간이 잔머리를 굴려 만들어 낸 심술에 불과하다. 나를 바르게 하라. 그러면 사는 일이 제대로 풀리고 일이 저절로 성사된다. 인의는 항상 나에게 공평무사(公平無私)하라고 한다. 나를 위해서 남을 해치거나 이용하는 것은 불인이요, 불의다. 이런 짓을 부끄러워한다면 정기(正己)의 등불을 밝히는 셈이다.

'정기' 와 '물정' 의 원문과 의역

왕을 섬기는 자가 있는데[有事君人者], 왕을 섬기면 얼굴빛을 부드럽게 하여 기쁘게 해 주는 자다[事是君則爲容悅者也]. 사직을 안정시키려는 신하가 있는데[有安社稷臣者], 사직을 안정시키는 것을 기쁨으로 삼는 자다[以安社稷爲悅者也]. 하늘의 백성이 있는데[有天民者], 자신의 뜻이 천하에 두루 행할 수 있게 된 후에[達可行於天下而後] 그것을 행하는 자다[行之者也]. 대인이란 사람이 있는데[有大人者], 자기를 바로잡아 사물이 바로잡히게 하는 자다[正己而物正者也].

20

군자의 삼락(三樂)

무엇이 삶을 즐겁게 하는가

삶을 누리고 싶은가? 그렇다면 삶을 즐겁게 하라. 삶을 즐겁게 하려면 삶을 짐으로 만들어 짊어지지 마라. 분에 넘치는 삶을 바라는 순간 삶은 무거운 납덩이로 변한다. 그렇게 되면 삶의 즐거움은 아지랑이처럼 피어오르다 사라져 버린다. 마치 뱁새가 황새의 걸음걸이를 탐하다 가랑이가 찢어지는 꼴과 같다. 그러면서 어찌 즐거운 삶을 누릴 수 있겠는가? 경쟁하여 성취하는 시대일수록 과분한 욕심은 금물이다. 거미줄을 치는 거미는 벌레가 걸려들기를 바라지 황새가 걸려들기를 바라지는 않는다.

군자는 삶의 즐거움을 가장 소중히 여기는 자다. 삶의 즐거움이야말로 소중한 목숨이 누릴 수 있는 삶의 맛이기 때문이다. 군자는 살맛을 밖에서 찾지 않는다. 자신의 안에서 찾아 바깥의 안녕(安寧)이 제대로 유지되기를 바란다. 그러나 지금은 영웅이 되려는 자는 많아도 군자가 되려는 자는 없다. 영웅이 되어 삶의 성공을 과시하려는 자는 맹자의 말을 음미해 볼 일이다.

'군자에게는 세 가지 즐거움이 있다〔君子有三樂〕. 천하에 왕 노릇하는 것은 거기에 들어 있지 않다〔而王天下不與存焉〕.' 유(有)는 있다는 말로 주어를 뒤로 받는다. 삼락이 유(有)의 주어인 셈이다. 불여존(不與存)은 속하지 않는다는 뜻이다.

출세와 명성을 따지자면 왕보다 더한 것은 없다. 왕 노릇은 권세의 극치요, 부귀영화의 절정이기 때문이다. 그러나 맹자는 바로 그 극치와 절정이 삶에 즐거움을 주는 것이 아님을 밝히고 있다. 행복의 둥지는 가정이지 명성도 출세도 권세도 부귀도 영화도 아니다. 오히려 그런 것들은 삶의 즐거움을 앗아가는 덫이 되기도 하고 탈이 되기도 한다.

'부모가 건강히 살아 계시고〔父母俱存〕, 형제에게 아무런 변고가 없는 것〔兄弟無故〕이 첫 번째 즐거움이다〔一樂也〕.' 구존(俱存)은 건강하게 살아 계신다는 말이고, 무고(無故)는 아무런 변고가 없다는 말이다.

부모를 괴롭게 하지 마라. 외롭게 하지도 말 것이며 서운하게 하지도 마라. 그렇게 하면 삶의 즐거움을 누릴 수 없다. 형제끼리 다투지 마라. 아우는 형을 공경하고 형은 아우를 보살피는 마음을 잊지 말 것이요, 버리지도 말 것이다. 그러면 삶의 즐거움을 누릴 수 있다. 가정이 화목하지 못하고 시끄러우면 사회에 나가 되는 일이 없다. 군자의 일락(一樂)은 가정 생활의 즐거움이다.

'우러러보아 하늘에 부끄러울 것이 없고〔仰不愧於天〕, 굽어보아 사람에게 부끄러울 것이 없는 것〔俯不怍於人〕이 두 번째 즐거움이다〔二樂也〕.' 앙(仰)은 우러러 바라봄이요, 부(俯)는 굽어살핌이다. 괴(愧)와 작(怍)은 모두 부끄러워한다는 뜻이다.

한 점 부끄러울 것 없는 사람이 천하에서 가장 행복한 사람이다. 행복이란 삶의 즐거움을 누리는 것을 말함이지 다른 것을 말하지 않는다. 부정 축재로 부자가 된 자가 과연 행복하겠는가? 아니다. 겉으로는 행복해 보이지만 속으로는 불행이 겹쳐 마음 고생을 면치 못한다. 권모술수로 권력을 잡은 자가 과연 정말로 행복하겠는가? 역시 아니다. 빼앗은 권력을 빼앗길까 봐 노심초사하며 밤잠을 설치고, 온 천하를 의심하는 고초를 겪을 뿐이다. 군자의 이락(二樂)은 자아(自我) 생활의 즐거움이다.

즐겁다 함은 당당하고 떳떳함이다. 노래방에 가서 노래를 부르고 긴장을 푸는 것을 두고 즐거움이라 하지 않는다. 흥겨움과 즐거움은 다르다. 육신이 흥겹다 한들 마음이 불안을 벗어나지 못하면 즐거움을 느낄 수 없다. 긴장을 푼다는 것은 일시적인 방편이자 모면이다. 그러나 즐거움은 한결같은 안녕을 누리는 것이다. 거짓이 없다면 부끄러울 것도 없다. 감추거나 숨길 것이 없다면 그 또한 부끄러울 것이 없다. 편안하고 홀가분한 마음, 그것이 바로 자유다. 삶을 자유롭게 하는 것이 곧 목숨을 누리는 즐거움이요, 삶을 누리는 즐거움이다.

'천하의 수재를 얻어〔得天下英才〕 그들을 가르치는 것〔而敎育之〕이 세 번째 즐거움이다〔三樂也〕.' 군자는 지식이나 기술을 가르치지 않는다. 다만 사람이 되는 법과 올바로 사는 법을 가르친다. 군자는 인간의 선생이자 인생의 선생이다. 사람이 되는 법을 알아야 사람 구실을 할 수 있다. 바르게 사는 법을 터득해야 바른 삶을 살 수 있다. 겉이 사람이라고 해서 다 사람인 것은 아니다.

사람의 탈을 쓰고 잔인한 짐승의 짓을 저지르는 인간도 있고, 야비하고 좀스러운 꼴불견도 있다. 유식하다고 인간이 되는 것은 아니다. 지혜롭지 못하면 인간이 될 수 없다. 그래서 군자는 관찰(觀察)하기보다 성찰(省察)하라고 가르친다. 관찰은 바깥을 살펴 알게 하는 것이고, 성찰은 자신을 살펴 자기를 알게 하는 것이다. 관찰은 지식을 향하고, 성찰은 지혜를 향한다. 군자의 삼락(三樂)은 사회 생활의 즐거움이다.

군자에게 사회 생활의 즐거움은 선생의 즐거움으로 통할 수 있다. 왜 군자의 삼락은 선생의 즐거움인가? 인생의 지혜를 가르쳐 주는 어른 구실을 하는 까닭이다. 선생은 누구인가? 지성을 가르치는 자가 아니라 덕성을 가르쳐 터득하게 하는 분이다. 군자는 훈장이 아니라 선생이다. 훈도는 지식을 가르칠 뿐이다. 오늘날의 교육자들은 모조리 훈장일 뿐 선생이라고 할 수는 없다. 천하의 수재(秀才)를 지성인으로 배양하는 것보다 덕을 쌓을 줄 아는 인간으로 키워 내는 군자야말로 시대의 병을 고칠 수 있는 분이다. 그런 군자의 존재를 무시하는 세상은 난장처럼 소란스럽다.

'군자의 삼락' 의 원문과 의역

군자에게는 세 가지 즐거움이 있다[君子有三樂]. 천하에 왕 노릇하는 것은 거기에 들어 있지 않다[而王天下不與存焉]. 부모가 건강히 살아 계시고[父母俱存] 형제에게 변고가 없는 것[兄弟無故]이 첫 번째 즐거움이다[一樂也]. 우러러보아 하늘에 부끄러울 것이 없고[仰不愧於天] 굽어보아 사람에게 부끄러울 것이 없는 것[俯不怍於人]이 두 번째 즐거움이다[二樂也]. 천하의 수재를 얻어[得天下英才] 그들을 가르치는 것[而教育之]이 세 번째 즐거움이다[三樂也].

21

군자의 소성(所性)

군자가 바라는 것은 따로 있다

꽃을 보고 아름답다고 하는 것은 인간의 생각이다. 길가에 피어 있는 풀꽃은 사람의 눈요깃감으로 있는 것이 아니다. 그 풀꽃은 목숨을 누리기 위해 꽃을 피우고 향기를 풍길 뿐이다. 꽃 향기 역시 사람의 후각에 맞추기 위해 풍기는 것이 아니다. 초목이 꽃을 피우고 향기를 풍기는 것은 벌과 나비를 불러들여 씨앗을 맺기 위함이다. 풀 역시 씨앗을 맺어 여물게 해야 대대로 제 목숨을 누리고 물려줄 수 있다. 이보다 더 중대한 일은 없다. 군자를 '인간들로 하여금 인생의 꽃을 피워 열매를 맺는 비밀을 터득하게 하는 선생' 이라고 생각하면 무방하다.

군자도 나라의 땅을 넓히고 백성을 끌어모으기를 바라기는 하지만 그가 즐거워하는 것에는 그런 것이 끼어들지 않는다. 세상 가운데 자리를 잡고 모든 백성을 안정시켜 주는 것은 군자가 즐거워하는 것이긴 하지만 그런 것은 군자가 본성으로 삼는 것에는 들지 않는다. 군자에게도 욕망은 있다. 그러나 그 욕망은 사사로운 것이 아니라 모든 사람을 위한 것이다. 군자도 그 욕망을 실현하기를 즐거워한다. 그러나 군자는 그런 즐거움에 조금도 만족하지 않는다.

군자는 왜 치세의 즐거움만으로는 만족하지 못하는 걸까? 맹자는 그 이유를 이렇게 밝힌다. "군자의 본성이 크게 행해지더라도 더 보태지 않고〔君子所性雖大行不加焉〕, 비록 궁하게 산다 해도 덜어내지 않는다〔雖窮居不損焉〕. 군자에게는 분이 정해져 있기 때문이다〔分定故也〕."

소성(所性)은 본성이란 말이다. 수(雖)는 '비록 무엇하더라도'라는 뜻이고, 대행(大行)은 크게 행해진다는 말이다. 가(加)는 더 보탠다, 손(損)은 덜어낸다는 뜻이다.

분정(分定)은 분(分)이 정해져 있음이다. 여기서 분(分)은 마음이 간직할 바요, 마음이 행할 바를 정하고 있다고 새기면 된다. '분수를 지켜라〔守分〕.' 맹자의 이 말을 연상하면 된다. 앉을 자리면 앉고 설 자리면 서는 것이 곧 수분(守分)이다. 그리고 수분이 변덕스럽지 않은 것이 곧 분정(分定)의 경지다. 그래서 군자는 자신의 뜻을 성취했다고 우쭐하지 않으며 실패했다고 속상해하지 않는다. 다만 자신의 본성에 따라 삶을 맞이하고 보낼 뿐이다. 이러한 군자의 모습을 더하지도 않고〔不加〕 덜하지도 않는다〔不損〕는 뜻으로 새겨도 무방할 것이다.

군자의 본성은 왜 변덕스럽지 않을까? 그 연유를 맹자는 분명히 알려 준다.

"군자의 본성에는 인의예지가 마음에 뿌리내리고 있다〔君子所

性仁義禮智根於心].”

깊이 뿌리내리고 있는 나무는 폭풍에도 쓰러지지 않는다. 군자의 마음 역시 인의예지를 펴는 데 꿋꿋하고 한결같다. 인(仁)이 변덕스러우면 불인(不仁)과 시소 게임을 벌이고, 의(義)가 변덕스러우면 불의(不義)와 짝을 이룬다. 예(禮)가 변덕을 부리면 무례(無禮)와 통하고, 지(智)가 변덕을 부리면 시(是)가 비(非)로 둔갑하고, 비(非)가 시(是)로 둔갑한다. 군자는 이렇게 자신의 본성을 변덕스럽게 굴리지 않는다.

사랑할 뿐 미워하지 않는 마음, 옳은 것을 보면 공경하고 그른 것을 보면 뉘우쳐 부끄러워하는 마음, 사양하고 겸허할 줄 아는 마음, 시비를 가려 시를 취하고 비를 버리는 마음이 바로 군자의 본성에 맞는 마음가짐일 것이다. 군자의 본성은 그 뿌리가 인의예지에 튼튼하게 뿌리내리고 있는 까닭에 어떠한 삶이든 편안하고 넉넉한 마음으로 맞이하고 보낼 수 있다. 불가에서는 이러한 마음가짐을 항상심(恒常心)이라고 한다. 삶의 희로애락에 붙들려 변덕이 죽 끓듯 하는 인생은 종잡을 수 없다. 삶을 바람에 날리는 풍선처럼 띄워 놓고 사는 것은 마음가짐이 본성에 깊이 뿌리내리지 못한 탓이다. 인의예지는 인간의 본성이 드러내는 모습을 말한다. 궁하다고 비굴하지 마라. 그러면 곱으로 궁해진다. 뜻을 이루었다고 우쭐하지 마라. 오만해지면 이루지 않은 것만 못한 까닭이다.

'군자의 소성' 의 원문과 의역

국토를 넓히고 백성을 끌어모으는 것을[廣土衆民] 군자는 바라지만[君子欲之] 군자가 즐거워하는 것은 거기에 들지 않는다[所樂不存焉]. 천하의 가운데 서서[中天下而立] 온 사방의 백성을 편안히 하는 것을[定四海之民] 군자는 즐거워하지만[君子樂之] 군자의 본성에는 들지 않는다[所性不存焉]. 군자의 본성이[君子所性] 비록 크게 행해진다 해도[雖大行] 더 보태지 않고[不加焉], 살기가 궁하다 해도[雖窮居] 덜어내지 않는다[不損焉]. 마땅히 할 바가 정해져 있기 때문이다[分定故也]. 군자의 본성에는[君子所性] 인의예지가 마음에 뿌리내리고 있다[仁義禮智根於心].

22

식지(食之)와 용지(用之)

삶을 넉넉하게 하는 방법이 있다

맹자는 가장 실용적인 안목을 지니고 난세를 치세로 바꾸려 한 성현이다. 맹자는 인간을 떠나서는 다른 것을 생각할 수 없다는 사상을 펴고, 인간의 삶을 떠나서는 인간을 말할 수 없다고 생각했다. 바른 인간이 되어야 바른 삶을 누리고, 바른 삶이 펼쳐져야 올바른 세상이 된다고 보았던 것이다.

정치, 경제, 사회, 문화라는 인간의 문물과 제도가 병들고 썩는 것은 천지의 탓이 아니라 인간 자신의 탓임을 맹자는 분명히 한다. 인간이 그릇되어 가므로 세상도 덩달아 점점 더 그릇되어 간다는 관점은 외면할 수 없는 사실이다.

동양 정신은 천지와 더불어 인간이 살아야 한다는 사상에 뿌리를 두고 있다. 천명 사상이 바로 그 바탕이다. 우주는 인간을 위해 존재하는 것이 아니다. 우주가 인간만을 위해 있다면 화성이나 은하수 어디를 가든 인간이 살 수 있는 곳이 되어야 할 것이다. 그러나 인간은 지구에서 가장 가까이 떠 있는 달에서조차 살 수 없다. 이렇게 생각해 보면 인간이 살기에 알맞은 곳은 지구밖에 없다. 지구라고 해서 유별난 것은 아니다. 지구 역시 우주에 떠 있는 한 점에 불과할 뿐이다. 그러한 점 속에 온갖 목숨이 더불어 살고 있다는 사실을 동양 정신은 주목했다. 그러나 인간이 이룩한 물질문명은 인간으로 하여금 만물이 인간을 위해 있다는 착각을 하게 만들었다. 나아가 지구를 인간을 위한 보물 창고로 여기고, 그 창고는 흥청망청 쓸 수 있는 물건들로 가득 차 있다고 여기는 방향으로 휘몰아 왔다.

맹자는 이미 2천여 년 전에 인간의 이러한 착각을 경계했다. 성현은 미래를 내다보는 마음을 지니고 있다. 노자 역시 천지불인(天地不仁)이라고 했다. 즉 천지는 사람의 것이 아니란 말이다. 여기서 불인(不仁)의 속뜻은 천지가 사람을 선택해 유별나게 인간만 편애하지 않는다 함이다.

언젠가 달걀을 대량 생산하는 양계장을 구경할 기회가 있었다. 그 뒤부터 달걀을 먹을 때마다 마음에 걸리는 것이 있다. 닭에게는 양계장이 마치 유태인의 아우슈비츠 수용소 같다는 생각을 버릴 수 없게 된 것이다. 인간을 굶겨 죽였던 아우슈비츠는 죄악이고, 암탉의 알을 강제로 뽑아 내는 양계장은 죄악이 아니라는 생각이 곧 인간의 착각이다.

됫박 크기만 한 철망 안에 든 암탉은 움직일 틈이 없다. 철망 앞에는 모이통과 물통이 달려 있고, 철망 뒤에는 알이 나오는 구멍이 있다. 뒷바닥에는 받침이 없어 가만히 선 채로 똥을 누는데, 거기에 처마의 물받이처럼 대롱이 설치되어 있어서 그것을 받아

낸다. 이렇게 암탉을 구속해 놓고 먹이를 잔뜩 주어 살찌게 하여 매일 알을 낳도록 강요하고 있었다. 뿐만 아니라 양계장 주인은 닭들이 어둠 속에서는 알을 낳지 못하다는 걸 알고 밤만 되면 절반을 백열등으로 밝혀 낮으로 착각하게 만들어 알을 뽑아 낸다고 자랑까지 했다. 게다가 구린내 나는 닭장 안에 모차르트의 음악이 은은히 울려퍼지고 있기에 왜 양계장에서 고전 음악을 트느냐고 물었더니 경쾌한 음악을 들으면 닭들이 흥분해서 알을 더 많이 낳는다고 했다. 아우슈비츠 같은 양계장 덕분에 현대인은 얼마든지 달걀을 구할 수 있고, 통닭을 사 먹을 수 있게 되었다.

인간은 달걀을 사시장철 마음대로 먹기 위해 닭을 착취하고 있는 것이다. 나아가 물질의 풍요를 누리기 위해 지구를 착취하고 있다. 만물을 남용해 물을 썩게 하고, 바람을 썩게 하고, 땅을 썩게 하는 인간은 다른 만물이 온전해야 인간도 온전하다는 진리를 한사코 부정하려 한다. 그 결과 과소비 시대가 되었고, 인간들은 찐 살을 빼기 위해 운동과 다이어트를 하고 있다. 인간의 이러한 짓은 천하에 둘도 없는 코미디다.

물질문명이 풍요를 누리게 해 주었지만 그렇다고 해서 모든 인간이 다 부유하고 행복한 것은 아니다. 여전히 빈부의 격차는 존재하고, 상대적 빈곤은 인간으로 하여금 서로를 불신하게 만들어 치고 받는 투전판을 벌이게 했다. 그러면서도 인간은 서로 뺏고 빼앗는 짓을 멈추지 않는다. 이러한 아수라장을 극복하지 않는 한 강자가 착취하고 약자가 착취당하는 욕망의 수레바퀴는 멈추지 않는다. 욕망의 질주를 절제하지 않는 한 인간은 삶을 편하게 누릴 수 없다. 서로 강자가 되어 착취하려고 하지 마라. 그래서 맹자는 이렇게 말했다.

"그들의 밭을 돌봐 주고〔易其田疇〕 백성들에게 세금을 덜 거두어들인다면〔薄其稅斂〕 백성을 부유하게 할 수 있다〔民可使富也〕."

이기전주(易其田疇)에서 이(易)는 다스려 쉽게 한다는 말이고, 전주(田疇)는 밭의 크기를 말하나 농사짓는 땅으로 보면 된다. 기(其)는 백성으로 새기면 된다. 박기세렴(薄其稅斂)에서 세렴은 세금을 거두어들이는 것을, 박(薄)은 엷다는 말이므로 세금을 경감해 준다는 말이다. 다시 말해 치자가 백성을 위해 봉사하고 부정부패로 세금을 착취하지 않으면 백성은 골고루 부를 누릴 수 있다는 뜻이다. 그러나 권력이 백성을 간섭하고 미운 놈, 고운 놈을 따져 한쪽에만 특혜를 주면 빈부는 언제나 나눠진다. 권력의 특혜는 한 명의 부자를 만들어 내기 위하여 아흔아홉 명의 백성을 굶주리게 한다. 그런 짓을 하지 말라 함이 맹자의 말이다.

"때에 따라 먹고〔食之以時〕 예에 따라 써라〔用之以禮〕. 그러면 재물을 흥청망청 쓸 수 없다〔財不可勝用也〕."

맹자의 이 말을 경청하고 실천해야 한다. 이 말은 겨울에 오이를 먹고 풋고추를 먹는 것이 자랑할 것이 못되는 연유를 헤아리게 한다. 여름에 얼음을 넣은 냉수를 마실 수 있다고 해서 천하를 얕보아서는 안 된다. '때에 따라 먹어라.' 이 말은 흥청망청 먹으려고 먹거리를 남용하지 말라 함이다.

'예에 따라 써라.' 물질을 사용하는 데 있어 예(禮)란 무엇인가? 검(儉)이 곧 용지(用之)의 예(禮)일 것이다. 씀씀이가 헤프고 과소비나 남용에 능한 것이 곧 물질을 사용하는 무례다. 인간의 물질문명은 인간에게서 검약의 미덕을 앗아갔다. 검소하면 무엇이든 남아돌고, 남용하면 무엇이든 모자라는 법이다. 남아돌면 베풀 줄 알고, 모자라면 훔치거나 빼앗으려 한다. 그래서 물질은 옳고 그른 것으로 분별되는 것이 아니라고 한다. 인간이 물질을 소중히 할 줄 알면 물질은 저절로 아껴지고, 그럴 줄 모르면 부족에서 벗어날 수 없다. 현대인은 검이라는 물질의 예를 망각해 늘 굶주린 개처럼 허덕이며 핏발을 세운다. 검소하라. 그러면 물질의 노예에서 풀려날 수 있다. 허영은 인간을 오만하게 탕진시키지만 검소함은 인간을 겸허하게 하여 가난을 쫓고 어질게 한다.

왜 맹자는 때에 맞춰 먹으라〔食之以時〕고 했을까? 산해진미를 먹기 위해 시도 때도 없이 설쳐 대면 남들이 먹어야 할 것까지 빼앗아 먹어야 한다. 그렇게 되면 배불리 먹는 자와 배고프게 살아야 하는 자가 생겨나게 마련이다. 남의 것을 빼앗아 먹으면 아무리 먹을 것이 많아도 항상 모자라 굶어야 하는 계층이 생겨난다. 그러면 세상은 온당치 못해진다. 나만 잘 먹고 잘살면 된다는 탐욕이 기승을 부릴 때 세상은 아프다. 성인(聖人)은 이러한 아픔을 제거하려는 분이다.

맹자는 왜 '예에 따라 씀씀이를 하라〔用之以禮〕' 고 했을까? 볍씨 하나를 심으면 이백여 개의 낟알이 붙은 벼이삭이 맺는다. 말하자면 천지는 쌀 한 톨을 이백 배로 불어나게 해 주는 것이다. 천지가 이렇게 불려 주므로 인간이 생산한 것을 잘 갈무리하면 다른 것 역시 물과 불이 넉넉한 것처럼 될 수 있다. 그러나 물자는 항상 모자라고 살기가 궁해서 급급한 것이 현실이다. 이는 어딘가 물류(物流)가 어긋나고 치우쳐 홍청망청 남용하는 버릇이 있는 탓이다. 물질을 남용하고 탕진하면 아무리 물질이 많아도 옹색함을 면할 수 없다. 성인은 인간으로 하여금 남용과 탕진을 해서는 안 된다는 것을 가르쳐 주는 선생이다.

'식지' 와 '용지' 의 원문과 의역

백성의 논밭을 돌봐 주고[易其田疇] 세금을 가볍게 징수하면 [薄其稅斂] 백성을 부유하게 할 수 있다[民可使富也]. 때에 맞춰 먹고[食之以時] 예에 따라 쓴다면[用之以禮] 재물을 써도 남아돌 수 있다[財不可勝用也]. 백성에게 물과 불이 없다면 생활하지 못한다[民非水火不生活]. 해질 무렵 남의 집 문을 두드려 물이나 불을 구하면 거절하는 이가 없다는 것[昏暮 叩人之門戶 求水火 無弗與者]은 물과 불이 넉넉해서다[至足矣]. 성인이 천하를 다스리면[聖人治天下] 먹고살 식량을 물과 불같이 넉넉하게 한다[使有菽粟如水火]. 먹고살 식량이 물과 불처럼 넉넉하다면[菽粟如水火] 백성이 어떻게 인자하지 않은 자로 있겠는가[民焉有不仁者乎]?

23

순(舜)과 척(蹠)

인간은 두 갈래로 나누어 볼 수 있다

유가의 가르침이 실생활에서 소금이 되는 것은 무엇보다 우리에게 의(義)와 이(利)를 분별하라〔義利之辨〕 하기 때문이다. 의는 인간의 마음을 싱싱하게 한다. 그러나 이는 인간의 마음을 시들게 한다. 싱싱하면 살아남고 시들면 썩는 것은 초목만이 아니다. 인간의 마음도 그러하다.

욕(欲)은 마음을 욕먹게 하기 쉽다. 살다 보면 욕(欲)과 욕(辱)이 떨어질 수 없는 경우가 생긴다. 사욕(私欲)은 사욕(邪欲)으로 통한다. 내가 사납게 욕심을 내는 것〔私欲〕은 남의 몫을 빼앗아 독식하려는 꾀를 부리게 하는 마음〔邪欲〕으로 이어진다. 그래서 욕이 사욕이 되면 남들에게 욕을 먹는다. 이렇게 욕을 먹게 하는 욕심은 의롭지 못한 이(利)를 좇으려고 한다.

나만 이롭고 남을 해롭게 하는 것은 불의(不義)에 속하는 이(利)다. 그러나 남을 이롭게 하여 나를 이롭게 하는 이(利)는 의

(義)를 향하는 이(利)다. 내가 손해를 볼지언정 남을 불리하게 할 수 없다는 마음은 더더욱 의(義)의 이(利)다. 이(利) 그 자체가 나쁠 것은 없다. 인의를 좇는 이도 있고 인의를 부정하는 이도 있으므로 어질고 올바른 이익은 곧 선으로 통한다.

맹자는 날마다 꾸준히 선을 추구하는 사람도 있고, 날마다 꾸준히 이를 추구하는 사람도 있다고 했다. 맹자는 선을 추구하는 사람들을 순(舜)의 무리라고 불렀다. 순의 무리는 선량한 사람들로 이루어지고, 도척의 무리는 도둑의 집단으로 이루어진 패거리다. 순의 무리가 세상을 잡으면 치세(治世)를 이루지만, 도척의 무리가 세상을 틀어쥐면 난세(亂世)가 될 수밖에 없다. 맹자가 말했다.

"순과 도척의 무리를 나누어 알고 싶다면〔欲知舜與蹠之分〕 다른 방법은 없고〔無他〕 이와 선의 여부를 알아보면 된다〔利與善之間也〕."

욕지(欲知)는 알고 싶다는 뜻으로, 분(分)은 무엇을 분간해 보는 것으로, 간(間)은 차이점을 나타내는 것으로 새기면 된다. 순(舜)은 성인(聖人)의 표본이고, 척(蹠)은 도적(盜賊)의 두목이다. 성인은 남을 위해 모든 것을 베푸는 분이고, 도적은 남을 해쳐 무엇이든 빼앗는 자다. 삶의 근본을 효제(孝弟)로 삼았던 순은 백성을 편안히 살 수 있게 하려고 왕 노릇을 했다. 그러나 도척은 구천 명의 떼거리를 몰고 다니며 도적질을 했다.

《장자》의 〈도척 편(盜蹠篇)〉에 보면 도척은 유하계(柳下季)의 동생이라 되어 있다. 유하계는 춘추 시대의 재사(才士)로, 장자의 우화에는 이런 이야기가 있다.

공자가 유하계를 만나 당부했다.

"어버이는 자식을 반드시 잘 가르쳐 인도해야 하고, 형은 아우를 잘 가르쳐 깨우치게 해야지요. 그렇지 않다면 부자와 형제 사이에 친밀함이 무슨 소용이 있단 말이오."

공자의 충고를 들은 도척의 형 유하계가 실토한다.

"선생의 말씀을 잘 들었습니다. 그러나 자식이 아버지의 가르침을 마다하고 동생이 형의 가르침을 마다한다면 선생이 가르치려 해도 어찌해 볼 도리가 없답니다. 도척의 마음가짐은 변덕스럽고, 의지는 회오리바람처럼 뛰어나 자기 변호에 막힘이 없습니다."

이 우화에서도 알 수 있듯이 베푸는 사람은 부드럽고 빼앗는 사람은 사납고 거칠다. 봉사하려는 사람은 적고 이용하고 등치려는 사람은 많은 세상이다. 그래서 대낮에도 산 사람의 코를 베어가는 세상이라고 서로 불안해한다. 이런 참담한 현실은 우리 모두의 탓이다. 세무서 말단 공무원이 큰 사업을 하는 장사꾼보다 더 잘사는 세상은 분명 곳곳이 도둑의 소굴이라는 증거다. 그러나 이렇게 백성의 피 같은 세금을 도둑질하는 인간들은 언젠가 들통이 나고 만다. 어찌 이들만 도둑이겠는가? 저마다의 가슴속에 이런저런 도심을 감춰 놓고, 서로를 의심하고 이용 가치를 저울질해 이용할 건더기가 있으면 친한 척하고 없으면 등을 돌리는 심술을 가지고 있는 한 우리 모두는 도척의 무리다.

뒷돈이 생기는 자리에 있는 것을 좋은 자리에 있다 하고, 부정을 저질러 모은 검은 돈으로 집과 땅을 산 것을 두고 유능한 자식을 두었다고 자랑하는 부모가 있는 세태다. 이런 현실인 이상 우리 모두는 선을 멀리하고 이를 좇는 도적 떼로 전락한 것이나 마찬가지다. '네 이놈 도척 같은 놈아' 할 것 없다. 누가 지금 남의 가슴에 도둑이라고 돌팔매질을 할 수 있단 말인가? 그러지 말고 저마다 제 가슴속으로 돌아가 똬리를 틀고 숨어 있는 크고 작은 도심(盜心)을 쫓아내는 일이 시급하다. 맹자는 인간을 두고 순이냐 척이냐를 분간하는 방법은 이를 따르느냐, 선을 따르느냐를 분간해 보면 간단하다고 설파했다. 척(蹠)은 도척(盜蹠)의 준말이자 큰 도둑을 의미한다. 맹자의 질타는 인간의 가슴속에 숨어 있는 도심을 쓸어 내 주는 빗자루 구실을 한다.

의를 떠나 이익 다툼만 하면 위아래가 서로 뺏고 빼앗기를 일삼는다. 그러면 백성은 탈세할 궁리를 하고, 치자들은 뇌물로 부를 축적하는 짓거리를 부끄러워할 줄 모르게 된다. 이것이 썩은 세상이다. 도척의 무리는 세상을 썩게 하고, 순을 좇는 인간은 세상의 소금이 된다. 나는 도둑인가 소금인가? 맹자는 이렇게 자문해 보라고 한다.

'순' 과 '척' 의 원문과 의역

닭이 울면 일어나서[鷄鳴而起] 쉼 없이 선을 행하는 사람은[孶孶爲善者] 순의 무리이고[舜之徒也], 닭이 울면 일어나서[鷄鳴而起] 항상 제 이익만 노리는 자는[孶孶爲利者] 도척의 무리다[蹠之徒也], 순의 무리인지 도척의 무리인지를 분간하고 싶다면[欲知舜與蹠之分] 다른 것은 없고[無他] 이와 선의 여부를 살펴보면 된다[利與善之間也].

24

위아(爲我)와 겸애(兼愛)

외딴 섬에 가서 살아야 할 사람들

자기만 알고 남은 몰라주거나 제 생각만 하고 남 생각은 않는 사람들은 모두 양자(楊子)의 무리다. 《열자(列子)》의 〈양주 편(楊朱篇)〉에 보면 이런 구절이 나온다.

'사람마다 한 오라기 털을 잃지 않고, 사람마다 천하를 이롭게 하겠다고 하지 않으면 천하는 다스려진다.' 양주(楊朱)에서 주(朱)는 양자(楊子)의 이름이다. 이처럼 양자의 위아주의(爲我主義)는 철저하다. 위아주의는 바로 극단적인 개인주의(個人主義)다. 남이야 죽든 말든 상관없이 나만 잘살면 된다고 하면 세상이 인간을 떠다니게 하는 빙하가 될 것임을 양자는 외면했던 것이다.

양자는 전국 시대의 능변가(能辯家)였다. 여기저기서 날마다 군웅(群雄)이 할거(割據)해 전쟁을 일삼아 사람 목숨이 파리 같았던 전국 시대에 양자의 주장은 사람들의 귀를 솔깃하게 했을 것이다. 천하를 잡자고 어찌 목숨을 버릴 것인가. 한 오라기의 털끝도 버릴 수 없다는 양자의 말은 피비린내 나던 전국 시대를 꼬집는 말로 들을 수도 있다. 그러나 피폐한 세상일수록 서로 의지하면서 살아야 함을 양자는 모른 척했던 것이다. 금활리(禽滑釐)란 사람이 양자를 만나 물었다.

"그대 몸의 털 한 오라기를 없애서 온 세상을 구한다면 하겠는가?"

이에 양자가 대답했다.

"하찮은 털 한 오라기로 세상을 구할 수는 없습니다."

물론 세상을 한 오라기의 털로 구제할 수는 없다. 이에 금활리가 다시 가령 구제된다고 하면 하겠느냐고 물었다. 그러나 양자는 대꾸하지 않았다. 내 몸을 상해 가면서까지 천하를 이롭게 하는 일 따위는 하지 않겠다는 양자의 생각이 드러나는 대목이다.

맹자는 양자의 생각이 틀렸다고 단언한다. 인간 세상은 우리가 함께 사는 현실이다. 이러한 현실에서 나만 고집하면 나 아닌 모든 인간은 경쟁 대상으로만 보이게 마련이다. 경쟁은 승패를 낳기 때문에 모두가 승자가 되려고 발버둥치는 수라장이 된다. 그러면 결국 세상은 난장이 되고 만다. 나는 나, 너는 너 이렇게 대치된 삶의 현실은 총칼을 들고 싸우는 전쟁터와 다를 것이 없다. 그래서 맹자는 양자를 이렇게 비판했다.

"양자는 나를 위하는 것만을 취하여〔楊子取爲我〕 한 오라기의 털을 뽑아서 천하를 이롭게 하는 일도 하지 않는다〔拔一毛而利天下不爲也〕."

이처럼 맹자는 극단적인 개인주의를 버리라고 한다. 옆에서 사람이 죽어 가도 눈썹 하나 까딱하지 않는 매정한 현실 앞에서 현대인은 저마다 외롭다. 서로 이해하고 돕는 마음이 없어지면 서로 살기 위해서 밀어 주고 끌어 주려는 마음도 사라진다. 맹자는 나도 살고 너도 사는 세상을 바랐다. 그러면 우리는 저절로 이 세상의 주인이 된다. 그러나 세상이 강자가 요리하고 약자는 당하기만 하는 힘의 씨름터가 되어 가는 것은 결국 저마다 사나운 개인주의에 병든 탓이다. 맹자는 이를 안타까워했다.

나를 버린다는 말은 거짓이다

양자의 위아(爲我)에 대해 묵자(墨子)는 겸애(兼愛)를 주장했다. 위아는 '나만을 소중히 간직하라'는 것이고 겸애는 '무슨 일이 있어도 서로 사랑하라'는 말이다. 겸애는 나를 희생해서라도 천하를 이롭게 하는 데 헌신하라는 주장과도 통한다.

묵자 역시 전국 시대 사람으로, 이름은 적(翟)이다. 그는 우(禹)왕의 도를 받들어 근면하고 근검한 생활을 주장하면서 겸애와 평화를 역설했다. 송(宋) 나라의 대부(大夫)였다는 설도 있다. 대부는 한 고을을 다스리는 방백이었으므로, 오늘날의 도지사에 해당하는 벼슬로 보면 된다. 묵자는 이렇게 주장했다.

"머리 꼭대기에서 발끝까지 털이 다 닳아 없어지더라도 천하를 이롭게 하는 일이라면 강행하라."

묵자는 양자와 반대되는 주장을 펴고 있다. 이 말은 천하를 이롭게 하는 일이라면 기꺼이 자신을 희생하라 함이다. 이런 묵자의 주장은 마치 하나의 종교처럼 당시에 위세를 떨쳤다. 여러 유파가 생겨 세상을 향해 겸애주의를 주장했다. 그러나 맹자는 묵자의 겸애주의를 비판한다. 양자와 묵자의 사상이 서로 판이하긴 하지만 사고하는 습성은 같기 때문에 극단으로 흘러 인간과 삶을 모나게 만든다고 여겼던 것이다.

극단은 멀리할 것이다. 왜냐하면 하나를 얻기 위해 다른 것을 모두 잃거나 잊어버리기 때문이다. 흑백 논리(黑白論理)의 외고집은 언제나 병통을 낸다. 이데올로기의 대립은 투쟁을 불러와 피를 흘리게 한다. 우리는 분단의 아픈 역사를 통해 극단의 외고집이 인간에게 얼마나 무서운 상처를 안겨 주는가를 피부로 느끼며 살아오지 않았는가. 맹자는 극단의 사고를 버려야 함을 지적하고 있는 것이다.

모난 것은 절충해도 모가 난다

맹자는 양자와 묵자의 생각을 비판한 다음 자막(子莫)을 들어 성인의 도에 가깝다고 했다. 자막을 두고 맹자는 이렇게 말한다.

"자막은 중용을 잡고 있다〔子莫執中〕. 중용을 잡고 있다면 성인의 도에 가깝다〔執中爲近之〕. 그러나 중용을 잡되 융통성이 없다면〔執中無權〕 하나를 고집하는 것과 같다〔猶執一也〕."

집(執)은 잡는 것을 뜻하나 지킨다는 말로도 통한다. 집중(執中)의 중(中)은 중용(中庸)을 뜻한다. 무권(無權)은 권(權)이 없다는 말이다. 권(權)은 상황이나 경우에 따라 가장 올바른 길을 찾아 해결하고 성취하는 과정을 말하며, 다스림의 운용을 뜻하기도 한다. 말하자면 권은 사고의 융통성 또는 임기응변 같은 것이다. 그러나 권은 핑계나 구실을 대어 변명하는 것을 용인하지 않는 정직한 융통성이다.

자막은 노(魯) 나라에 살던 현인(賢人)이다. 보통 현명한 사람을 현인이라고 부른다. 현명하다 함은 중용에 따라 생각하고 행동함이다. 맹자는 양자의 위아주의와 묵자의 겸애주의를 절충할 것을 주장한 자막 역시 성인의 도에 근접할 뿐 성인의 도는 아니라고 비판했던 것이다. 왜냐하면 두 갈래의 주장을 절충한 주장 역시 모날 수밖에 없기 때문이다. 맹자는 어떤 상황이나 어떤 경우를 불문하고 두루 통하는 길이 성인의 도라고 보았던 것이다. 그리고 그렇게 두루 통하는 길을 일러 인의(仁義)라고 했다.

절충주의는 사고와 행동을 안배하고 흥정하게 한다. 남을 부정하는 위아주의도 옳은 것이 아니며, 나를 부정하는 겸애주의 역시 옳은 것이 아니다. 옳지 않은 것을 절충했다 해도 옳은 것이 될 수는 없다. 다만 옳지 않은 부분이 수정될 뿐이다. 의라면 타협하고 의가 아니면 타협하지 말 것이다. 이것의 바로 의의 중용이자 유권(有權)이다. 유권은 올바른 융통성이 있고, 운영의 정직성이 있음이다. 중용은 절충도 아니요, 타협이나 흥정도 아니다. 어질다고 뽐내거나 표내면 그것은 인(仁)의 중용이 아니며, 하나만 옳다고 고집하는 것은 의(義)의 중용이 아니다.

맹자는 집중(執中)을 성인의 길로 가는 방향으로 보고, 집일(執一)을 성인의 길에서 벗어난 것으로 본다. 집중은 중용을 지키는 것이므로 어긋나거나 심하지 않고 처지지도 않는 알맞음을 지키는 것이다. 그러나 집일은 하나만 고집하는 이데올로기에 불과하다. 성인은 이데올로기와 같은 것을 멀리한다. 이데올로기는 한 가지 음식만 먹어야 한다고 고집하는 것과 같다. 그러나 한 가지 음식만 먹으면 건강을 유지할 수 없다. 편식도 몸에 나쁘고 과식도 몸에 나쁘다. 알맞게 골고루 먹어야 몸이 좋아지듯이 마음도 마찬가지다. 마음에 좋은 여러 가지 영양분을 한마디로 일러 맹자는 선(善)이라고 했다. 그래서 맹자는 이렇게 분명히 밝힌다.

"하나만 고집하는 것을 싫어하는 것은〔所惡執一者〕 그것이 성인의 도를 해치고〔爲其賊道也〕 하나만 취할 뿐 다른 것들은 버리기 때문이다〔擧一而廢百也〕."

인간 세상은 단조롭지도 않을 뿐더러 한 가지 색깔도 아니다. 그래서 인간 세상을 백인백색(百人百色)이라고 하는 것이다. 저마다 지닌 개성(個性)을 인정하되, 그 개성이 절대적인 것이 아님을 알라. 이것이 개성의 중용이다. 백성과 나라 둘 중에 어느 것이 더 중요한가? 이런 문제를 두고 백성과 나라 중에서 하나만 선택해야 한다고 단정짓지 마라. 이것이 치세의 중용일 것이다. 백성도 나라를 위하고 나라도 백성을 위한다면 그것이 곧 치세이고, 정치의 덕이다.

맹자는 정치의 덕을 모나게 주장했던 양묵과, 그 양묵의 중간을 잡아 타협한 자막의 절충 사상을 모두 비판했다. 집중(執中)하면 융통성이 생겨 통하고, 집일(執一)하면 꽉 막혀 막다른 골목을 향해 치닫는다. 집일로 삶을 몰고 가면 행복할 수 없다. 옹고집, 생트집을 부리지 마라. 그러면 망하고 삶이 멍든다.

'위아' 와 '겸애' 의 전문과 의역

양자는 나를 위하는 것만을 취해[楊子取爲我] 한 오라기의 털을 뽑아서 천하를 이롭게 하는 짓은 하지 않는다[拔一毛而利天下不爲也]. 묵자는 겸애를 주장하고[墨子兼愛] 머리끝에서 발끝까지 털이 다 닳아 없어지도록 천하를 이롭게 하는 일을 한다[摩頂放踵利天下爲之]. 자막은 중간을 잡아[子莫執中] 그 집중이 성인의 도에 가까우나[執中爲近之], 집중에 융통성이 없다면[執中無權] 하나를 고집하는 것과 같다[猶執一也]. 하나만을 고집하는 것을 싫어함은[所惡執一] 성인의 도를 해치고[爲其賊道也], 하나만을 앞세우고 다른 것들을 모두 버리기 때문이다[擧一而廢百也].

25

항산(恒産)과 항심(恒心)

마음을 굶주리게 하지 마라

맛을 찾아 음식을 가려먹는 것은 배부르기 때문이다. 배가 고프면 맛을 따지지 않는다. 주린 배를 채울 수 있는 것이라면 무엇이든 먹어 허기진 고통을 없애려고 한다. 눈치도 염치도 볼 것 없이 양껏 먹어 치운다. 굶주리면 인간도 짐승처럼 되기 쉽다. 배고프거나 목마른 본능은 인간이나 짐승이나 다를 것이 없다. 그러나 인간에게는 짐승과는 다른 마음이 있다. 마음을 본능에 정복당해 버린다면 인간도 짐승의 짓을 범하고 말 것이다. 본능에 매달려 마음을 잃어서는 안 된다는 것이 항심(恒心)이다. 항심은 인간임을 잊지 말라는 뜻과도 통한다.

재산이 없으면 없어서 걱정하고, 재산이 많으면 많아서 걱정하는 법이다. 빈곤하면 그 빈곤을 극복하기 위해 발버둥치고, 부유하면 그 부유함을 지켜 더 부자가 되기 위해 안간힘을 쓰는 것이 재물에 대한 인간의 본능이다. 그러나 재물에 대한 본능에 매달리다 보면 인간은 제 마음을 잃어버리기 쉽다. 결국 찌든 가난도 인간을 사납게 하고, 넘치는 부유함도 인간을 막되게 할 수 있다. 이처럼 재물에 대한 본능은 인간의 마음을 해칠 수도 있다.

재물이 없으면 비천하고, 재물이 많으면 고귀하다고 믿는 것은 보통 사람들의 상식이다. 그러나 항상 생각하고 깨어 있는 사람은 마음이 황폐해지면 비천한 것이고, 마음이 넉넉하면 고귀한 것임을 알고 있다. 그래서 깨어 있는 사람은 비굴하거나 비겁한 짓을 하지 못한다. 비굴하면 자신의 마음을 파는 것이고, 비겁하면 제 마음을 속이는 것이다.

남의 재물을 훔쳐야만 도둑인 것은 아니다. 제 마음을 훔치는 짓이 더 큰 도둑이다. 무슨 일을 마음 같지 않게 했다면 그 사람은 자신의 마음을 스스로 도둑질 당한 것이다. 줏대 없이 변덕스럽고, 상황에 따라 처신하면서 남의 눈치나 보고 비위를 맞추며 끌려 다니는 인간은 목줄에 걸려 주인을 따라다니는 개와 조금도 다를 것이 없다. 그렇게 되면 항심(恒心)은 없어진다.

재산이 많으면 안심하고, 은행의 예금 통장에 있는 잔고가 줄어들면 불안해한다. 재물에 대한 안심과 불안은 누구나 갖고 있다. 심하면 위기감을 느껴 불안한 재산을 보충하기 위해 온갖 정성을 쏟게 된다. 이를 항산(恒産)이라 한다. 그러나 항산 때문에 항심을 팔아 버린다면 물불을 가리지 못하는 인간이 된다. 이러한 인간이 되는 것을 두려워하라.

항산에 대한 두려움을 극복하는 것을 검(儉)이라고 한다. 재물을 절약해 쓰는 사람은 재물을 소중히 할 줄 안다. 재물을 소중히 아껴 쓰는 것은 재물을 낭비하면 자신이 타락할 수도 있다는 두려움 때문이다. 자신을 비천하게 할 수 있는 재물을 탐하지 않고, 있으면 있는 대로 없으면 없는 대로 살 수 있다는 자신감을 마련해 주는 것이 검(儉)이다. 그래서 노자는 검(儉)을 자신의 첫째 가는 보물이라고 했다.

"굶주린 자는 달게 먹고〔饑者甘食〕 목마른 자는 달게 마신다〔渴者甘飮〕. 이는 음식의 제 맛을 알고 먹고 마시는 것이 아니다〔是未得飮食之正也〕. 굶주림과 목마름이 그렇게 해친 것이다〔饑渴害之也〕."

맹자가 이렇게 말해 둔 것은 재물에 굶주린 자처럼 굴지 말고 목마른 자처럼 허둥대지 말라 함일 것이다. 배고플수록 천천히 꼭꼭 씹어 먹어야 뒤탈이 없고, 목마를수록 쉬엄쉬엄 마셔야 사레가 들리지 않는 법이다. 그러면 굶주렸어도 제 맛을 알고 먹을 수 있고, 목이 말라도 물맛을 알고 마실 수 있다. 음식지정(飮食之正)의 정(正)은 그런 속뜻을 헤아리게 한다. 어떠한 경우에도 바른 길을 잃지 말라 함이 정(正)이다.

"어찌 입과 배만 굶주림과 목마름의 해가 있을 것인가〔豈惟口腹有饑渴之害〕? 사람의 마음에도 그러한 해가 있다〔人心亦皆有害〕."

맹자의 이 말에서 우리는 섬뜩해진다. 목마르고 굶주린 마음은 어떤 것일까? 공맹의 정신을 빌려 말한다면 인의를 모르는 마음일 것이고, 노장의 생각을 빌려 말한다면 인위에 얽매여 있는 마음일 것이다. 그러나 마음이 굶주려 있다는 것을 모르고 사는 사람들은 항산(恒産)에만 눈이 팔려 마음이 궁핍해 있음은 문제삼지 않는다. 그러나 돈 벌 궁리만 한다고 인생을 잘 갈무리하는 것은 아니지 않은가?

"굶주림과 목마름의 해로써 마음을 해롭게 하지 않는다면〔人能無以饑渴之害爲心害〕 남을 따라갈 수 없다 하더라도〔則不及人〕 그것을 근심 삼지 않을 것이다〔不爲憂矣〕."

굶주림과 목마름 탓에 마음을 굶주리게 하고 목마르게 하지 말라 함이다. 재물이 없어 가난하다 해서 마음마저 궁기(窮氣)에 사로잡혀 비겁하고 비굴해 자신을 천하게 하지 말라는 것이다. 여기서 불급인(不及人)이란 재산으로 비하면 남을 따라잡을 수 없다는 뜻이다. 그리고 불위우(不爲憂)는 비록 남보다 가난해도 마음이 바른 길을 걷고 있다면 걱정할 것이 없다는 말이다.

부정(不正)하면 마음이 해를 입는다. 태만하고 게으르면 마음이 해를 입는다. 오만하고 건방져도 마음이 해를 입고, 인색하고 모가 나도 마음이 해를 입는다. 비루(鄙陋)한 마음은 상처를 입은 것이고, 비겁한 마음은 고름 투성이다. 그러나 인의의 길을 걷는 마음은 항상 싱싱하게 살아 숨쉰다.

마음을 건강하게 지니고 싶다면 먼저 이(利)를 보고 의(義)를 생각하라. 의로운 이익이라면 멀리할 것 없다. 그러나 불의의 이득이라면 멀리해야 한다. 투기, 한탕주의, 불로소득이 바로 불의의 이득이다. 그런 이득을 노리고 마음을 쓰면 결국 인생에서 빚쟁이가 되거나 감방에 들어가 마음 고생을 하게 된다. 부정을 쌓거나 검은 돈 따위로 부유하게 산다 한들 그 마음은 항상 초조하고 불안해 궁기를 면치 못한다. 졸장부(拙丈夫)는 항산에 매달릴 뿐 항심(恒心)을 모른다. 그러나 대장부는 항산은 형편에 맡겨 두고 항심을 잃지 않는다. 그래서 대장부는 비록 누더기를 걸치더라도 마음은 항상 의연하고 떳떳하다.

'항산' 과 '항심' 의 원문과 의역

굶주린 자는 달게 먹고[饑者甘食] 목마른 자는 달게 마신다[渴者甘飮]. 이는 음식의 제 맛을 알고 먹고 마시는 것이 아니다[是未得飮食之正也]. 굶주림과 목마름이 그렇게 해친 것이다[饑渴害之也]. 어찌 입과 배만 굶주림과 목마름의 해가 있을 것인가[豈惟口腹有饑渴之害]? 사람의 마음에도 그러한 해가 있다[人心亦皆有害]. 사람이 굶주림과 목마름으로써 마음을 해롭게 하지 않는다면[人能無以饑渴之害爲心害] 남을 따라갈 수 없다 하더라도[則不及人] 그것을 근심 삼지 않을 것이다[不爲憂矣].

26

성지(性之)와 신지(身之)

타고난 것, 터득한 것, 그리고 빌린 것

인(仁)을 본성으로 타고난 사람을 성인(聖人)이라 한다. 성인은 하늘과도 같고 땅과도 같다. 천지는 만물을 편애하지 않는다. 천지의 입장에서 보면 사람과 지렁이는 다 같은 목숨일 뿐 다를 바가 없다. 오로지 사람만이 자신을 만물의 영장이라고 우길 뿐이다. 가뭄이 길어지면 사람만 고통을 받지 않는다. 산천초목도 고생을 하고, 짐승도 목이 말라 애타고, 심하면 먹이를 찾지 못해 굶어 죽는다.

하늘에서 단비가 내려 땅을 적셔 주면 땅 위의 모든 생물이 목숨을 누리게 된다. 하늘의 단비가 인간만을 위해 내리는 것이 아님을 안다면 천지가 만물을 편애하지 않음도 알 수 있을 것이다. 나아가 성인은 천지 같은 인간이라는 말도 새겨들을 수 있을 것이다.

"요순은 본성을 타고났다〔堯舜性之也〕."

맹자의 이 말은 곧 인간의 본성은 선하다는 주장, 즉 성선설을 해명하고 있다. 성지(性之)는 인(仁)을 본성으로 타고났다는 말이다. 성인은 인을 본성으로 타고났기 때문에 인을 위해 수신(修身)할 필요도 없고, 수기(守己)할 필요도 없다. 마음 쓰는 것이 모두 인으로 통하고, 행동하는 것이 모두 인으로 통한다면 어진 마음을 위해 노력할 필요가 없다. 그러나 이러한 성인은 천 년에 하나 태어날까 말까 한다. 다이아몬드가 희귀해 비싸다지만 성인의 희귀함에 비하면 모래알만큼이나 흔하다. 공자나 노자마저도 성인보다는 성현이라고 부르는 것이 마음 편할 정도로 성인은 좀처럼 인간 세상에 자주 등장하지 않는다. 성현은 성인의 뜻을 알고 그대로 실천하며 산다. 성지(性之), 그것은 오로지 선밖에 없는 마음이라고 보아도 된다.

"탕 왕과 무 왕은 선한 본성을 터득한 것이다〔湯武身之也〕."

이와 같은 맹자의 말은 수기를 완전히 이룩해 선한 본성으로 자신을 변화시켰음을 밝혀 준다. 인간은 수기(守己)하기 어려울 뿐만 아니라 끊임없이 수기(修己)해도 미완이다. 오죽하면 작심삼일(作心三日)이라 하겠는가. 신지(身之)는 완벽하게 터득했다는 말이다. 터득은 자기 것이 되었음을 말한다. 그러므로 탕 왕과 무 왕의 신지는 성인의 본성을 닦아 제 것으로 체득했다는 말과 같다. 그렇다면 무엇을 체득했을까? 바로 선(善)이다.

"오패는 그것을 빌렸던 것이다〔五覇假之也〕."

맹자의 이 말에서 우리는 다시금 섬뜩해진다. 말로는 사랑하라 하면서 실제로는 그렇지 않은 우리를 향해 질타하고 있기 때문이다. 가지(假之)는 남에게 빌린 것을 뜻한다. 빌린 것을 제 것인 양 생각하는 것은 거짓이다. 인의를 빙자해 불인과 불의를 감추는 짓이야말로 가지라 할 수 있다. 오패가 그들의 야심을 취하기 위해 인의를 이용했다는 말로 들으면 된다.

겉으로는 인의를 부르짖으며 뒤로는 정반대의 짓을 하는 것은 백성을 속이는 짓이다. 오패는 춘추 시대의 다섯 패자(覇者)를 말한다. 패자란 힘으로 약자를 정복해 군림하고 세상을 잡은 다섯 왕을 말한다. 보통 제(齊) 나라 환공(桓公), 진(晋) 나라 문공(文公), 진(秦) 나라 목공(穆公), 송(宋) 나라 양공(襄公), 그리고 초(楚) 나라 장왕(莊王)을 오패로 친다. 이들은 힘으로 세상을 휘어잡고는 인의를 앞세웠다.

패자가 없어진 것은 아니다. 오히려 항상 패자가 군림해 온 것이 인간의 역사라고 보아도 과언이 아니다. 왕도 시대에는 허다한 왕이 있었지만 모두가 패자를 원했지 공맹의 주장대로 왕자가 되기를 바라지 않았던 것이 솔직한 진단이다. 오늘날의 치자치고 패자가 아니기를 바라는 자는 없다고 보아도 무방할 것이다. 패자이면서 자유, 평등, 박애를 외치는 일은 얼마든지 있다. 독재자일수록 입에서 민주와 평등이란 말이 자주 나온다. 이런 짓거리는 모두 맹자가 밝힌 가지(假之)다. 맹자는 빌려서 하는 척할 뿐 몸소 실천하지 않는 것을 질타한 것이다. 선을 탈로 만들지 말라는 것이다. 선을 빙자해 악을 범하지 말라는 것이 맹자의 지적이다. 가짜 선은 곧 악이다.

닭 잡아먹고 오리발 내미는 짓이 곧 가지(假之)다. 만일 선을 빌렸다 하더라도 빌린 선을 실제로 행한다면 나무랄 것이 없다. 타향도 정을 붙이고 살면 고향이 되듯이 악을 취하다가 뉘우쳐 선을 행한다면 죄가 되지 않는다. 그러나 선하게 살자고 해 놓고 악한 짓을 하는 것은 선을 빌려 악을 짓는 꼴이다. 위선은 언제나 양의 탈을 쓰고 여우 꼬리를 감춘다.

인간들이여, 위선을 멀리하라. 위선은 선을 악으로 둔갑시키는 속임수다. 그래서 맹자는 이렇게 간절하게 하소연한다.

"오래도록 빌려 돌려보내지 않는다면〔久假而不歸〕 어찌 자신이 가지고 있지 않다는 것을 알겠는가〔惡知其非有也〕."

비록 빌린 것일지라도 그것을 제 것처럼 활용한다면 흠 될 것이 없다. 거짓으로 빌려 그것을 악용하는 것이 탈일 뿐이다. 악한이 악하다고 인정하는 것이 겉으로는 선한 척하면서 뒤로는 악을 범하는 파렴치한보다 정직하다.

'성지'와 '신지'의 원문과 의역

요순은 본성을 타고났다[堯舜性之也]. 탕 왕과 무 왕은 그것을 터득했다[湯武身之也]. 오패는 그것을 빌렸다[五霸假之也]. 오래도록 빌려 돌려보내지 않는다면[久假而不歸] 어찌 자신이 지니고 있지 않다는 것을 알겠는가[惡知其非有也].

27

상지(尙志)와 대인(大人)

선비는 무슨 일을 하는가

점(墊)이 맹자를 뵙고 선비는 무슨 일을 하는 사람이냐고 물었다. 점은 제(齊) 나라 왕의 아들이었다. 이에 맹자는 상지(尙志)라고 밝혀 주었다. 상지(尙志)는 뜻을 숭상한다는 말이다. 선비가 숭상하는 뜻이 어떤 것인지 점이 재차 묻자 맹자가 대답했다.

"인의일 따름이지요〔仁義而已矣〕."

선비〔士〕는 학식(學識)이 있는 사람이다. 선비는 과학자도 아니며 기술자도 아니다. 선비는 물질을 연구하지 않는다. 사람이 할 바를 배우고 철저히 알아 실천에 옮길 뿐이다. 그러므로 선비는 난사람이 아니라 된사람일 뿐이다. 선비에게 출세와 명성은 부차적인 것이다. 무엇보다 인간된 도리를 철저하게 지키려 할 뿐이다. 공맹은 사람이 사람으로 되는 절대적이며 근본적인 도리를 인의라 했다.

선비가 숭상하는 뜻〔尙志〕은 인의에 있다. 상지(尙志)의 상(尙)

은 상(上)이다. 숭상(崇尙)은 맨 윗자리에 모시고 높이 받든다 함이다. 상지의 지(志)는 심지(心之)다. 심지는 마음이 가는 바, 즉 무엇을 생각하고 행동하려는 마음가짐이다. 선비의 뜻이 인의에 있다는 것은 선비는 오로지 인을 생각하고 그것을 실천하며, 의를 생각하고 그것을 실천하는 뜻을 떠나 살 수 없는 존재임을 말한다.

맹자는 가족 문제를 두고 인의를 말한 적이 있다. 친친(親親)을 인이라 했고, 경장(敬長)을 의라고 했다. 친친은 어버이를 사랑하고 받들어 모시는 것이고, 경장은 나이 든 이를 공경하는 것이다. 맹자는 왕의 아들인 점에게 위와 같이 인의를 되풀이해 말해 주지 않고 이렇게 말해 준다.

"죄 없는 사람을 하나라도 죽이는 것은 인이 아니며〔殺一無罪非仁也〕, 제 것이 아닌데 취하는 것은 의가 아니다〔非其有而取之非義也〕."

왕과 왕자는 천륜으로 따지면 부자 사이지만 치세의 입장에서 보자면 왕위를 주고받을 사이다. 왕자는 장래에 왕이 될 자이므로 맹자는 인의를 점에게 이렇게 대답해 주었다고 이해하면 될 것이다.

죄 없는 사람을 죽이는 것은 비인(非仁)이다. 바르고 편히 살려는 사람을 못살게 굴고, 죽음의 구렁텅이로 몰아가는 짓은 모두 살인 행위와 같다. 총칼로 사람을 죽이는 것만 살인이 아니다. 인간을 유린하고 탄압하는 것 역시 살인이다. 왕의 인이라면 백성을 사랑하는 것이다. 그러나 백성을 사랑하지 않고 학대하는 것은 왕의 비인이다. 대통령이 시민을 사랑할 줄 모르는 것은 대통령의 비인이며, 사장이 사원을 사랑할 줄 모르는 것은 사장의 비인이다. 나아가 내가 남을 사랑할 줄 모르는 것은 인간의 비인이다. 다스림의 입장에서 보면 사람을 못살게 다스리는 모든 것이 비인이다.

제 것이 아닌 것을 빼앗는 것을 탈(奪)이라고 한다. 모든 부정부패는 빼앗는 짓이다. 다스림의 입장에서 본다면 의는 불탈(不奪)에 속한다. 남의 것을 빼앗는 것은 비의다. 그러므로 남의 것을 빼앗지 않는다면 그것이 곧 의라고 할 수 있다. 사람이 만들어 낸 제도에는 상하가 있어서 다스리는 자〔上〕와 다스림을 받는 자〔下〕가 있게 마련이다. 윗것이 아랫것을 뺏지 않는다면 의는 살아난다.

《주역》에서는 윗것이 아랫것을 빼앗아 윗것에 더하는 것을 비(否)라고 했다. 비를 비의로 새겨도 무방하다. 반면 윗것을 덜어내 아랫것에 더해 주는 것을 태(泰)라고 했다. 태를 의로 새겨도 무방하다. 비나 비의는 해(害)로 통하고, 의와 태는 익(益)으로 통한다. 왕이 백성을 해롭게 할 것인가, 이롭게 할 것인가? 여기서 왕은 폭군이 되기도 하고 성군이 되기도 한다. 맹자가 왕자 점에게 제 것이 아닌 것을 취하는 것은 의가 아니라고 타일러 준 것은 썩고 더러운 정치를 하지 말라는 뜻으로 들어도 된다.

몸둘 바는 어디에 있나〔居惡在〕는 점의 물음에 맹자는 인이라고 잘라 대답해 주었다. 그리고 갈 길은 어디에 있나〔路惡在〕는 물음에는 의가 바로 그 길이라고 단언해 주었다. 거오재(居惡在)와 노오재(路惡在)의 오(惡)는 의문 부사로 보면 된다. 맹자는 '몸이 인에 머물러 살고〔居仁〕, 의를 따라가면〔由義〕 곧 대인이 해야 할 일이 갖춰지는 것이다[大人之事備矣]' 라고 점에게 분명히 말해 준다. 대인이 나라를 다스리면 온 백성이 편안하고, 소인이 나라를 다스리면 특권층의 배만 부를 뿐 백성은 굶는다. 거인(居仁)을 잊지 마라. 그리고 유의(由義)를 망각하지 마라. 마음이 인에 머물러 있는 것이 거인(居仁)이요, 의가 아니면 행동하지 않는 것이 유의(由義)다.

'상지' 와 '대인' 의 원문과 의역

왕자 점이 물었다[王子墊問曰]. "선비는 무엇을 일로 삼습니까[士何事]?" 맹자가 대답했다[孟子曰] "뜻을 숭상하는 것이지요[尙志]." 점이 물었다[曰]. "상지라는 것이 무엇입니까[何謂尙志]?" 맹자가 대답했다[曰]. "인의일 따름이지요[仁義而已矣]. 죄 없는 사람을 하나라도 죽이는 것은 인이 아니고[殺一無罪非仁也], 제 것이 아닌 것을 취하는 것은 의가 아니지요[非其有而取之非義也]. 몸둘 곳은 어디에 있는가[居惡在]? 인이 바로 그것이지요[仁是也]. 갈 길은 어디에 있는가[路惡在]? 의가 바로 그 길이지요[義是也]. 인에 머물고 의를 따르면[居仁由義] 대인이 해야 할 일이 다 구비되는 것이지요[大人之事備矣]."

28

불애(不愛)와 불경(不敬)

사랑하는 마음은 공경하는 마음이다

부모는 자녀를 사랑하고 자녀는 부모를 사랑한다. 부모가 내리는 사랑을 자(慈)라 하고, 자녀가 드리는 사랑을 효(孝)라고 한다. 그리고 형과 아우가 서로 사랑하는 것을 제(弟)라고 한다. 자효(慈孝)도 사랑이며 효제(孝弟)도 사랑이다. 생물이 무생물과 다른 것은 저마다 나름의 사랑을 지니고 목숨을 누리기 때문이다. 인간의 사랑을 일러 공맹은 인(仁)이라 했고, 노장은 모든 사랑을 통틀어 덕(德)이라 했다.

초목이 나누는 사랑은 눈에 보이지 않는다. 그러나 짐승은 발정기가 되면 암수가 서로 만나 교미를 해 사랑을 나누고 새끼를 친다. 그리고 길러 줄 만큼 새끼를 길러 내면 그만이다. 짐승들의 목숨이 갖는 교미는 본능이지 사랑이라 하지 않는다. 짐승의 교미에는 공경(恭敬)이 없는 까닭이다. 공경하는 마음이 곧 사랑하는 마음을 소중하게 한다. 사랑이 천한 것은 공경하는 마음이 뒷

받침되어 있지 않기 때문이다. 육욕(肉慾)의 사랑, 그것은 천한 것이며 짐승의 교미와 다를 것이 없다.

부모가 자녀를 사랑하는 마음에도 공경하는 마음이 있어야 한다. 자녀를 사랑하되, 그 자녀가 걸어가야 할 미래의 삶을 공경할 줄 알아야 현명한 부모의 사랑이다. 부모의 욕심대로 자녀를 재촉하는 사랑은 고문과 다름없다. 맹목적인 사랑이 넘쳐 제 자식을 고문하는 부모는 참으로 어리석다. 민들레를 장미로 바꾸려 하고, 느티나무를 소나무로 둔갑시키려는 것은 당치 않다. 이처럼 자녀를 부모의 욕심대로 달구어 내려는 부모의 사랑은 차라리 없는 것만 못하다. 잘 먹여 주고 잘 입혀 주며 부족함 없이 키운다고 자랑하지 마라. 그런 사랑은 자녀의 몸뚱이만 키울 뿐 마음은 키워 주지 못한다. 부모의 사랑은 자녀의 몸집이 아니라 자녀의 마음을 제대로 키워 주는 데서 시작된다. 부모들이여, 맹자의 말을 들어 보라.

"먹이면서 사랑하지 않으면〔食而弗愛〕 돼지로 대하는 것이다〔豕交之也〕."

식(食)은 먹여 키운다 함이요, 불애(弗愛)는 사랑하지 않는다는 말이다. 불(弗)은 불(不)과 같다. 시(豕)는 돼지를 말하고, 교지(交之)는 대해 준다는 뜻이다.

제 피붙이라 하여 맹목적인 사랑을 퍼붓지 마라. 종교의 광신도만 미친 것이 아니다. 자녀에 대한 맹목적인 사랑도 미쳐 버린 사랑이다. 미친 마음은 생각하는 것을 멈춘다. 몸뚱이만 남고 마음이 달아나 버린 상태를 미쳤다고 한다. 제 자식을 무작정 사랑한다고 해서 자녀가 제대로 크는 것은 아니다. 곡식도 알맞게 거름을 주어야 제대로 자라 열매를 맺듯이 거름을 넘치게 주면 미쳐서 이삭을 맺지 못한다. 제 자식에게 광적으로 사랑을 퍼붓는 부모는 맹자의 말을 새겨들어야 할 것이다.

"사랑하되 공경하지 않는다면〔愛而不敬〕 짐승으로 기르는 것이다〔獸畜之〕."

불경(不敬)은 공경하지 않는 것이다. 수(獸)는 짐승이고, 축지(畜之)는 기르는 것을 뜻한다.

어린 사람만 나이 든 이를 공경해야 하는 것은 아니다. 장유유서(長幼有序)의 서(序)는 명령에 의해 결정되는 질서가 아니라 서로 공경하는 질서다. 어린 사람〔幼〕은 나이 많은 사람〔長〕을 모시고, 장(長)은 유(幼)를 보살피는 데서 삶의 질서가 이루어진다. 모시는 마음도 공경이고, 보살펴 주는 마음도 공경이다. 공경(恭敬)의 공(恭)은 책선(策善)이다. 책선은 선하지 않을 때 선하라고 말하는 것이다. 불선(不善)을 고쳐 선으로 돌려놓는 것이 곧 책선이다. 공경(恭敬)의 경(敬)은 진선(陳善)이다. 진선은 선을 넓힌다는 뜻이다. 선한 것을 넓히면 저절로 사악한 것을 막을 수 있다는 것이 곧 경이다. 그러므로 공경은 선을 사랑하는 마음이다.

선을 사랑하는 마음으로 먹여야 사람으로 대하는 것이며, 선을 사랑하는 마음으로 사랑해야 사람을 길러 내는 것이다. 불경(不敬)과 불애(不愛)는 인을 부정한다. 육욕(肉慾)에 빠진 애정은 사랑을 탕진하게 하고, 어진 사랑은 그것을 다시 소생시킨다. 어진 사랑은 현명한 사랑이다. 현명한 사랑이 곧 공경하는 사랑이다. 그러므로 경애(敬愛)는 인간을 언제나 행복하게 한다. 경애는 사랑을 존경하는 것이다. 그대는 사랑을 존경하는가? 그렇다면 그대는 인생의 연인이다. 그대는 사랑을 멸시하는가? 그렇다면 그대는 인생의 제비족이다.

예물 따위로 사랑을 저울질하지 마라. 사랑을 공경하는 마음은 풀꽃 반지 하나로도 족하다. 그러나 사랑을 공경하는 마음이 없다면 백 캐럿의 다이아몬드 반지를 갖다 준들 무슨 소용이 있겠는가? 사랑은 행복의 약속일 뿐 거래나 계약이 아니다. 물론 정략 결혼이란 것이 있다. 그러나 그 결혼은 공경하는 마음 없이 시작한 것이기 때문에 그 끝이 험하리란 것은 불을 보듯 뻔하다. 백 캐럿의 다이아몬드가 부러워 남녀가 짝을 짓는 짓은 하지 않는 것만 못하다. 공경하는 마음은 없고 재물에 대한 탐욕만 있다면 인생의 앞길은 불행 그 자체가 된다. 불행을 지고 행복하다는 것은 거짓말이다.

군자는 왕이 아무리 많은 금은보화를 주어도 왕에게 공경하는 마음이 없다면 그 왕을 떠난다고 한다. 이 말은 인생을 맛있게 요리하는 비밀을 숨겨 두고 있다. 왜 군자는 그런 군주를 떠나는 것일까? 그런 왕은 사람을 사랑할 줄 모르는 까닭이다. 선을 사랑하는 마음이 곧 공경이고, 그런 마음이 사람을 사랑할 줄 안다.

'불애' 와 '불경' 의 원문과 의역

먹이면서 사랑하지 않는 것은[食而弗愛] 돼지로 대하는 것이다[豕交之也]. 사랑하면서 공경하지 않는 것은[愛而不敬] 짐승으로 기르는 것이다[獸畜之]. 공경이라는 것은[恭敬者] 예물을 보내기 전에 있는 받드는 말이다[幣之未將者也]. 공경하면서 그 진실성이 없으면[恭敬而無實] 군자를 허례 따위로 붙들어 둘 수 없다[君子不可虛拘].

군자의 오교(五教)

때맞춰 내리는 단비 같다

하늘에서 내리는 비는 넘쳐도 탈이고 모자라도 탈이다. 비가 넘치면 홍수가 나 물난리를 치러야 하고, 비가 모자라 가뭄이 들면 목을 태워야 하기 때문이다. 사람만 홍수나 가뭄에 시달리는 것은 아니다. 홍수가 나고 가뭄이 들면 산천초목도 삶을 부지할 수 없다. 산하의 모든 목숨은 단비를 바란다. 단비는 온갖 목숨을 소생시키는 까닭이다. 소생이라는 것은 삶을 다시 시작할 수 있도록 변화시킨다는 것이다. 맹자는 '제때에 내리는 단비는 조화를 부리는 것처럼 한다〔有如時雨化之者〕'는 말로 군자는 목숨을 소생시키는 단비처럼 인간을 가르친다고 말해 준다.

맹자는 군자가 인간을 가르치는 방법에는 다섯 가지가 있다고 밝힌 다음 첫째의 교육 방법으로 단비를 예로 들었다. 때맞춰 내리는 단비에 비유해 군자가 인간을 가르치는 방법을 밝힌 것이다. 맹자는 군자가 인간에게 내려 주는 교육의 단비는 인간의 마음을 변화시킨다고 보았다. 화지(化之)는 변화시킨다는 말로, 조화(造化)라고 보아도 된다. 조화란 창조(創造)란 말과도 통한다.

천지의 조화는 반복하지만 인간의 조화는 새롭게 변화하는 데 그 뜻이 있다. 그래서 공자는 하루하루 사는 일이 매일매일 새롭다〔日新日新又日新〕고 했다. 다람쥐 쳇바퀴 돌 듯 사는 것은 인간다운 삶이 아니다. 단비가 촉촉이 내리면 초목이 싱싱해지듯이 군자는 인간의 삶도 그렇게 새롭고 싱싱하도록 가르친다. 늘 마음이 깨어 있게 하는 가르침보다 더 귀한 것은 없다.

군자는 산하에 내리는 단비처럼 우리를 정신차리게 하고 선한 인간이 되는 방법을 택한다. 그래서 군자는 인간의 선생인 동시에 인생의 선생이다. 또한 군자는 지식을 가르치지 않고 지혜를 가르쳐 터득하게 한다. 군자가 마음에 뿌려 주는 단비를 지혜라 불러도 무방하다.

덕을 이루게 한다

선을 행하는 마음이 곧 덕이다. 노장은 선을 행하는 근원을 자연으로 보았고, 공맹은 사람의 마음에 있는 인의를 선으로 보았다. 노장은 선을 자연에서 찾았고, 공맹은 인간이 하늘에서 물려받은 본성으로 보았다. 언뜻 보면 서로의 생각이 다른 것처럼 보이지만 선은 천지란 뜻에서 서로 통한다.

장자는 덕유소장(德有所長), 즉 덕에는 소장(所長)이 있다는 말을 남겼다. 소장(所長)은 장(長)한 바가 있다는 뜻이다. 그리고 장자는 그러한 덕은 만물에 두루 통하는 것〔通於萬物者〕이라고 밝혀 두었다. 두루 사랑하는 것은 덕이지만 편애하는 것은 덕이 아니다. 편애는 사랑하는 쪽과 미워하는 쪽을 분간하는 까닭이다. 차별하면 덕은 사라진다. 시비를 가려 이기려고 하면 덕은 곧 사라져 버린다. 선악을 두고 저울질해도 역시 사라진다. 행복은 선이고 불행은 악이라고 여기지 마라. 어떠한 삶이든 선악이 함께 있는 것이 자연이다. 이렇게 노장은 덕을 자연의 것으로 돌리고, 가장 지극한 소장은 천지, 바로 그것이라고 보았다.

공맹은 인간에게 소장(所長)이 있다고 보았다. 인간의 본성으로 있는 선이 곧 소장(所長)이다. 군자는 그러한 선을 인간으로 하여금 이루게 해 덕을 갖추게 하는 방법을 지니고 있다고 맹자는 밝힌다.

"군자에게는 덕을 이룩하는 것이 있다〔有成德者〕."

덕을 이루는 것은 장(長)한 것이다. 덕은 변덕을 부리지 않고 변함이 없다. 그래서 덕은 장하다. 장(長)은 상(常)과도 통한다. 덕은 영원하다. 그래서 덕은 장하다. 장은 영(永)으로도 통한다. 덕은 오래도록 바래지 않는다. 그래서 덕은 장하다. 장은 구(久)와도 통한다. 덕은 착하다. 그래서 장은 선(善)으로도 통한다. 덕은 고여 있지 않고 흐르는 물처럼 뻗어난다. 그래서 덕은 장하다. 장은 또한 진(進)으로도 통한다. 또한 덕은 두루 길러 준다. 그래서 장은 양(養)과도 통한다. 덕은 높고 넉넉하다. 그래서 장은 존(尊)으로도 통하고 여(餘)로도 통한다.

이처럼 장한 바가 있다는 것〔所長〕은 변함없이 영원한 것이며, 오래도록 착하고 새롭게 나아가 온갖 목숨을 길러 주고 높게 하여 넉넉하게 한다 함이다. 덕에 이러한 소장이 있다는 것을 맹자의 성덕(成德)에서도 알 수 있다. 다만 노장은 자연의 소장을 덕이라 했고, 공맹은 인간의 소장을 덕으로 보았다.

현대인은 지성만을 앞세울 뿐 덕성은 모른 척한다. 현대인의 심성이 날카롭되 옹색한 것은 이런 연유에서 빚어진 탈이다. 다정할수록 손해를 보고 냉정할수록 이득을 본다고 여기는 현대인은 성덕을 멀리하며 성취하기만을 바란다. 이런 탓에 현대인은 마음 고생을 하는 것이다. 그러나 군자가 가르쳐 주는 성덕은 그런 마음 고생을 없애 준다.

재물을 베풀 줄 알라

지식은 재물을 얻게 하지만 지혜는 재물을 얻게 하지 않는다. 물질과 문명의 시대에서는 지식이 기선을 잡는다. 그러나 정신 문화에서는 지혜가 앞 자리를 차지한다. 지금은 정신 문화의 시대가 아니라 물질과 문명의 시대다. 그래서 인간은 지혜보다 지식을 중심으로 인생을 경영하려 한다.

군자는 지혜를 터득하게 하지만 그렇다고 해서 지능을 부정하지는 않는다. 군자는 인간을 교화하기 위해 지능의 발전을 도모하는 선생이다. 다만 사람이 먼저 된 뒤에 재물을 이룩하라는 것이 군자가 가르치는 달재(達財)다. 그래서 맹자는 이렇게 밝힌다.

"군자에게는 재물을 이룩해 베푸는 방법이 있다〔有達財者〕."

여기서 재(財)를 재(才)로 보아 재능으로 생각한다면 달재(達財)는 재능을 발전시킨다는 뜻이 된다. 그러나 달재를 재물을 발전시키는 방법으로 새겨도 될 것이다. 재(財)를 재능의 재(才)로 읽으면 더욱 구체화되어 추상적이고 이론적인 지식보다 실용적인 재능이 된다. 결국 재능이란 생활을 발전시킬 수 있는 수단을 찾아내는 능력이라 할 수 있다. 군자의 달재(達財)는 재물을 획득해 자기만을 위해 소유하라고 가르치지 않는다. 성덕이 있는 자가 달재를 하면 베풀 줄 안다. 군자가 재물을 소유하지 않고 베풀어 서로 돕고 살게 하는 지식을 가르쳐 주는 것이라고 달재를 새기면 무방할 것이다. 군자의 달재는 나로 하여금 청빈하게 하면서도 나를 부유하게 하는 재능을 가르쳐 준다.

모르는 것을 알게 해 준다

아는 자가 모르는 자를 얕보면 착취하고 갈취하는 짓이 일어난다. 군자는 아는 것이 힘이고 모르면 진다는 힘의 논리를 믿지 않는다. 오히려 아는 것을 서로 나누어 모든 인간이 함께 삶을 누릴 수 있도록 끊임없이 몽매한 인간을 교육하여 변화시키고 싶어한다. 왜 식자우환(識者憂患)이라 했겠는가? 조금 아는 것을 앞세워 오만을 부리다 탈을 내는 까닭이다. 군자는 이러한 어리석음을 안타까워한다.

몰라서 묻는 이가 있다면 그 사람을 바로 도와줘라. 그러면 은혜를 짓는다. 그것도 모르느냐고 하면서 면박을 주어서는 안 된다. 군자는 몰라서 묻는 상대에게 친절하고 정직하게 타일러 알게 하고 깨우치게 한다. 맹자는 이러한 군자에 대해 이렇게 말해 놓았다.

"군자에게는 물음에 대답해 주는 것이 있다[有答問者]."

답문(答問)은 물음에 대답해 주는 것을 뜻한다. 모르면 답답하고 막막하다. 사람의 마음을 답답하고 막막하게 하는 것을 뚫어 주고 틔워 주는 것이 곧 군자의 답문이다. 답문해 주는 군자는 지적 오만을 부리지 않는다. 군자는 모든 인간 앞에 겸허하기 때문이다.

지적 오만을 부리는 식자는 하나만 알고 둘은 모른다. 자기 지식만 믿고 세상을 진단하고 저울질하는 자는 덕성의 눈이 어두운 까닭이다. 세상이 한 마리의 코끼리와 같다면 군자는 장님 같은 상황에서는 그 코끼리를 만지지 않는다. 두 눈을 분명히 뜨고 코끼리를 마주할 뿐이다. 그래서 군자의 답문은 현명하다.

스스로 철들게 한다

엉뚱한 짓을 자주 범하는 사람을 두고 우리는 덜떨어졌다고 입질한다. 사리에 어긋난 짓을 하면 철없는 자라고 욕하기도 한다. 초목도 철 따라 어김없이 제 할 일을 하는데, 하물며 인간이면서 봄에 할 일을 미뤘다가 여름에 하면 철없다는 욕을 먹는다.

"겨울 추위를 겪은 다음 봄에 옷을 챙긴다."

장자는 철없는 자를 비꼬아 이렇게 말했다. 철든 사람은 스스로 사람이 되는 방법을 찾으려 한다. 군자는 이러한 점을 높이 사서 도와주려고 한다. 군자는 가르치기보다는 터득하게 하는 쪽으로 교육한다. 억지로 가르치는 것은 주입식 교육이다. 주입식 교육은 피교육자를 지치고 피곤하게 한다. 군자는 즐겁게 교육한다. 즐겁게 하는 교육은 스스로 터득하게 하는 가르침이다. 그래서 군자는 등불 같은 존재다.

촛불은 하나의 작은 불꽃이다. 그러나 그 작은 초 하나가 빛을 발해 넓은 방을 환하게 하듯이 군자도 촛불처럼 주변 사람들을 깨우치고 터득하게 한다. 도둑을 따르면 도둑이 되는 법이고, 덕을 갖춘 사람을 가까이하면 덕의 후광을 받아 저절로 덕을 따르게 되는 법이다. 그래서 맹자는 이렇게 말했다.

"군자에게는 사숙애가 있다〔有私淑艾者〕."

사(私)는 '홀로〔獨〕'라는 뜻이며, 숙(淑)은 선(善)이란 뜻이고, 애(艾)는 다스린다〔治〕는 뜻과 통한다. 그러므로 사숙애(私淑艾)는 자신을 스스로 선하게 다스려 닦는다는 말이다. 한마디로 맹자의 사숙애는 공자의 신독(愼獨)과 같은 의미다. 신독하라. 이는 홀로 있을 때 자신을 삼가고 착하게 행동하라는 말이다. 나를 닦으라〔修己〕 함도 되고 나를 바르게 하라〔正己〕는 말도 된다.

군자는 남의 체면 때문에 선한 척하는 사람이 아니다. 오히려 홀로 있을 때일수록 스스로 착한 존재가 되어야 한다는 덕성을 더 철저하게 닦는 사람이다. 그런 군자는 우리들로 하여금 철들게 하는 빛을 등대처럼 발산한다. 그래서 군자를 직접 만나지 않더라도 우리가 스스로 터득하여 덕성을 갖추게 한다. 공맹이나 노장의 책을 읽으면 그 성현들의 사숙애를 만나 좀 더 착해지고 덕을 존경하는 마음씨를 얻을 수 있다. 그렇기 때문에 비록 몇천 년 전에 살다 간 성현이라도 여전히 살아 있는 선생이 되는 것이다. 《맹자》를 읽어 무슨 정보를 얻어 내 재미를 볼 것은 없다. 그러나 《맹자》를 읽으면 사람이 되는 법을 배우고 터득할 수 있다. 수천억 원의 재산을 모았다고 해서 반드시 성공한 인생은 아니다. 무엇보다 먼저 사람이 되어야 성공한 인생의 주인이 되는 것 아니겠는가.

'군자의 오교' 의 원문과 의역

군자가 가르치는 방법에는 다섯 가지가 있다[君子之所以教者五]. 때맞춰 내리는 비가 초목에 조화를 일으키는 것과 같은 것이 있고[有如時雨化之者], 덕을 이루게 하는 것이 있고[有成德者], 재물을 베풀게 하는 재능을 갖추어 주는 것이 있고[有達財者], 모르는 것을 물으면 대답해 주는 것이 있으며[有答問者], 홀로 덕을 잘 닦게 하는 것이 있다[有私淑艾者]. 이 다섯 가지는 군자가 가르치는 방법이다[此五者君子之所以教也].

30

이자(已者)와 예자(銳者)

하다가 말면 하지 않는 것만 못하다

순리(順理)를 말할 때 보통 물길을 들어 비유하곤 한다. 물길은 아래를 향해 흐를 뿐 위로는 가려 하지 않는다. 그래서 물길은 높은 산 옹달샘에서 흘러 넓은 바다에 이른다. 말하자면 작은 것에서 시작해 큰 것을 이루어 내는 것이다. 물길이 가다가 멈추어 위로 올라가려 한다면 바다에 이를 수 없을 것이다. 그러나 물길은 어긋난 짓을 하지 않는다. 사람이 아닌 자연은 그 무엇도 어긋난 짓을 하지 않는다. 자연은 순리에 머문다. 노장은 이를 일러 무위(無爲)라고 했으며, 무위를 상선(上善)으로 보았다. 그래서 노자는 지극한 선은 흐르는 물과 같다[上善若水]고 했다. 공맹은 노장처럼 무위라는 말은 하지 않았지만 공맹 역시 천지의 순리를 강조했다. 참으로 순리는 자연이 인간에게 가르쳐 주는 생존의 덕목이다. 공맹 역시 삶을 순리로 풀어 가는 지혜를 우리로 하여금 터득하게 해 주는 성현들이다. 억지부리지 마라. 어긋난 짓을 하지 마라. 그러면 과욕은 사라진다. 과욕이 사라지면 순리의 길이 보인다. 그 길을 따라가면 삶은 현명해진다. 현명한 삶, 바로 그것이 순리의 선물이다.

반드시 해야 할 것이면 무슨 일이 있어도 해야 한다. 절대로 해서는 안 될 것이면 무슨 일이 있어도 하지 않아야 한다. 하지 말아야 할 것이라면 무슨 일이 있어도 하지 말아야 한다. 이것이 곧 순리를 제대로 따라갈 수 있는 표지판이다. 이러한 표지판을 따라가려면 깊은 생각이 앞서야 한다. 어긋나거나 무모한 짓은 생각이 얕거나 조급해서 빚어지는 탈이다. 그래서 욕심이 사나우면 되는 일이 없다고 하는 것이다. 순리를 비웃는 것이 곧 욕심이다. 그러므로 욕심을 삼가고 절제하고 버린다면 순리의 길은 어렵지 않게 트일 것이다.

순리를 따르는 사람은 누구나 믿을 수 있는 사람이다. 믿을 수 있는 사람은 삶을 든든하게 한다. 삶을 든든히 하는 사람을 누가 싫어하겠는가? 삶을 거짓되게 하는 자를 싫어할 뿐이다. 생존의 현장에서 남에게 신뢰받는 사람을 신용이 두텁다고 한다. 믿음직한 사람이 되고 싶다면 먼저 순리의 삶을 소중히 해야 한다. 순리의 삶을 누리려면 맹자의 말을 살펴 듣고 실천하라.

"반드시 해야 할 일을 그만두는 자는〔於不可已而已者〕 하다가 그만두지 않을 것이 없다〔無所不已〕."

불가이(不可已)는 멈추거나 그만둘 수 없다는 것을 말한다. 이(已)는 멈춘다는 뜻인 지(止)와 같은 말이다. 그러므로 이자(已者)는 해야 할 것을 중지해 버리는 사람을 뜻한다. 이자(已者)는 변덕이 죽 끓듯 해 믿을 만한 사람이 되지 못한다. 언제 어떻게 어궂난 짓을 해 모가 날지 몰라 불안한 사람은 순리를 떠나 억지를 부리기 쉽다.

매정한 마음은 후할 줄 모른다

고운 놈에게는 매를 대고 미운 놈에게는 떡 하나 더 준다는 말이 있다. 이러한 마음씨는 매정한 것이 아니다. 고운 놈은 버르장머리가 없어질 수 있으므로 엄하게 대해야 한다. 그러나 미운 놈은 원한을 품을 수 있으므로 그 원한을 풀어 고운 놈으로 바꿔 놓아야 한다. 이렇게 마음 쓰는 것을 일러 현명하다는 것이다. 밉다고 미워하는 것은 어리석은 짓이다. 미운 것을 용서하면 고운 것이 된다. 그러나 이 사실을 모르면 언제나 어리석어진다.

엄해야 할 때와 너그러워야 할 때를 아는 마음씨가 후덕한 마음이다. 후덕한 마음은 항상 너그럽고 넉넉하다. 여유 있는 마음은 이해하고 용서할 줄 안다. 관대한 마음은 곧 어진 마음의 집과 같다. 그러나 옹색하고 옹졸한 마음은 이해할 줄 모르고 용서할 줄 모른다. 걸핏하면 오해하고 한을 품는 마음은 미친 사람의 손에 들린 칼처럼 위태롭다. 그렇게 마음이 위태로운 지경이면 쌀쌀맞을 수밖에 없고, 살기마저 감도는 지경에 이른다. 잔인하고 잔악한 사람은 자기만 알지 남은 모른다. 그러면 인간도 미친 짐승이 되고 만다.

마음을 편안히 하라. 이 말은 마음이 덕을 떠나서는 안 된다는 말이다. 그러나 세상에는 후덕한 마음보다 매정한 마음이 더 설친다. 그래서 세상은 살얼음판을 건듯이 조마조마한 곡예를 하는 현실로 드러난다. 산 사람의 코를 베어 가는 세상이라고 무서워하는 것은 마음이 매정해져 그렇게 된 것이다. 맹자는 이렇게 말했다.

"후하게 해야 할 데서 박하게 굴면〔於所厚者薄〕 박하게 굴지 않을 것이 없다〔無所不薄〕."

후(厚)는 두터운 것을, 박(薄)은 얇은 것을 뜻한다. 그러므로 후는 두터운 마음으로 보면 되고, 박은 얇은 마음으로 보면 된다.

두터운 마음은 덕이 많아 선한 마음이고, 얇은 마음은 덕이 모자라 매정한 마음이다. 후덕한 마음은 너그럽고 넉넉하지만 매정한 마음은 옹색하고 각박하다. 각박한 사람은 벗을 사귈 줄 모르고 원수를 맺는다. 본래 원한이란 각박한 마음이 낸 상처다. 남의 마음을 아프게 하면 결국 제 마음도 아프다는 것을 모르는 자야말로 매정한 인간이다. 매정한 사람이 되지 마라. 그러면 세상은 곧장 풀린다.

번갯불은 콩을 볶지 못한다

한나절 계속 내리는 소나기는 없고, 반나절을 내리 부는 돌개바람은 없다. 남보다 좀 더 멀리 보기 위해 발뒤꿈치를 들고 서 있는 사람은 오래 서 있을 수 없고, 성큼성큼 발걸음을 넓혀 딛는 자는 먼 길을 가지 못한다. 그래서 노자는 예민할수록 무디게 하라〔挫其銳〕고 했다. 맹자는 노자의 좌기예(挫其銳)를 연상케 하는 말을 해 두고 있다.

"앞으로 나아가는 것이 날카로운 사람은〔其進銳者〕 뒤로 물러나는 것도 빠르다〔其退速〕."

진(進)은 앞으로 나아가는 것이고, 퇴(退)는 뒤로 물러나는 것이며, 예(銳)는 날카로운 것이다. 나아감이 날카롭다 함은 조급하게 서둘러 돌진하는 것과 같다. 돌진하지 마라. 그렇지 않으면 숨이 차서 나아가지 못하고 멈추고 만다. 그러면 오히려 물러가는 것이 되고 만다. 점진하라. 그러면 목적지에 도달할 수 있다.

빨리 끓는 물은 빨리 식고, 빨리 익은 열매는 빨리 썩는다. 성급한 마음은 빨리 끓는 물과 같고, 조급한 마음은 빨리 익어 버린 열매와 같다. '바늘 허리에 실 꿰어 쓰랴' 는 속담이 있다. 성급하고 조급하게 서두르는 사람은 진득하니 꾸준할 줄 모른다. 시작이 반이라고 하지만 성급하고 조급하게 굴면 남은 절반을 마저 다하지 못하고 중간에 그만두게 된다. 그렇게 되면 누구나 실없는 사람이 되고, 심하면 허풍쟁이란 뒷말을 듣게 된다. 인생은 돌진해야 하는 단거리 경주가 아니다. 인생이야말로 점진해야 하는 장거리 경주와 같다. 바쁠수록 돌아갈 줄 아는 마음은 신중하다.

'이자' 와 '예자' 의 원문과 의역

반드시 해야 할 일을 그만두는 자는[於不可已而已者] 하다가 그만두지 않을 것이 없다[無所不已]. 후하게 해야 할 데서 박하게 굴면[於所厚者薄] 박하게 굴지 않을 것이 없다[無所不薄]. 앞으로 나아가는 것이 날카로운 사람은[其進銳者] 뒤로 물러나는 것도 재빠르다[其退速].

31

애지(愛之)와 인지(仁之)

사람을 사랑하고 사물을 아낀다

애지중지(愛之重之)란 말이 있다. 애지(愛之)는 사랑하는 것이고, 중지(重之)는 소중히 하는 마음이다. 사랑스럽고 소중한 것은 누구나 아낄 줄 안다. 그러나 아끼는 것과 어진 것은 함께하는 마음이면서도 그 쓰임새는 조금 다르다. 본래 아껴야 할 것은 물건이고, 어질게 대해야 할 것은 사람인 까닭이다. '물건을 아껴 써라'. 이는 틀림없는 말이다. 그러나 사람을 아껴 쓰라는 말은 하지 않는다. 사람은 쓸 물건이 아니라 잘 보살펴 길러 주고 거두어야 할 목숨이기 때문이다. 그런 목숨을 사랑하는 것이 곧 인(仁)이다.

공자가 인을 애인(愛人)이라 하고, 맹자가 인을 친친(親親)이라 한 것은 어진 마음의 쓰임새를 새겨 보게 한다. 남을 사랑하는 것〔愛人〕과 어버이를 사랑하는 것〔親親〕은 동질적인 사랑이 아님을 분별하게 한다. 어버이를 사랑하는 것은 받들어 모시는 것이고,

남을 사랑하는 것은 이해하고 용서하면서 어울리는 것이다. 물질에 대한 사랑을 검(儉)이라 하고, 사람을 사랑하는 것을 자(慈)라고 이해하면 맹자가 말한 애지(愛之)와 인지(仁之)를 분별해 새겨들을 수 있을 것이다.

"군자는 물질에 대해서는 사랑하나 인자하지는 않다〔君子之於物也愛之而弗仁〕. 인간에 대해서는 인자하나 친하지는 않다〔於民也仁之而弗親〕."

군자는 사리(事理)에 맞춰 현명하게 할 뿐 정에 쏠려 치우치지 않는다는 것이다. 친밀한 사이란 부모, 형제, 자매 사이의 인륜의 맺음이다. 군자는 남과 그런 인륜의 맺음을 앞세워 인간을 사랑한다고 허풍떨지 않는다.

노자는 자신에게 세 가지 보물이 있다고 자랑했다. '검(儉), 자(慈), 불감위선(不敢爲先)'이 바로 그것이다. 맹자의 입장에서 본다면 노자의 세 가지 보물은 곧 군자의 보물이 된다. 검(儉)은 물건을 소중히 아껴 쓰는 것이고, 자(慈)는 어머니가 아이를 사랑하는 마음이다. 그리고 불감위선(不敢爲先)은 잘난 척하지 않는다 함이니 겸허함을 말한다. 이처럼 물건을 사랑한다는 것은 검으로 통하고, 사람을 사랑한다는 것은 자로 통하고, 내가 나를 사랑한다는 것은 불감위선으로 통하여 나를 겸허한 존재가 되게 한다. 물에 대한 군자의 애지(愛之)는 곧 검약(儉約)일 것이며, 사람에 대한 군자의 인지(仁之)는 곧 인자(仁慈)함일 것이다.

물질을 아껴 써라. 그러면 물질을 사랑하는 것이다. 사람을 인자하게 대하라. 그러면 사람을 사랑하는 것이다. 물론 인은 사람을 사람으로써 사랑하라는 말이다. 사람을 사람으로써 사랑하라 함은 곧 사람의 목숨을 사랑하라 함이다. 돈이나 지위, 명성을 보고 사람을 사랑하는 것은 사람을 사랑하는 것이 아니라 돈과 지위, 명성을 사랑하는 것이다. 이런 짓은 결국 사람을 모독하는 꼴과 같다. 그러므로 군자가 왜 사람을 인자하게 대하고〔仁民〕, 부모를 친밀하게 대하는지〔親親〕 새겨듣는다면 위선적인 사랑을 하지 말아야 하는 연유를 살필 수 있다. 물질을 사랑하는 마음〔愛物〕과 사람을 사랑하는 마음〔仁民〕 가운데 어느 것이 본말(本末)일까? 군자는 인민을 근본으로 삼고 애물을 말단에 두는 대인(大人)이다. 그러나 소인배는 그 본말을 뒤집는다. 그래서 소인배는 물질화된다.

'애지' 와 '인지' 의 원문과 의역

군자는 물질에 대해서는 사랑하나 인자하지는 않다〔君子之於物也愛之而弗仁〕. 인간에 대해서는 인자하나 친하지는 않다〔於民也仁之而弗親〕. 어버이를 어버이로 모시고, 백성을 인자하게 대하고〔親親而仁民〕, 백성을 인자하게 대하며 물질을 사랑한다〔仁民而愛物〕.

진심장구 하
盡心章句 下

1

불인(不仁)과 대패(大敗)

불인은 참혹해진다

어진 마음은 어질게 퍼져 나가고, 어리석은 마음은 어리석게 전염되어 뻗쳐 나간다. 어진 마음은 선을 누리지만 어리석은 마음은 악에 물들기 쉽다. 그래서 어진 마음은 은혜를 짓지만 어리석은 마음은 원한을 산다. 어리석음은 바보에게만 있는 것이 아니다. 어리석음은 영악하고 약은 자의 잔꾀에서도 독버섯처럼 피어난다.

유가의 불인은 불가에서의 미혹(迷惑)과 같다. 불인도 어리석음이요, 미혹도 어리석음이다. 어리석음은 바른 길을 벗어나 그릇된 길로만 치닫는 어긋남이다. 어긋나면 제대로 바르게 되는 일이 없다. 삶을 어긋나게 하면 할수록 삶은 막막해진다. 어진 마음은 어긋난 짓을 하지 않는다. 어긋나지 않으면 제대로 된다. 제대로 된 삶은 사랑하는 마음에서 비롯된다. 그래서 인은 제대로 된 삶을 이루어 준다. 인은 인간을 사랑하고, 인간의 삶을 사랑하는 것이다.

싸움보다 더한 어리석음은 없다. 전쟁을 좋아하는 것은 천하의 어리석음이다. 전쟁을 좋아하다가 참혹한 인생을 마주한 자 가운데 양혜 왕(梁惠王)을 꼽을 수 있다. 혜 왕은 왕이 된 지 이십팔 년째 되던 해에 대군을 일으켜 조(趙) 나라의 수도를 함락했다. 이에 조 나라는 제 나라에 원군을 부탁하여 혜 왕의 군대를 물리쳤다. 이 년 뒤 혜 왕은 다시 군대를 일으켜 조 나라를 침공했다. 이번에도 역시 조 나라는 제 나라와 연합하여 혜 왕의 군대를 무찔렀고, 혜 왕의 태자 갑(甲)을 포로로 잡고 말았다. 전쟁을 일삼다가 무수한 백성을 죽이고, 제 자식마저 적군의 포로가 되게 한 양혜 왕을 두고 맹자는 불인이라고 질타했다.

"어질지 않구나, 양혜 왕은〔不仁哉 梁惠王也〕. 인자한 사람은 자신이 사랑하는 마음으로 자신이 사랑하지 않는 것에까지 미루어 나아가지만〔仁者 以其所愛 及其所不愛〕 어질지 못한 자는 자기가 사랑하지 않는 것으로 자기가 사랑하는 것에까지 미루어 나가게 한다〔不仁者 以其所不愛 及其所愛〕."

이와 같은 맹자의 말을 들으면 어진 마음과 어리석은 마음의 차이를 알 수 있다. 사랑은 사랑을 잇고 미움은 미움을 낳는다. 언제 어디서나 콩 심은 데서는 콩이 나고 팥 심은 데서는 팥이 나는 법이다. 혜 왕은 백성을 사랑하지 않았기에 아까운 목숨을 사지의 구렁텅이로 내몰았다. 그런 어리석음이 제 자식마저 전쟁터로 보내 적군의 포로가 되게 했으니 혜 왕은 불쌍하다. 이러한 맹자의 말을 듣고 공손추(公孫丑)가 무슨 뜻이냐고 묻자 맹자는 그 연유를 이렇게 밝혀 주었다.

"양혜 왕은 땅 때문에 제 백성을 썩어 문드러지게 해 전쟁터로 내몰았다가〔梁惠王 以土地之故 糜爛其民而戰之〕 크게 패했다〔大敗〕. 그것을 보복하려고 했지만〔將復之〕 전쟁에 이기지 못할 것을 두려워했다〔恐不能勝〕. 그래서 자신이 사랑하는 자제들을 몰아다〔故驅其所愛子弟〕 덩달아 죽게 했다〔以殉之〕. 이런 것을 두고 제가 사랑하지 않는 것으로 제가 사랑하는 것에까지 미루어 나간다고 하는 것이다〔是之謂以其所不愛 及其所愛也〕."

야욕(野慾) 없는 전쟁은 없다. 야심(野心)이나 야망(野望)는 모두 전쟁 심리의 한 유형이다. 어디 나라와 나라만 전쟁을 하겠는가? 인간은 전쟁의 본능을 숨기고 있는 동물이다. 다투고 싸워 쟁취하려는 기질은 항상 싸울거리를 찾는다. 통치자에게 이런 야욕이 있으면 나라와 나라 사이에 전쟁이 일어나고, 개인의 야욕이 사나우면 날마다 싸움질로 삶을 태운다. 이 얼마나 어리석은 짓인가. 양혜 왕은 영토를 넓히려는 야욕 탓에 백성을 죽이고, 결국 제 자식마저 죽음에 이르게 했으니 얼마나 불인한가.

우리는 물질 탓에 불인을 범한다. 물질을 성취하기 위해 날마다 가슴속으로 전쟁을 한다. 전쟁에서는 이겨야 하고 져서는 안 된다. 이러한 전쟁 심리가 결국 이겨야 한다는 강박관념을 불러와 사물을 제대로 볼 수 없게 만든다. 그리고 그런 어리석음 때문에 꿀단지에 빠져 버린 생쥐 꼴로 전락하고 만다. 꿀이 아무리 달다고 해도 꿀 속에 빠지면 죽고 마는 법이다. 그렇게 우리는 지금 물질의 단지에 빠져 헤어나지 못하고 있다.

물질을 부정해서는 안 된다. 물질이 없으면 목숨을 부지할 수 없는 까닭이다. 그러나 물질의 종이 되면 그 물질이 인간을 초라

하게 한다. 땀 흘려 사는 사람은 삶을 구걸하지 않는다. 사나운 탐욕에 놀아나는 인간은 결국 삶을 구걸하는 꼴과 같다. 아무리 돈이 많은 재벌이라도 물질의 노예로 전락했다면 거지와 같다. 어리석기 때문이다. 무엇보다 삶이 소중하다. 삶이 소중한 줄 알면 목숨이 소중함도 안다. 그러면 목숨을 사랑하게 되고, 삶을 사랑할 줄도 알게 된다.

사람을 사랑하고 삶을 사랑하는 사람이 곧 인자(仁者)다. 그러나 사람보다 물질을 사랑하고 삶을 약탈하는 자는 불인자(不仁者)다. 인자는 목숨이 소중하므로 그 목숨을 부지하게 하는 물질이 소중함을 안다. 그러나 불인자는 물질이 소중하다는 것만 알 뿐 목숨이 소중하다는 것은 모른다. 그래서 불인자는 사기도 치고 살인도 하고 약탈도 한다.

새겨 둘 어록

인자한 사람은 자신이 사랑하는 마음으로 자신이 사랑하지 않는 것에까지 미루어 나가게 한다[仁者 以其所愛 及其所不愛]. 어질지 못한 자는 자기가 사랑하지 않는 것으로 자기가 사랑하는 것에까지 미루어 나가게 한다[不仁者 以其所不愛 及其所愛].

의전(義戰)과 정벌(征伐)

의로운 싸움이 없어졌다

'물에 빠진 놈 건져 놓으니 보따리 내놓으라고 한다'는 속담이 있다. 이런 속담이 왜 생겨났을까? 이는 인간이 그만큼 자기만 알고 매정해졌기 때문이다. 도움을 고마워할 줄 모르면 인생은 난장이 된다. 세상을 하나의 고깃덩어리로 여겨 저마다 입을 채우기 위해 덤비면 대란이 일어나게 마련이다. 먹이를 놓고 으르렁거리는 개처럼 야욕이 기승을 부리면 세상은 바로 전쟁터가 된다.

이익 다툼으로 전쟁을 하면 대란(大亂)이 일어난다. 그러나 의로움을 위해 싸운다면 성전(聖戰)이 된다. 그러나 공자가 살던 춘추 시대에도 성전은 없었던 모양이다. 맹자가 '춘추 시대에는 의를 위한 전쟁은 없었다〔春秋無義戰〕'고 분명히 밝히고 있는 걸 보면 그렇다.

주(周) 나라는 작았고, 은(殷) 나라는 컸다. 은 나라에서는 천하의 폭군인 주(紂)가 마치 천하가 제 것인 양 백성을 도탄에 빠뜨리고, 금수저와 상아 젓가락으로 호사를 했다. 그는 백성의 목숨을 파리 목숨보다 헐한 것으로 여겼다. 반대로 주 나라는 비록 작았지만 덕으로 세상을 다스린 선대를 이어받은 무 왕(武王)이 있었다. 무 왕은 무도한 주를 토벌해 굶주리고 핍박받던 은 나라 백성들을 구해 주었다. 은 나라 땅이 욕심나서 쳐들어간 것이 아니라 무도한 주를 축출하기 위해 전쟁을 했으므로 의전(義戰)에 속한다.

의전은 아버지가 못된 아들의 종아리를 때려 주는 것과 같다. 아들이 소중하기 때문에 매를 든 아버지의 심정이야말로 의전의 심리와 같다. 그러나 이러한 심정이 인간에게서 사라져 버린 탓에 의전은 없어지고 투전(鬪戰)만 기승을 부린다. 투전판 같은 세상을 난세라 하고, 못된 아들을 다스리는 아버지의 회초리가 살아 있는 세상을 치세(治世)라 한다. 그러나 치세는 사라지고 난세만 남은 탓에 인간의 역사는 아프고, 문화는 저질의 늪에서 허우적대며 황폐해져 가고 있다.

맹자는 난세를 정벌하기를 원했다. 그러나 총칼로 정벌하는 것이 아니라 인의로 정벌하지 않으면 인간이 곤궁에서 벗어날 수 없다고 믿었다. 영웅은 힘으로 세상을 주름잡지만 성현은 사랑과 정의로 더러운 세상을 씻어 내려고 한다. 이러한 성현은 처음에는 나약해 보이지만 아무리 세월이 흘러도 오랫동안 살아남아 숨을 쉰다. 그러나 일세를 풍미한 영웅은 제 무덤에 크나큰 비석을 세워 두지만 아무도 그 앞에서 경의를 표하지 않는다.

망나니 같은 자식을 선하게 돌려놓기 위해 아버지가 매를 드는 것을 정(征)이라고 이해하면 된다. 천벌이란 말이 있다. 즉 하늘이 행하는 정벌이다. 정(征)이란 부정한 것을 토벌하여 바르게 돌려놓는 것을 말한다. 인자한 자가 불인한 자를 토벌하고, 의로운 자가 의롭지 않은 인간을 토벌하는 것은 인간을 위한 토벌이다. 그러나 세상에는 악화가 양화를 구축하는 일들이 빈번하다. 그래서 난세가 이어진다.

선이 악을 토벌하면 정의가 산다. 그러나 똥 묻은 개가 재 묻은 개를 나무라면 정의가 맥을 추지 못한다. 부정한 인간이 정직한 인간 위에 군림하는 세상은 썩어 문드러진 현실이다. 도랑에 맑은 물이 흐르게 하려면 먼저 도랑 밑의 썩은 찌꺼기를 치워 내야 한다. 인간이 저마다 부정한 것을 치워 내려는 마음을 지닌다면 저마다의 가슴속에 맹자가 밝힌 의전이 살아 숨쉴 수 있을 것이다.

'의전'과 '정벌'의 원문과 의역

춘추 시대에는 의로운 전쟁이 없었다[春秋無義戰]. 저 나라가 이 나라보다 선했다는 예는 있다[彼善於此則有之矣]. 정벌한다는 것은 천자가 제후를 치는 것이다[征者上伐下也]. 대등한 제후국끼리는 서로 정벌하지 않는다[敵國不相征也].

3

호인(好仁)과 호전(好戰)

어질면 적도 벗이 된다

전쟁은 양쪽을 모두 적으로 만든다. 갑과 을 두 나라가 전쟁을 벌이면 갑은 을을 적이라 부르고, 을은 갑을 적이라 부르기 때문이다. 뿐만 아니라 전쟁은 승자와 패자를 나눠 놓고, 승자는 군림하고 패자는 굴복하는 꼴이 빚어지게 한다. 전쟁은 이것만으로 끝나지 않는다. 승자는 승자로 남기 위해 더 포악해지고, 패자는 설욕하기 위해 복수의 칼을 갈게 만든다. 이처럼 전쟁은 피차를 살벌하게 만들고 적개심만 키운다. 이런 연유로 성현들은 무슨 일이 있어도 전쟁을 하지 말라고 한다.

전쟁 심리가 있으면 나라와 나라 사이만 불행해지는 것이 아니다. 전쟁 심리는 개인과 개인 사이도 불행하게 만든다. 싸움질을 일삼는 무리를 깡패라고 한다. 깡패는 힘 자랑을 하다 결국 제 힘에 제가 망한다. 깡패 기질이 있는 사람은 사방에 원수와 적을 만들어 결국 남의 손에 생목숨을 잃거나 다치고 만다. 전쟁을 좋아하는 나라는 전쟁으로 망하고, 싸움을 좋아하는 사람은 싸움으로 망한다. 나라를 망하게 하는 것도 큰 죄이고, 자신의 삶을 망하게 하는 것도 큰 죄다. 이러한 죄를 짓지 않으려면 맹자의 말을 귀담아 들어야 한다.

"어떤 자가, 나는 진지를 잘 구축하고 전쟁을 잘한다고 한다면 그것은 크나큰 죄다〔有人曰 我善爲陳 我善爲戰 大罪也〕."

위진(爲陳)은 진지를 구축한다는 것이고, 선(善)은 무엇을 잘한다는 말이다. 위전(爲戰)은 전쟁을 잘 수행한다는 뜻이다. 그러나 '왕이 인을 좋아하면〔國君好仁〕 천하에 적이 없다〔天下無敵焉〕'는 말은 나라뿐만 아니라 개인도 경청해야 할 조목이다.

호인(好仁) 앞에는 적이 없다. 그러나 호전(好戰) 앞에는 적만 있을 뿐이다. 호인은 어질기를 좋아하는 것이고, 호전은 싸움질을 좋아하는 것이다. 호인은 선을 좋아하는 것과 같고, 호전은 악을 좋아하는 것과 같다. 언제나 선하면 벗을 만들고, 악하면 적을 만든다. 벗과 더불어 살고 싶다면 항상 어질기 위해 힘써야 한다. 그러나 악하다면 적에 둘러싸여 항상 불안하고 무서운 마음으로 살아가야 한다. 악질은 어디서나 몰매를 맞는 법이다.

은(殷) 나라 탕 왕(湯王)이 남쪽을 정벌하면 북쪽의 야인들은 왜 북쪽을 먼저 정벌해 주지 않느냐고 원망했다고 한다. 또 동쪽을 정벌하면 서쪽의 야인들은 왜 서쪽을 먼저 정벌해 주지 않느냐고 원망했다고 한다. 탕 왕은 백성을 못살게 구는 무리를 몰아내 백성의 삶을 편안하게 해 주기 위해 정벌에 나섰다. 그런 이유로 백성들은 탕 왕의 전쟁을 바랐다. 이처럼 호인(好仁)이 전쟁을 하면 백성들이 바란다.

은 나라의 마지막 왕 주(紂)는 극악무도했다. 주 나라의 무 왕이 주를 토벌했을 때 무왕은 백성들에게 이렇게 말했다고 한다.

"두려워하지 마라. 은 나라 백성을 편안하게 해 주려는 것이다. 백성을 적으로 삼으려는 것이 아니다〔無畏寧爾也非適百姓也〕"

무 왕의 말은 거짓이 아니었던 모양이다. 맹자가 그때의 일을 몸소 밝혀 주고 있기 때문이다. 무 왕 앞에서 은 나라 백성들이 머리를 땅에 박을 정도로 조아린 것은 점령군이 무서워서가 아니라 주의 학정으로 인한 굶주림과 핍박에서 벗어나게 해 준 무왕에 대한 감사의 표시였다. 학정이 아닌 선정이 베풀어져 백성이 편안하다면 침입군이 아무리 강하다 한들 승리할 수 없다. 백성이 옹호하는 나라는 그 어떤 나라도 쓰러뜨릴 수 없는 까닭이다. 그러나 백성이 등진 나라는 결국 제풀에 망하고 만다. 그래서 맹자는 이런 말을 남겼다.

"각각 제 나라를 바로잡고자 하는데 전쟁을 해서 무엇 할 것인가〔各欲正己也 焉用戰〕?"

어질어라. 그러면 패배는 없다. 그러나 악하면 늘 패배하고 만다.

4 기술(技術)과 수기(守己)

배우는 것과 닦는 것은 다르다

남에게 무엇을 배울 수 있다. 배운 것을 그대로 물려 쓴다면 가르쳐 준 것을 따라하는 것일 뿐 그 이상도 그 이하도 아니다. 또한 흉내를 내면 아류에 그칠 뿐 자신의 세계를 구축할 수 없다. 유행에 놀아나는 마음은 부초와 같아 본적 없는 떠돌이 같은 인생을 두려워할 줄 모른다.

재주만 믿고 재주를 앞세우면 자신을 껍데기로 만들고, 자신도 모르는 사이에 뒤처지게 한다. 재주는 천차만별이어서 하루가 다르게 변모한다. 기는 놈 위에 뛰는 놈 있고, 뛰는 놈 위에 나는 놈 있듯이 재주는 층하가 다양하다. 힘겨루기 같은 재주만 믿고 설치면 그 끝이 험할 수밖에 없다.

연장은 빌려줄 수 있어도 솜씨마저 빌려줄 수는 없다고 한다. 연장 다루는 법을 남에게 배울 수는 있어도 연장을 다룰 줄 안 뒤에 오는 솜씨의 우열은 남에게 배울 수 없다는 것이다. 연장 다루는 법을 배운 뒤 솜씨를 연마하는 노력을 게을리하면 명장(明匠)이 될 수 없다. 그래서 배운 것에 만족하지 않고 터득하려는 노력으로 땀 흘리는 자만이 뜻을 이룰 수 있다.

남이 잘하는 것을 시샘하는 것보다 더 바보 같은 짓은 없다. 앉은뱅이가 두 발로 걷는 이를 시기하면 주저앉은 채로 굶어 죽는다. 앉은뱅이는 기는 법을 배워야 굶어 죽지 않을 수 있다. 뱁새가 황새걸음을 탐하면 가랑이가 찢어지는 꼴과 같다. 내 발에 맞는 신이 발에 편하듯 나 자신을 연마하지 않으면 나는 인생에서 쓸모없는 연장이 될 수밖에 없다.

나를 닦아라〔修己〕. 나를 지켜라〔守己〕. 나를 바르게 하라〔正己〕. 이러한 공맹의 말은 모두 나를 연마하는 연장이다. 나를 닦지 않고 학문을 한들 무슨 소용이 있겠는가? 이런 물음에 우리는 대답할 여지가 없다. 왜냐하면 지식만을 쌓기 위해 발버둥칠 뿐 나를 인간이게 해 주는 지혜는 멀리한 채 삶을 엮어 가고 있는 것이 지금 우리의 모습이기 때문이다. 아무리 공맹이 수기라는 연장을 준들 우리가 그것을 다루는 솜씨를 터득하지 못한다면 영영 공염불에 그치고 만다.

기술을 닦는 학문(學問)에 앞서 나 자신을 닦는 학문(學文)이 필요하다. 학문(學文)은 인간을 배우는 방법이다. 기술을 추구하는 학문은 지식을 낳지만 인간을 추구하는 학문은 지혜를 낳는다. 지식은 삶의 방법을 가르쳐 주고, 지혜는 삶의 목적을 터득하게 한다. 그래서 슬기로운 사람은 자신의 삶 앞에 현명할 수 있지만 지식만 앞세우는 사람은 자신의 삶을 무모하게 만들기 쉽다.

지식은 물려줄 수 있다. 물려줄 수 있으므로 가르쳐 줄 수도 있다. 그러나 지혜는 전해 줄 수는 있어도 그것을 자신의 것으로 터득하려는 노력이 없다면 아무런 효험을 내지 못한다. 유능하고 유식한 것은 배움의 정도에 따라 가능하지만 현명하고 어리석기는 그렇게 되지 않는다. 현명한 존재가 되기 위해서는 스스로 자신을 닦아야 한다. 어떻게 나 자신을 닦는단 말인가? 선악이 부딪쳤을 때 선을 향하도록 닦으면 된다. 그렇게 하려면 무엇보다 성찰하는 인간이 되어야 한다. 성찰은 내 마음을 거울이 되게 하고, 그 거울 속에 있는 나 자신을 들여다보라고 한다. 그 거울에 비친 내가 부끄럽다면 뉘우쳐라. 그러면 현명해진다. 부끄러운 나를 감추려고 잔꾀를 부리지 마라. 그러면 지식이란 연장이 나를 사기꾼처럼 몰아가려고 할 것이다. 그런 순간을 이겨낼 수 있다면 자기 자신을 믿어도 된다.

새겨 둘 어록

남에게 연장을 빌려줄 수는 있어도 솜씨마저 빌려줄 수는 없다(能與人規矩 不能使人巧).

규구(規矩)는 연장 또는 도구를 뜻한다.

5

여초(茹草)와 진의(袗衣)

마음가짐이 한결같다

개구리는 개구리로 살고 올챙이는 올챙이로 사는 것, 이것이 자연스러운 삶이다. 때와 장소에 따라 형편 닿는 대로 살되, 올챙이라고 비굴할 것도 없고 개구리라고 오만 부릴 것도 없다. 사는 형편에 따라 마음이 칠면조의 깃털처럼 변덕을 부리는 것은 마음이 제자리를 잃은 탓이다. 인간에게 있어 한결같은 마음가짐으로 산다는 것은 몹시 어려운 일이다. 그러나 인간을 제외한 모든 생물은 자연스럽게 산다. 인간에게만 개구리가 되면 올챙이 시절을 잊어버리려는 심술이 있다.

허심(虛心)하라. 마음을 비우라는 말이다. 무심(無心)하라. 마음을 없애라는 말이다. 무슨 마음을 비워 내고 무슨 마음을 없애라 함일까? 이랬다저랬다 변덕을 부리는 심술을 버리라는 말일 것이다. 불가에서는 평상심(平常心)을 강조한다. 평상심 역시 무심이요, 허심이다. 마음을 한결같이 간직하라 함은 유리한지 불리한지를 따져 마음을 달리 갖지 말라 함이다. 좋으면 싱글벙글하고, 싫으면 짜증을 내며 성화를 부리지 말라 함이다.

세상이 제 뜻대로 되지 않음은 누구나 다 알 것이다. 그런데도 사람들은 세상이 제 뜻대로 안 된다고 속을 끓이고 애를 태운다. 장자는 마음이 불타는 장작개비처럼 될 수도 있고, 다 타 버린 재처럼 될 수도 있다고 했다. 마음으로 불질을 하지 말라는 것이 동양적인 마음가짐이다. 왜냐하면 호오(好惡)에 따라 마음을 줏대없이 부리면 결국 허망해질 수밖에 없기 때문이다. 맹자는 마음가짐이 한결같았던 순 임금을 이렇게 상기시켜 준다.

"순이 마른 밥을 먹고 거친 푸성귀를 먹는 것이 평생 그럴 것 같았다〔舜之飯糗茹草也 若將終身焉〕. 그가 천자가 되어서는〔及其爲天子也〕 무늬가 새겨진 옷을 입고, 거문고를 타고 두 여인이 그를 시종했는데〔被袗衣鼓琴二子果〕, 본래부터 그렇게 살아온 것 같았다〔若固有之〕."

반구(飯糗)에서 구(糗)는 마른 밥으로, 반구(飯糗)는 마른 밥을 먹는다는 말이고, 여초(茹草)는 푸성귀를 먹는다는 말이다. 피진의(被袗衣)는 문장을 무늬로 넣은 옷을 입었다는 말이고, 고금(鼓琴)은 풍류를 즐긴다는 말이며, 이자와(二子果)의 자와(子果)는 시중드는 여인을 말한다. 자와(子果)의 와(果)는 시중드는 여인이라는 뜻의 와(裸)와 같다.

순은 여산에서 농사를 짓고 살 때 여느 농부처럼 살았다. 자신에게 혹독한 아버지 고수(瞽瞍)에게 지극한 효성을 바치고, 자신을 죽이려고까지 한 동생 상(象)을 정성껏 돌보면서 자연스럽게 농부로서의 삶을 살았다. 맹자는 그런 순의 모습을 반구여초

(飯糗茹草)라고 비유했다. 맹자는 그런 순이 천자가 된 뒤에는 자연스럽게 천자의 생활을 했다는 점을 들어 순에게는 변덕스러운 마음이 없었음을 말해 주고 있다.

곤궁할 때는 비겁하고 비굴하게 굴다가 부자가 된 다음에는 언제 그랬냐는 듯이 오두방정을 떠는 인간 군상을 맹자는 나무라고 있는 것이다. 졸부(卒夫)는 개구리가 된 뒤에 올챙이를 얕보고 업신여기는 무리다. 졸부는 어떤 지위를 갖게 되면 천하가 제 것인 양 착각하고, 거드름을 피우며 겸손할 줄 모른다. 그러나 높아졌다고 우쭐댈 것도 없고 낮다고 비굴할 것도 없다. 산다는 것은 누구에게나 다 같다. 손가락에 다이아몬드 반지를 끼고 있다 해서 구리 반지를 끼고 있는 손가락과 다를 것이 없으며, 궁하다고 창피해할 것도, 호의호식한다고 뻐길 것도 없다. 자신의 삶에 성실하게 임하는 것이 가장 아름답고 위대하다. 그래서 허심(虛心)하라, 무심(無心)하라는 것이다.

앞에서는 굽실거리고 조아리는 무리는 뒤돌아 서서 고개를 들고 허리를 편 다음 못된 입질을 한다. 면전에서 칭찬을 늘어놓는 자일수록 마음이 변덕스러워 먹이를 주는 주인에게 꼬리를 치는 개 같은 성미가 있는 법이다. 그런 인간을 졸장부라고 한다. 맹자가 칭송한 대장부는 마음가짐이 한결같아 허공의 구름처럼 한 치의 걸림도 없고, 우뚝 서 있는 태산처럼 요리조리 움직이지 않는다. 한결같은 마음으로 인생을 대하는 자는 삶을 사랑할 줄 안다.

6

인과응보(因果應報)

살리는 것을 좋아한다

맞은 놈은 발 뻗고 편히 자지만 때린 놈은 웅크리고 잠을 설치는 법이다. 남에게 못된 짓을 하면 그 죄값이 곱절이 되어 되돌아오는 까닭이다. 도움을 주면 도움을 받는다. 그러나 해를 입히면 갑절의 해가 되돌아온다. 좋은 일을 하면 좋아지고, 험한 일을 하면 험해지는 법이다.

집 안의 효자는 밖에 나가서도 효자가 된다. 그러나 집 안의 불효자는 밖에 나가서도 불효자가 된다. 제 어버이를 귀하게 받들 줄 아는 효자는 남들이 자신의 어버이를 받들게 할 줄 안다. 자신이 남의 어버이를 공경하면 남 또한 자신의 어버이를 공경한다는 것을 알기 때문이다. 그러나 불효자는 제 어버이를 불손하게 대하기 때문에 남도 자기의 어버이를 불손하게 대한다는 것을 모른다. 그래서 제 부모에게 버릇없듯이 남의 부모도 막 대한다. 그렇기 때문에 사회에 나가 망나니 소리를 듣는다. 맹자가 말했다.

"나는 이제서야 남의 어버이를 죽이는 짓이 엄중한 것임을 알았다〔吾今而後知殺人親之重也〕."

이제서야(今而後)라는 말로 비추어 보아 맹자는 인간이 인간을 죽이는 꼴을 수없이 목격했던 모양이다. 더욱 강조하기 위해 금이후(今而後)라는 말을 달아 놓은 것으로 보인다. 왜 맹자는 남의 어버이를 죽이는 짓이 엄중한 것이라고 했을까? 살인은 또다른 살인을 불러오는 까닭이다. 못된 짓은 언제나 복수의 틀을 만든다.

덕은 은혜를 낳고 부덕은 복수를 부른다. 길흉은 밖에 있는 것이 아니라 나 하기에 달려 있다. 화복(禍福) 역시 밖에 있는 것이 아니라 나 하기에 달려 있다. 내 마음가짐이 곧고 바르면 불운이 올 리 없고, 내 마음이 비뚤어졌거나 그르면 행운이 올 리 없다. 그러나 사람들은 운이 밖에 있는 줄 알고 운이 좋고 나쁘다는 타령을 한다. 마음가짐이 옳고 바르면 하늘이 돕고, 그렇지 못하면 천벌을 받는다. 하늘이 돕는다는 것은 온 세상 사람이 나를 도와준다는 말로 들으면 된다. 성경에도 하늘은 스스로 돕는 자를 돕는다고 하지 않았는가. 그러면서 맹자는 이렇게 부연한다.

"내가 남의 아버지를 죽이면〔殺人之父〕 남 또한 내 아버지를 죽인다〔人亦殺其父〕. 내가 남의 형을 죽이면〔殺人之兄〕 남 또한 내 형을 죽인다〔人亦殺其兄〕. 그런즉 제 손으로 죽이지 않은 것과 약간의 차이밖에는 없다〔然則非自殺之也 一間耳〕."

이 말은 앙심과 앙갚음, 그리고 복수가 얼마나 무서운 것인가를 헤아리게 한다. 내가 남의 부모에게 못된 짓을 범하면 남도 내 부모에게 못된 짓을 범한다. 이는 결국 내가 내 부모에게 못된 짓을 범하는 꼴과 같다. 그래서 맹자는 남의 어버이를 죽이는 짓이 엄중하다고 경고한 것이다. 여기서 살인(殺人)을 사람을 죽이는 것으로만 한정해 들을 것은 없다. 화(禍)를 불러와 우환을 낳는 모든 짓거리라고 새겨들으면 된다.

복수를 당할까 봐 안절부절못하는 사람은 어리석다. 남에게 아픔을 줘 놓고 그 아픔이 되돌아올까 봐 두려워해도 소용없다. 반드시 두 겹의 아픔으로 되돌아올 것이기 때문이다. 이러한 인과응보를 안다면 군자의 생활관은 현대인에게 올바른 길잡이가 되고도 남는다. 군자는 살리기를 좋아하고 죽이기를 싫어한다. 혹시라도 죽이는 짓을 범했나 싶어 날마다 성찰하는 군자야말로 하루하루가 새롭고, 행운의 열차를 타고 갈 수 있다.

살리는 일이란 덕을 짓는 일이다. 죽이는 일이란 덕을 부정하고 짓밟는 짓이다. 덕은 편애와 오해를 하지 않는다. 그러나 부덕은 편애하고 오해하며 용서할 줄 모른다. 덕은 인과응보(因果應報)를 두려워하지 않는다.

7

이자(利者)와 덕자(德者)

사악한 세상을 이겨내는 길이 있다

인생에는 두 갈래 길이 있다. 하나는 행복의 길이고, 다른 하나는 불행의 길이다. 행복의 길을 걷고 싶은가? 그렇다면 덕을 실천하라. 불행의 길에서 벗어나고 싶은가? 그렇다면 이익만을 좇는 불나방처럼 되지 마라. 내게는 이익이 되는 것이 다른 사람에게는 손해가 될 수 있음을 조금이라도 아는 사람은 턱없는 이득을 남기기 위해 수작을 부리지 않는다. 수고의 대가를 받는 것은 당연하다. 그러나 터무니없이 많은 이문(利文)을 남기려고 잔꾀를 부리는 것은 좀도둑질이다.

왜 세상이 점점 더 사악해져 가는가? 사람들이 저마다 자기 이익만을 챙기려는 음모를 꾸미는 까닭이다. 남의 것을 빼앗거나 덜어내 내 것에 보태는 것을 비(否)라고 한다. 비(否)는 온당치 못하고 마땅치 못함이다. 반대로 내 것을 덜어내 남에게 보태 주는 것은 태(泰)다. 태(泰)는 큰 것이고, 편안한 것이다. 삶을 편안하게 경영하고 싶은가? 그렇다면 마음의 길을 태에 머물게 할수록 좋다. 삶을 어렵고 고달프게 끌고 가는 사람은 마음을 비의 막다른 골목으로 치닫게 한다.

덕(德)은 삶을 편안하게 하고, 이(利)는 삶을 불안하게 한다. 돈놀이하는 사람은 인생을 이자 놀이로 여긴다. 남는 것이 없으면 마치 굳은 돌처럼 무정해지는 인간들이 있다. 자신을 스스로 돌이켜보아 만약 자신이 그런 유형의 인간이라면 마음속에 덩이져 있는 매정한 돌멩이를 깨라. 그렇지 않고 호화 주택에 살면서 비싼 외제차를 몰고 다닌다 한들 헛사는 것일 뿐이다. 인생은 전매청 같은 독점 기업처럼 경영되지 않는다. 그러나 이익을 좇는 사람은 그런 것을 모른다.

풍년이 들면 쌀뒤주를 잠그고, 흉년이 들면 쌀뒤주를 열어 놓는 부잣집에는 산적이 몰려들지 않는다고 한다. 도둑은 베풀 줄 아는 부잣집을 제일 무서워한다. 덕을 무서워하기 때문이다. 그러나 수전노가 되어 자기만 잘먹고 잘살면 그만이라고 여기는 졸부의 집은 항상 도둑의 표적이 된다. 그래서 도둑질한 것은 결국 도둑질 당한다고 한다. 이익 다툼으로는 세상을 편안한 마음으로 넘어갈 수 없다.

물샐틈없이 자기 이익만을 노리고 챙기는 사람은 매정하다기보다 매몰차다. 그런 심정은 돌처럼 굳고 송곳처럼 뾰족하다. 자기가 손해를 당할까 봐 남의 폐부를 찌를 준비를 다지고 있는 이기심은 언제나 살벌하다. 이런 사람은 흉년도 굶어 죽게 하지 못할 만큼 모질다. 절대 모진 인간이 되지 마라. 그러면 인생을 전쟁터의 총부리 위에 올려놓고 겨냥하면서 사는 꼴로 치닫기 때문이다.

"이익을 따내는 데 주도면밀한 사람은 흉년도 그를 죽이지 못한다〔周于利者 凶年不能殺〕."

맹자가 이렇게 말한 것은 이익만을 노리고 모질게 살지 말라 함이다. 한 치의 여유도 없이 이익만 추구하는 사람은 매사에 모질 뿐 넉넉하지 못하다. 모진 사람은 모가 나서 언제나 세상의 정을 맞는다. 그러나 덕을 추구하는 사람은 아무리 세상이 사악할지라도 세상이 그를 혼란에 빠뜨리지 못한다. 검은색이 있으면 검게 물들고, 노란색이 있으면 노랗게 물드는 인간은 줏대가 없다. 줏대 없는 인간은 제정신이 없다. 제정신이 없는 사람은 살아 있어도 죽은 것과 다를 바가 없다. 덕을 추구하는 사람은 산다는 일이 가장 가치 있는 일임을 안다. 그래서 덕을 추구하는 사람은 제정신을 차리고, 자신의 삶이 헐값으로 처분되는 것을 바라지 않는다.

새겨 둘 어록

덕이 많은 사람은 사악한 세상도 그의 뜻을 혼란시키지 못한다〔周于德者 邪世不能亂〕.

사세(邪世)는 사악한 세상을 뜻한다.

8

불신(不信)과 부족(不足)

어질고 현명한 것을 믿어라

믿어서는 안 될 것이 있다. 그것은 불인이요, 불의다. 믿지 않으면 안 될 것이 있다. 그것이 곧 인현(仁賢)이다. 인(仁)은 어진 마음이고, 현(賢)은 밝은 마음이다. 어진 마음은 사랑하는 방법을 알고, 밝은 마음은 선악을 분별해 선의 편에 서서 사물을 사귄다. 악을 멀리하는 마음이 없으면 현명할 수 없고, 사랑할 줄 아는 마음이 없으면 어질 수 없다.

"어질고 현명한 것을 믿지 않으면 나라가 공허해진다〔不信仁賢則國空虛〕."

맹자는 이렇게 공언했다. 아무리 물질적인 풍요를 누린다 한들 사람의 마음씨가 거짓투성이라면 곳간에 재물만 그득할 뿐 사람이 없는 것과 같다. 사람은 없고 재물만 있는 것보다 더 공허한 세상은 없다. 돈을 준다면 쥐약이라도 먹겠다는 사람들만 있는 세상은 사람이 없어진 세상이다. 그런 세상에서는 사기꾼이 큰소리를 치고, 정직한 사람이 기를 펴지 못한다.

착한 사람이 못살고, 독한 사람이 잘사는 세상은 험상궂다. 그런 세상에 아부해 잘산다 한들 똥 묻은 개로 사는 꼴과 다를 바가 없다. 남들이 악하게 구니 나도 악해질 수밖에 없다고 하며 함부로 행동하지 마라. 그것은 옆 사람이 지옥으로 간다 하니 나도 덩달아 따라가는 것과 같다. 악한 사람을 만나 그자를 본뜨는 것이 아니라 착한 마음씨를 더욱 다져 두려는 사람은 분명 인생의 주인이 된다.

잔인한 세상일수록 어진 마음씨로 무장하라. 그러면 잔인한 세파가 고개를 숙인다. 어질면 손해 본다고 생각하지 마라. 그런 손해는 많이 볼수록 오히려 이득을 남긴다. 어리석은 것을 멀리하라. 그러면 오늘은 울더라도 내일은 웃을 수 있다. 삶을 미소짓게 하는 것이 곧 행복의 창조다.

버르장머리 없는 세상은 문란하다

어질고 현명한 마음을 실천하는 것을 예의라고 한다. 윗사람이 어질면 아랫사람도 어질어진다. 이렇게 되면 상하가 다 같이 인을 나누어 누린다. 그러면 마음속에서 예의가 살아난다. 그러나 윗사람이 어질지 못하면 아랫사람도 어질지 못하게 된다. 어질지 못하면 엉뚱한 짓을 범하고, 어긋난 짓을 하게 된다. 그렇게 되면 어리석어진다. 어리석은 삶은 곧 무질서의 원인이 된다.

예의를 지킨다는 것은 어질고 현명하게 산다는 것이다. 그렇게 사는 것은 상하의 질서를 지키며 사는 것을 뜻한다. 여기서 상하란 어떤 지위나 명성의 높낮이를 말하는 것이 아니라 태어남의 순서를 말한다. 그 순서를 장유유서(長幼有序)라고 한다. 장(長)은 나이 든 이를 말하고, 유(幼)는 나이 어린 쪽을 말한다. 유는 장을 존경하고, 장은 유를 보살피는 데서 삶의 질서가 근본을 이룬다. 예의는 이런 근본에 충실할 것을 요구한다. 맹자가 말했다.

"예의가 없으면 천하가 문란해진다〔無禮義 則上下亂〕."

어버이가 자식을 버리고 자식이 어버이를 버리는 것은 가정의 난리다. 노인이 젊은이를 멸시하고 젊은이가 노인을 학대하는 것은 사회의 혼란이다. 가정이 혼란하고 사회가 혼란하면 나라도 혼란해진다. 난잡한 세상은 무례한 세상이다. 무례하면 사람과 짐승이 서로 다를 것이 없어진다.

예란 서로 사양하는 마음이다. 나보다 남을 앞자리에 두는 것이 곧 예를 행하는 마음이다. 그런 마음을 공경이라고 한다. 공은 책선이며 경은 진선이다. 책선은 선하지 못함을 책하는 것이고, 진선은 선을 넓히는 것이다. 즉 예의는 인간과 삶을 선하게 하는 것이다. 인간과 삶이 선하지 못한 것보다 더한 무질서는 없다.

못된 정치가 나라를 가난하게 만든다

못난 가장은 가정을 망치고, 못난 왕은 나라를 망친다고 한다. 정치가만 정치를 하는 것은 아니다. 인생은 모든 일을 바르게 다스려야 성취할 수 있다. 일을 올바르게 다스리는 것이 정치의 출발이다. 그래서 정치(政治)의 정(政)은 정(正)으로도 통한다.

내가 해야 할 일을 잘못 다스리면 내 인생이 험해진다. 험한 것이 심해지면 결국 망하고 만다. 나의 삶을 망치지 않으려면 내가 맡은 일을 현명하면서도 어질게 맞이하고 성실하게 끝맺음해야 한다. 한 나라의 정치는 나와 상관없는 것이 아니다. 무엇보다 나를 먼저 바르게 다스려야 사회와 나라의 정치가 제대로 된다. 특히 치자일수록 이런 생각을 가져야 한다.

"일을 바르게 다스리지 못하면 재물의 씀씀이가 부족해진다〔無政事 則財用不足〕."

맹자는 왜 이렇게 말해 두었을까? 밑 빠진 독에 물 붓는 꼴과 같은 것이 무정사(無政事)인 까닭이다. 나라의 재정이 아무리 많아도 과소비나 부정부패가 틀을 이루면 나라 살림은 가난해지고, 특정 계층만 잘사는 꼴이 빚어진다. 빈익빈(貧益貧) 부익부(富益富)는 그래서 생긴다.

관리가 청빈하면 나라가 부유해진다. 그러나 관리가 부패하면 나라는 항상 쪼들린다. 산해진미로 배를 채우는 무리가 있는데도 백성이 굶주림을 면치 못하는 나라에는 바른 정치가 없는 법이다. 그런 나라의 백성은 '어떻게 하면 한탕해서 횡재할 수 있을까' 하는 생각을 품는다. 썩은 나라는 소문난 잔치판을 벌이다 망한다. 이러한 비극은 모두 다스리는 일이 바르지 못한 까닭에 빚어진다. 어질고 현명한 마음을 떠나면 정치는 어긋나고 망측해진다. 이런 까닭에 인현(仁賢)이 곧 정치의 근본이 되게 하라는 것이다.

9

구민(丘民)과 천자(天子)

백성이 원하면 천자가 된다

천자(天子)는 백성이 원하는 통치자다. 이런 관점이 곧 성현의 생각이다. 성현은 처음부터 민주주의를 밝혀 두었다. 맹자 역시 예외가 아니다. 맹자의 정치관은 철저하게 민본(民本)에 있다. 민본은 나라의 주인은 왕이 아니라 백성이라는 관점이다. 민주 국가는 민본 국가다.

성군이 아니면 민주주의를 실현하기 어렵다는 것은 역사가 증명해 준다. 인간의 역사에는 드러난 폭군보다 숨은 폭군이 훨씬 많다. 왕들은 백성을 자신의 소유물처럼 생각한다. 그러나 절대 권력을 쥔 왕은 독재자에 불과하다. 맹자는 이런 독재자를 물리쳐야 한다고 믿었다. 그래서 이렇게 선언했다.

"백성은 귀하고〔民爲貴〕 왕은 가볍다〔君爲輕〕."

'나라를 위해 목숨을 바쳐라.' 맹자는 이런 말을 부정한다. 대신 '왕은 백성을 위해서 머슴 노릇을 하라' 고 말한다. 맹자가 말하는 왕자(王者)란 백성을 위해 봉사하는 최고 통치자를 말한다. 반대로 백성을 얕보고 군림하는 통치자를 패자라고 한다. 패자는 성군이 되기는 어렵지만 폭군으로 둔갑하기는 쉽다. 그렇다면 맹자는 국민이 투표를 해서 대통령을 뽑은 것은 어떻게 바라볼까? 진실로 국민의 뜻에 따른 투표라면 찬성하고 좋아할 것이다. 그러나 민의(民意)를 조작하고 음모와 술수를 부려 투표라는 형식을 빌려 빚어 낸 결과라면 진노할 것이다. 성현은 백성을 속이는 치자를 가차없이 부정한다.

"백성의 마음을 얻으면 천자가 되고〔得乎丘民而爲天子〕, 천자의 마음을 얻으면 제후가 되고〔得乎天子爲諸侯〕, 제후의 마음을 얻으면 대부가 된다〔得乎諸侯爲大夫〕."

맹자는 이렇게 밝힌다. 대통령은 백성이 뽑는다. 그러면 대통령은 백성을 대신해 장관을 뽑는다. 장관은 먼저 대통령의 마음에 들어야 한다. 또 그렇게 장관이 된 다음에는 백성을 위해 열심히 일해야 한다. 장관은 국장을 정한다. 국장 역시 장관의 마음에 들어야 한다. 그렇게 국장이 된 다음에는 마찬가지로 백성을 위해 열심히 일해야 한다.

상관의 눈치만 보는 사람은 다스리는 위치에 있을 자격이 없다. 백성의 눈치를 보고 바라는 바가 무엇인지 찾아서 해결하는 마음이 없다면 귀한 백성의 머슴 노릇을 할 수 없다는 것이 맹자의 정치관이다. 이러한 정치관을 무시하면 곧 독재자의 길을 트게 된다. 독재자는 백성을 종으로 만들어 굶주림의 구렁텅이로 몰아넣는다. 맹자는 이런 독재자는 갈아치워야 한다고 주장한다. 정치가 썩었다면 혁명을 통해서라도 싱싱한 정치로 바꿔야 한다는 것이 군위경(君爲輕)이라는 말속에 들어 있다. 남명(南冥) 선생은 선조를 향해 이렇게 직언했다.

"백성이 강물이라면 임금은 조각배에 불과합니다. 백성이 노하면 조각배는 산산조각나고 납니다."

이 말을 들은 선조는 진노해 남명 선생을 사약으로 다스리려고 했다. 남명 선생은 맹자의 말을 본받아 말해 주었던 것이다. 그러나 참말을 해 주었음에도 새겨들을 줄 모르고 분노했던 선조의 됨됨이야말로 맹자의 칭송을 받을 수 없다. 치자가 군림하는 세상은 언제나 고달프다. 그런 면에서 몇몇의 치자를 위해 수많은 백성이 도탄에 빠지는 세상은 백성에 의해 전복되어야 한다는 맹자의 정치관은 변할 수 없는 통치의 진리다. 맹자는 이미 2천여 년 전, 힘만 가지고 천하를 주름잡으려 야망을 부풀리던 시대에 대항하여 양심 선언을 했던 것이다.

새겨 둘 어록

백성이 귀하고, 나라는 그 다음이며, 왕은 가볍다[民爲貴 社稷次之 君爲輕].

10

성인(聖人)과 선생(先生)

성인은 변함없는 선생이다

선생은 사람이 되는 법을 터 주는 길로 인도한다. 그런 길을 가장 먼저 터서 사람들로 하여금 걸어가게 하는 사람이 성인이다. 그러므로 인생에 있어 가장 으뜸가는 선생은 곧 성인이다. 성인의 성(聖)은 가장 먼저 창조했음을 뜻한다. 공자가 성인인 것은 공자가 인의의 길을 가장 먼저 터 준 까닭이다. 인의를 벗어나면 인간이 아니라는 것이 공자의 가르침이다. 맹자는 이러한 가르침을 더욱 넓혀 빛나게 했으니 맹자 또한 성인이요, 선생이다.

"성인은 변함없는 선생이다〔聖人百歲之師也〕."

맹자가 이렇게 밝힌 것은 인간은 성인의 뜻을 벗어나 살 수 없다는 데 그 참뜻이 있다. 공자는 '사람이 능히 길을 넓힐 수 있다〔人能弘道〕' 고 했다. 맹자는 공자의 길〔道〕을 사람〔人〕과 인〔仁〕을 합친 것이라고 밝혔다. 그리고 맹자는 인인(仁人)이라고 했다. 어진 마음과 행동이 곧 사람이 되게 한다는 말이다. 성인은 그런 길을 터서 넓히는 선생이다.

지식을 가르치는 사람은 교사(教師)다. 선생 노릇은 무시한 채 교사 노릇만 한다면 자신의 제자를 기능공으로 키울 수는 있어도 사람답게 키울 수는 없을 것이다. 아무리 지식이 많아도 사람 됨됨이가 형편없는 인간은 사람을 위해 지식을 쓰기보다는 사람을 해치는 데 쓰기 쉽다. 지금의 첨단 과학은 물질을 다루는 지식만을 양산해 낸다. 그런 지식의 하수인 노릇을 하는 첨단 기술은 인간의 몸을 편하게 하는 제품만을 만들어 낼 뿐 인간의 마음을 편하게 하지는 못한다. 성인과 성현은 그런 것에 대해 침묵한다.

어떻게 하면 사람의 생각과 행동을 선하고 어질며 현명하게 할 수 있을까? 성인은 이런 문제에 대해 남김없이 해명해 주려고 한다. 그래서 맹자는 백이(伯夷)를 빌려 이렇게 말한다.

"백이의 생각과 행동을 들으면 꽉 막혔던 못된 인간이 청렴해지고〔聞伯夷之風者頑夫廉〕, 겁 많은 인간은 제 뜻을 세우게 된다〔懦夫有立志〕."

여기서 풍(風)은 생각하고 행동함을 말하고, 완부(頑夫)는 제 욕심만 아는 탐욕스러운 인간을 말한다. 염(廉)은 청렴해 부끄러울 것이 없음이다. 그리고 유부(懦夫)는 남의 눈치나 비위만 살피면서 제정신을 차리지 못하는 겁 많은 인간을 말한다.

완고한 인간은 자기만 풍족하면 그만이라는 탐욕 때문에 남을 가난하게 만든다. 그러나 청렴한 인간은 스스로 검약하고 검소하여 남을 풍요하게 한다. 공맹은 백이의 생각과 행동을 들으면 인간이 백이처럼 변화될 수 있다고 믿었다. 맹자가 말했다.

"유하혜의 생각과 행동을 들으면〔聞柳下惠之風者〕 매몰찬 인간이 후해지고〔薄夫敦〕, 비루한 인간이 넉넉해진다〔鄙夫寬〕."

박부(薄夫)는 매정하고 매몰찬 인간을 말하고, 돈(敦)은 인정이 두터워 훈훈한 바람이 나는 인품을 말한다. 비부(鄙夫)는 자신을 속여 비겁하고 비루해 너절하고 꽁한 인간이다. 관(寬)은 마음 씀씀이가 깊고 넓어 오해보다는 이해를, 미움보다는 사랑을 먼저 갖는 마음씨를 말한다.

맹자는 우리가 백이의 생각과 행동을 통해 완(頑)을 염(廉)으로 바꾸어 놓는 비밀, 유(懦)를 입지(立志)로 바꾸어 놓는 비밀을 터득할 수 있다고 가르쳐 준다. 완은 자신에게만 넉넉할 뿐 남에게는 깍쟁이 짓을 하는 벽창호와 같다. 염은 스스로 아껴서 남을 풍요롭게 해 주는 마음의 모습이다. 유(懦)는 남의 비위를 거스를까 봐 겁내는 것이요, 입지(立志)는 선한 것을 택한다는 뜻이다. 맹자는 유하혜(柳下惠)의 생각과 행동을 통해 박한 마음을 돈독한 마음으로, 너절하고 더러운 마음을 넓고 깨끗한 마음으로 바꾸어 주는 비밀을 터득할 수 있다고 가르쳐 준다. 공자는 '세 사람만 모여도 그중에 선생이 하나 있다' 고 했다. 인생의 지혜를 가르쳐 주는 성인을 선생으로 모시고 살라. 이것이 맹자의 간절한 부탁이다.

공맹(孔孟)의 주유(周遊)

공자가 주 나라를 떠날 때

여우도 죽을 때는 자기가 태어난 언덕을 향해 눈을 감는다고 한다. 하물며 인간이야 더 말해 무엇하랴. 사람들은 저마다의 가슴에 고향을 하나씩 안고 인생이란 한평생을 걸어간다. 여로(旅路)는 인간을 마치 나그네로 만들기도 한다. 고향에서 한평생을 보내기보다 타향살이를 하는 경우가 더 많다. 그렇다면 인간은 왜 고향에 연연해하는 걸까? 태어나 자라난 곳이요, 길러 주고 키워 준 부모가 살던 고을인 까닭이다.

맹자는 공자를 선생으로 모시고 자신의 뜻을 편 성현이다. 맹자는 공자가 터놓은 성인의 길을 어김없이 따라가면서 상처 입고 아파하는 전국 시대의 난세를 치세로 옮겨 놓아야 한다는 뜻을 세웠다. 그리고는 선생이 그랬듯이 전국 시대라는 가시밭을 두루 돌아다녔다. 맹자는 선생의 주유(周遊)를 이렇게 밝혔다.

"공자가 노 나라를 떠날 때 발이 잘 떨어지지 않는다고 말했다

〔孔子之去魯曰遲遲吾行也〕. 부모의 나라를 떠나는 도리였다〔去父母國之道也〕. 제 나라를 떠날 때는 물에 담근 쌀을 손으로 건져 가지고 떠나셨다〔去齊 接淅而行〕. 남의 나라를 떠나는 도리였다〔去他國之道也〕."

지지(遲遲)는 떠나는 발걸음이 차마 떨어지지 않음을 뜻하고, 접석(接淅)의 접(接)은 손으로 건져 올림을, 석(淅)은 물에 불린 쌀을 의미한다.

공자의 조국 노 나라는 공자를 성인으로 모실 줄 몰랐다. 공자가 아무리 노 나라를 잘되게 하는 말을 올려도 들어주지 않았다. 결국 공자는 다른 나라에 가서 뜻을 펴기 위해 천하를 주유했다. 그러나 공자는 조국이 자신을 아무리 실망시켜도 저버릴 수 없었다. 부모의 나라요, 조상의 나라였던 까닭이다. 공자는 소중한 목숨을 물려준 부모의 나라를 사랑했기 때문에 조국을 떠날 때 발길이 무거웠던 것이다.

타국에 가서도 뜻을 펴지 못하자 공자는 서슴없이 떠났다. 다른 나라로 갈 때도 먹을 것만 준비하여 아무런 후회 없이 홀연히 떠났다. 왕도(王道)를 걷게 하려고 왔을 뿐 다른 의도가 없었던 공자로서는 그 무엇에도 연연해할 까닭이 없었던 것이다. 주인이 손님〔客〕의 뜻을 사 주지 않으면 떠나는 것이 도리다. 인을 마다하는 곳에 남아 있으면 불인의 어리석음만 짓는다.

제(齊) 나라의 신하들은 하염없이 떠나는 공자를 두고 굴러 온 돌이 박힌 돌을 빼내려 했다고 빈정거렸을 것이다. 왕이 성군이 될 요량이 없으면 그 밑의 신하들 역시 간신배의 꿈만 키울 뿐 백성의 머슴이 될 생각은 하지 않는다. 비록 그들은 인의의 길을 트려는 군자를 냉대했지만 공자는 인의의 뜻을 굽히지 않았다. 군자는 소인배의 입질을 문제삼지 않는다.

선을 두고 흥정하지 마라. 그러면 하나의 선이 반선(半善)이 되고, 그 절반마저 악이 훔쳐 갈 수 있는 까닭이다. 선하면 요구하지 않고 베푸는 길을 택하며, 선하면 오해하지 않고 이해하는 길을 택한다. 그리고 미워하는 길을 벗어나 사랑하는 길을 넓힌다. 어떤 장애물이 그 길을 가로막고 있다면 그 장애물을 치워야지 돌아서 길을 틀 것은 없다. 군자는 큰길을 갈 뿐 샛길이나 지름길을 염탐하지 않는다. 그래서 공자는 물에 불린 쌀을 손수 건져 하염없이 제 나라를 떠난 것이다.

마땅한 일이 아니라면 가차없이 손을 떼라. 당당하지 못한 일이라면 처음부터 범접하지 마라. 잘못된 짓거리는 인을 저버리기 쉽다. 인을 저버리면 불의가 주인 노릇을 한다. 불의 앞에 조아리고 종노릇을 하면 누구나 죄인이 된다. 공자가 타국을 조국처럼 연연해하지 않았던 사연을 그렇게 새겨 두어도 될 것이다.

군자는 변명하지 않는다

간에 붙었다 쓸개에 붙었다 하는 심술은 등치고 간 내먹는 짓을 마다하지 않는다. 유리하면 따라붙고, 불리하면 등을 돌리는 무리는 썩은 고깃덩어리에 엉겨붙는 개미떼에 불과하다. 주인이 먹이를 주면 좋아하고 꼬리를 치던 개도 굶으면 주인의 허벅지를 노린다고 한다. 이런 인간들이 있는 탓에 사람을 키우는 것은 호랑이 새끼를 키우는 꼴이 되기 쉽다는 말이 나왔을 것이다. 호랑이 새끼를 키워 주면 자라서 주인을 잡아먹으려 할 수도 있다. 이런 짓거리는 소인들이나 하는 짓이다.

군자는 달면 삼키고 쓰면 뱉는 짓을 못하는 것이 아니라 하지 않는 것이다. 달면 단 대로 삼키고, 쓰면 쓴 대로 삼키는 것이 군자다. 변명하거나 구실을 찾아 발뺌하는 속셈을 군자는 모른다. 그래서 소인배의 눈으로 군자를 보면 옹고집쟁이처럼 보일 수도 있다. 무슨 일이 있어도 바른 길을 벗어나지 않기 때문이다. 정도(正道)면 된다. 이것이 군자의 뜻이다.

"군자가 진 나라와 채 나라 사이에서 곤란을 당한 것은〔君子之戹於陳蔡之間〕 위아래로 접촉한 사람이 없었던 까닭이다〔無上下之交也〕."

여기서 맹자가 말하는 군자는 공자를 말한다. 액(戹)은 액(厄)과 같다. 액은 곤궁과 곤란을 당한다 함이다. 공자께서는 초(楚)나라로 가는 도중에 진 나라와 채 나라 어간에서 곤란을 당했다. 그로 인해 이레 동안이나 끼니를 잇지 못하고 굶어야 했다. 제자들 역시 굶주림에 시달려 피골이 상접한 지경에 이르렀다. 그러나 공자는 먹을 것을 달라고 애걸하거나 구걸하지 않았다. 정도를 벗어나 군림했던 진 · 채의 관리들과 홍정하지 않았고, 타협하지 않았다. 맹자는 '차라리 굶는 쪽을 택했다'는 고사를 상하의 접촉이 없었다〔無上下之交〕라는 말로 풀이하고 있는 것이다. 여기서 상하란 군신(君臣)을 말한다.

진과 채 양국의 왕과 신하들은 선하지 못했던 모양이다. 선했더라면 공자가 곤궁을 당하면서까지 그들과의 접촉을 마다했을 리가 없다. 갈증에 시달리면서도 우물 이름이 도천(盜泉)이라는 말을 듣고 샘물을 마시지 않았다던 공자가 너절한 군신들의 도움을 받았을 리 없다. 이러한 공자를 두고 융통성이 없다고 입질할 것 없다. 인의를 실천하는 것이 목숨만큼 소중했던 성인에게는 불의와 타협할 수 없었던 신념이 있었다는 사실을 잊지 말아야 한다.

인생은 두루뭉수리가 아니다. 구렁이 담 넘어가듯 인생을 요리하다 보면 자기도 모르는 사이에 인생을 시궁창으로 몰아가게 된다. 왜냐하면 인생이란 현장에는 늘 선악이 함께하기 때문이다. 공맹은 현실을 낙원으로 변화시키려던 뜻을 굽히지 않았던 선생들이다. 낙원은 어디인가? 오로지 선한 곳이다. 지옥은 어디인가? 오로지 악한 곳이다. 그러나 소인배가 지배하는 인생의 현실은 선악이 함께 있기에 낙원과 지옥이 섞여 있다. 공맹은 인생의 현실을 지옥으로 끌고 가려는 불인과 불의를 쓸어 내고 싶어서 천하를 두루 돌아다닌 것이다.

'목구멍이 포도청이다', '사흘 굶어 변절하지 않을 놈 없다.' 이렇게 말하며 자기 변명을 늘어놓는 버릇에 물들지 마라. 그렇게 하면 할수록 나 자신과 내 인생을 전당포에 잡혀 놓고 살기 쉽다. 빚쟁이가 돈놀이꾼에게 시달리듯이 내 인생을 궁지로 몰아가는 것보다 더 어리석은 짓은 없다. 그래서 현명한 사람은 목구멍 타령을 하면서 구걸하는 짓을 처음부터 하지 않는다.

이레를 굶고도 사악한 무리와 타협하지 않은 공자를 맹자는 왜 드러내 놓고 말해 두었을까? 정도가 아니면 인생을 걷지 말라는 충고로 새겨 두라는 뜻일 것이다. 이 말은 변절하고 굴절하면서 삶을 꾸려 가는 자들을 부끄럽게 한다. 그러나 세상은 똥 묻은 개가 재 묻은 개를 흉보는 꼴로 변해 가고 있으니 공자가 이 세상에 다시 온다면 이레가 아니라 석 달 열흘을 굶어야 하는 꼴이 빚어질 것이다. 이런 현실에서 공맹의 말을 듣는다는 것은 상처받은 마음을 알코올로 소독하는 기회를 얻는 것과 마찬가지다.

정도(正道)와 험담(險談)

올바르다면 남의 입질을 무서워 마라

허물은 남의 흉질을 겁내고 무서워한다. 남이 잘되면 배아파하는 마음은 자신의 입을 더럽게 한다. 남이 잘 안 되면 고소해하는 마음은 자신의 입을 추하게 한다. 시기하는 것도 못난 짓이고, 시샘하는 것도 역한 짓이다. 구역질나게 하는 인간들이 많다 해도 내 마음이 맑고 깨끗하다면 더러운 입질은 옷에 묻은 오물에 불과하다.

학계(貉稽)라는 자가 맹자를 찾아와 남들의 입질 탓에 속이 있는 대로 상한다며 푸념했다. 이에 맹자는 속상해할 것 없다면서 이렇게 타일러 주었다.

"선비는 잦은 입질을 싫어하오〔士憎玆多口〕."

증(憎)은 증오한다는 말이며, 다구(多口)는 이 말 저 말로 주접떠는 것을 말한다. 공자도 눌언(訥言)이 어진 것에 가깝다고 했다. 눌언은 말을 아끼고 소중히 하는 것이다. 말의 소중함을 아는 자는 말을 아낀다. 말을 아껴 할 말만 하는 것, 그 또한 침묵으로 통한다.

공자 같은 성인도 비난과 저주를 받았으며 비아냥거림도 당했다. 본래 까마귀 고을에 학이 날면 까마귀의 입질에 오르락내리락하기 쉬운 법이다. 그러나 공자 같은 성인은 소인배의 입질에 아랑곳하지 않는다. 왜냐하면 공자는 자신이 걷는 길이 정도임을 확신하는 까닭이다. 맹자는 이러한 확신을 《시경(詩經)》의 시 구절에서 찾을 수 있다고 학계에게 가르쳐 준다.

"괴로운 마음은 근심에 싸여 있도다〔憂心悄悄〕. 소인배들을 성나게 하도다〔慍于群小〕."

우심(憂心)은 괴로워하는 마음이다. 공자에게는 괴로운 마음이 있었다. 공자는 왜 괴로워했을까? 세상이 인의로 다스려지지 않아서였다. 이러한 공자의 괴로움을 소인배들이 시샘하고 시기해 성난 입질을 했다고 맹자는 밝혀 준다.

인은 불인을 용서하지만 불인은 인을 미워한다. 못난 인간은 스스로를 부끄럽게 하는 짓을 뉘우치기는커녕 억지로 타도하려고 한다. 의는 불의를 포용하지만 불의는 의를 매도한다. 불인과 불의를 부끄러워하는 마음은 잘못과 허물을 뉘우칠 줄 안다. 소인배는 누구인가? 부끄러운 것을 뉘우칠 줄 모르는 자다. 그래서 소인배는 뻔뻔하고 영악하다.

그러면서 맹자는 또다시 주 나라 문 왕의 경우를 들어 험담을 두고 속상해할 것 없다고 타일러 준다.

"변방 오랑캐들이 성냄을 끊지 않았으나〔肆不殄厥慍〕 나라의 권위도 잃지 않았도다〔亦不隕厥問〕."

앞의 궐(厥)은 변방의 오랑캐를 뜻하고, 뒤의 궐(厥)은 주 나라를 뜻한다. 주 나라는 무려 백 년 동안이나 오랑캐에게 시달렸다. 그러나 주 나라 문 왕은 오랑캐 무리를 힘으로 무찌를 생각을 하지 않았다. 힘으로 무찌르면 주 나라 백성들이 피를 흘려야 함을 근심했던 까닭이다. 그러나 오랑캐들의 입질은 달랠수록 사나워져 주 나라의 비옥한 땅마저 내놓으라는 지경에 이르렀다. 이에 문 왕은 땅이 줄어들지언정 백성을 전쟁의 구렁텅이로 몰아넣을 수는 없다며 먼 곳으로 옮겨갔다. 그러자 백성들도 문 왕의 뒤를 따랐다. 이런 문 왕을 비겁하다고 할 수는 없다. 문 왕은 백성을 구하는 길을 택했던 까닭이다. 똥이 무서워 피하는 것은 아니지 않는가?

대인은 소인배와 다툼을 하지 않는다. 차라리 지고 만다. 그러나 소인은 요구만 할 줄 알지 양보할 줄은 모른다. 또한 소유할 줄만 알지 베풀지는 못한다. 대인은 베풀 줄은 알아도 소유해 독식할 줄을 모른다. 소인배의 현실에서는 다툼과 싸움이 이어지지만 대인의 현실은 언제나 화목하다.

맹자가 학계에게 소인배들의 입질 때문에 속상해할 것 없다고 잘라 말해 준 속뜻을 잊지 않을수록 험한 세상을 헤쳐 나가는 등불을 밝힐 수 있다. 소인배의 멱살을 잡고 나는 옳고 너는 그르다 하며 시비를 걸어서 해결될 것은 아무것도 없다. 소인배는 제 잘못을 모르는 까닭이다.

13

현자(賢者)와 혹자(或者)

흐린 것은 밝게 할 수 없다

현명한 마음이 어리석은 마음을 밝게 할 수는 있다. 그러나 어리석은 마음이 현명한 마음을 어리석게 할 수는 없다. 현명하면 옳고 그름을 알지만 어리석으면 무엇이 옳고 그른지를 모르는 까닭이다. 미혹(迷惑)과 지혜는 동전의 앞뒤와 같아서 틀린 것을 틀렸다고 하면 지혜이고, 틀린 것을 맞았다고 하면 곧 미혹이 된다. 미혹은 어리석음이다. 어리석은 것보다 더 불쌍한 것은 없다. 불가에서는 중생을 향해 자비의 눈물을 흘린다고 한다. 어리석은 중생이 불쌍해서 흘리는 눈물이 미혹을 깨우쳐 준다는 것이다. 그러나 세상은 항상 어리석은 짓으로 멍들고 상처입는다. 불가에서는 이러한 세상을 고해(苦海)라 하고, 유가에서는 난세(亂世)라 한다. 왜 난세가 그치지 않는가? 맹자의 말을 들으면 그 해답을 찾을 수 있다.

"현명한 사람은 자신의 밝은 마음으로[賢者以其昭昭] 남을 밝게 한다〔使人昭昭〕. 지금은 저마다 흐려진 마음을 갖고〔今以其昏昏〕 남을 밝게 하려고 덤빈다〔使人昭昭〕."

소소(昭昭)는 밝음이요, 혼혼(昏昏)은 흐림이다. 현명한 사람은 남을 현명하게 하지만 어리석은 사람은 자기는 물론 남마저 어리석게 한다.

어리석은 마음은 험해지는 줄도 모르고, 나아가 남마저 어리석게 만드는 꾀를 부린다. 음모와 술책, 그리고 음해 따위는 모두 어리석은 마음이 빚어 내는 잔꾀다. 맹자는 어리석은 마음이 지어내는 잔꾀를 혼혼(昏昏)이라고 비유해 밝히고 있다. 혼혼은 빛이 사라져 흐려지고 어두워지는 것을 말한다. 태양이 넘어가면 어둠이 오고, 생명의 빛이 꺼지면 죽음이 오는 것이다. 어리석음에 빠져 미쳐 버리면 살아 있는 사람을 혼절(昏絶)하게 한다.

양초에 심지가 없으면 불꽃이 붙지 않는다. 현명한 마음은 양초에 박혀 있는 심지와 같다. 흐리고 어둠을 밝히는 촛불은 심지가 있어야만 밝은 빛을 내는 불꽃이 된다. 이처럼 현명함은 마음속에 있는 심지와 같다. 소소(昭昭)는 밝고 밝은 것이다. 생명을 밝게 하고, 삶을 행복하게 하는 마음의 빛은 언제나 장엄하다. 불가의 화엄(華嚴)도 따지고 보면 현명함의 극치요, 온 지혜의 우주다. 유가의 성인 역시 현명의 화신이다.

노자는 현명한 것을 일러 명지(明智)라고 했다. 내가 나를 아는 것이 명(明)이고, 내 밖에 있는 것을 아는 것이 지(智)다. 노자는 명이 근본이고, 지가 말단이라고 밝혀 주었다. 맹자가 말하는 밝고 밝은 것〔昭昭〕은 노자의 명과 통한다. 왜냐하면 현자는 밖에 있는 것을 알기 전에 먼저 안의 것을 속속들이 알고 있기 때문이다. 여기서 밖에 있는 것이란 무엇일까? 온갖 사물이요, 타인이다. 여기서 안이란 무엇일까? 바로 나 자신이다. 소크라테스도 자기 자신을 먼저 알라고 했다. 현명한 사람이 되려면 무엇보다 나 자신을 먼저 살펴야 한다.

자신을 은폐하지 마라. 그렇지 않으면 어리석어진다. 자신을 속이지 마라. 그렇지 않으면 어리석어진다. 남을 속이는 것은 남을 속이기 이전에 자기 자신을 속이고 덤비는 무모함이다. 이러한 무모함이 인생을 험하게 하고 망하게 한다. 그러면 어느 인생이든 험상궂어진다. 그러므로 불행을 막는 방패와 창은 곧 현자가 된다. 현명한 사람, 그는 어리석음을 가장 두려워한다. 남의 어리석음이 아니라 자신의 어리석음을 두려워한다.

어리석어 겁이 없는 것과 현명해 겁이 없는 것은 다르다. 현명한 자가 겁을 내는 것은 어리석음이 얼마나 무서운 것인가를 아는 까닭이고, 어리석은 자가 무모한 것은 그 무서움을 모르는 까닭이다. 죽이 되든 밥이 되든 일단 해 놓고 보자는 용심은 소 잡는 칼과 같다. 현명한 사람은 그런 칼질을 하지 않는다. 밝은 마음으로 자신을 밝게 하고 남을 밝게 한다. 그러나 어리석은 사람은 실제로는 남을 어둡게 하면서 밝게 한다고 거짓을 범한다.

14

선생(先生)과 제자(弟子)

길도 버려두면 풀밭이 된다

비질을 한 번 한다고 해서 마당이 깨끗해지는 것은 아니다. 하루 내내 깨끗한 마당을 유지하려면 무시로 비질을 해야 한다. 이처럼 무엇을 깨끗이 보존한다는 것은 쉴 새 없이 쓸고 닦아야 한다는 것을 의미한다. 깨끗한 인간이 되는 데도 예외가 아니다. 몸이 더러우면 남에게 씻겨 달라고 할 수 있지만 마음이 더러우면 남이 대신해 씻어 줄 수 없다. 더럽고 추한 마음은 내버려둔 탓이요, 맑고 밝아 깨끗한 마음은 스스로 갈고 닦은 덕이다.

맹자는 버려두면 잃을 것이요, 구하면 얻을 것이라고 했다. 무엇을 잃고 얻는다는 말일까? 바로 깨끗한 자기 자신이다. 깨끗한 나를 잃으면 그 자리에 바로 더럽고 추한 자신이 자리잡는다. 자신이 못난 존재인 줄도 모르고 잘난 척하는 추한 인간의 모습은 가관이다. 이런 인간을 두고 꼴불견이라고 한다. 군자가 되기는 어렵지만 꼴불견이 되지 않도록 하는 것은 그리 어려운 일이 아니다. 자신을 살펴 부끄러워하고 뉘우칠 줄 알면 스스로 꼴불견이 되지 않을 수 있는 까닭이다.

도가(道家)의 무기(無己)도 나를 찾는 방법이고, 유가(儒家)의 정기(正己)도 나를 찾는 방법이다. 불가(佛家)의 고행(苦行) 역시 나를 찾는 방법이다. 이 말들은 모두 어리석은 나를 깨우친 나로 바꾸라 함이다. 온갖 욕망의 늪에 빠져 허우적거리는 나를 건져 내 바른 세상에서 제대로 살게 하려면 어떻게 해야 할까? 맹자의 대답이 이 물음에 틀림없는 길잡이가 되어 줄 것이다.

"산길의 발자국 사이도 자주자주 밟으면 한길이 된다〔山徑之蹊間 介然用之而成路〕. 잠시라도 밟고 다니지 않으면 띠풀이 산길을 막아 버린다〔爲間不用 則茅塞之矣〕."

혜간(蹊間)은 발자국 사이를 말한다 개연(介然)은 여러 가지로 풀이하지만 '자주자주'라는 뜻으로 보면 문맥에 어울린다. 그리고 노(路)는 큰 길로, 경(徑)은 좁은 길로 보면 되며, 모(茅)는 띠풀이다.

"지금 띠풀이 자네의 마음을 막아 버렸다네〔今茅塞子之心矣〕."

맹자는 제자인 고자(高子)에게 이 말을 해 줌으로써 제자를 뜨끔하게 했다. 고자는 제(齊)나라 사람으로, 맹자의 제자였지만 뒷날에는 선생의 뜻을 어겼다는 뒷말이 있다. 말하자면 고자는 인의의 길을 벗어나 다른 길로 빠져들었던 모양이다. 인의의 길은 사람이 걸어가야 하는 길이다. 그러나 그 길은 닦여져 있는 것이 아니라 내가 항상 닦고 터야 하는 새 길이다. 그래서 공자는 하루하루가 새롭다〔日新日新又日新〕고 했다. 맹자가 비유한 띠풀〔茅〕은 인의를 벗어나 어긋난 것, 즉 사악한 것을 상징한다고 보면 된다.

우리는 오라는 행복은 멀어지고 오지 말라는 불행은 겹쳐 온다고 투덜대고 푸념하면서 살고 있다. 왜 오라는 행복이 멀리 달아나겠는가? 행복을 성취할 수 있는 길을 마다하고 불행이 겹치는 길을 가고 있기 때문이다. 그러면서 행복이 오기를 바라는 것은 돌장승이 숨쉬기를 바라는 것과 같다.

'사람이 능히 길을 넓힐 수 있다〔人能弘道〕.' 이는 공자의 말이다. 산길도 자주자주 사람이 밟아 주면 한길이 된다는 맹자의 말도 같은 맥락이다. 넓게 터야 할 인간의 길을 인의라 한다. 이는 곧 어진 사람이 되고, 올바른 사람이 되라 함이다. 악한이 되지 말고, 선한 사람이 되라는 말이다. 나만 잘되면 그만이라며 남을 해치는 마음은 악한이고 사탄이며 악마다.

우리는 아침마다 얼굴을 씻고 양치질을 한다. 그러나 얼굴을 씻고 이빨만 닦을 것이 아니라 때묻은 마음을 먼저 씻고 추한 마음을 먼저 닦아 내라. 이것이 곧 사람이 걸어가야 할 길인 까닭이다. 하지만 우리는 지금 사람이 걸어가야 할 길을 막고 서서 장애물을 놓는 짓을 겁 없이 하고 있다. 이렇게 참담한 일을 자초해 놓고는 원통하다며 땅을 친다. 잡초 밭처럼 되어 버린 마음이 무섭다.

겉만 보고 판단하지 마라

고자가 맹자에게 우 왕의 음악이 문 왕의 음악보다 훌륭하다고 하자 맹자가 그 연유를 물었다. 이에 고자가 말을 올렸다.

"이추여(以追蠡)."

여기서 추(追)는 쇠북을 매다는 꼭지를 말한다. 여(蠡)는 벌레가 갉아먹어 닳은 모습이다. 고자는 쇠북이 악기로서 얼마나 많이 사용되었는가를 보려면 꼭지가 얼마나 닳았는지를 보면 알 수 있다는 뜻으로 맹자에게 그렇게 말한 것이다.

우 왕과 문 왕 사이에는 천 년의 시간 차이가 난다. 천 년 전에 만들어진 우 왕 때의 쇠북 꼭지는 천 년 뒤에 만들어진 문 왕 때의 쇠북 꼭지보다 많이 낡아 닳아 있었을 것이다. 고자는 그것을 보고 우 왕 때의 쇠북은 많이 사용해서 닳았고, 문 왕 때의 쇠북은 별로 사용하지 않아 닳지 않았다고 여긴 모양이다. 고자의 말에 맹자가 반문했다.

"그것으로 어찌 그렇게 말할 수 있는가〔是奚足哉〕? 성문의 수레바퀴 자국이 말 두 필의 힘을 나타낸단 말인가〔城門之軌 兩馬之力與〕?"

이 말은 겉만 보고 속을 판단하지 말라 함이다. 수레에는 두 바퀴가 달려 있다. 맹자는 두 필의 말이 끌고 간 바퀴 자국을 보고 어느 말이 더 힘이 더 세다고 말할 수 있겠느냐고 반문한 것이다. 수레가 지나간 흙바닥은 움푹 패이게 마련이다. 수레에 실은 짐의 무게에 따라 바퀴 자국의 깊이는 달라질 것이고, 또 달리다 멈추면 그 자리에는 더 깊은 자국이 남을 것이다. 그러나 자국의 깊이를 보고 말의 힘을 비교할 수는 없는 일이다. 하지만 말의 힘을 비교할 수 있다는 듯이 쇠북의 꼭지 상태를 보고 우 왕 때의 음악과 문 왕 때의 음악을 비교했으니 고자는 얼마나 경박하고 경솔한가.

반풍수가 집안 망친다고 했다. 확실하게 모르면서 아는 척하려면 차라리 모르는 것만 못하다. 선무당이 사람 잡는 법이다. 그러나 우 왕도 성인이고, 문 왕도 성인이라고 여겼던 맹자는 경박하고 경솔한 제자에게 면박을 주지 않고 사리 판단이 어긋나면 안 됨을 지혜롭게 가르쳐 준다. 선생은 면박을 주거나 회초리를 들지 않는다. 얼마나 어리석은가를 스스로 깨닫고 터득하게 해 줄 뿐이다.

맹자와 고자가 나눈 음악에 관한 대화는 오늘날과 같은 음악을 두고 말하는 것은 아니다. 당시의 음악이라고 하는 것은 곧 정치로 통한다. 백성을 다스리는 방법으로 음악을 생각했던 까닭이다. 우 왕도 덕으로 세상을 다스렸고 천 년 뒤의 문 왕도 덕으로 세상을 다스렸다. 두 왕 모두 덕으로 세상을 다스려 백성이 편안히 살 수 있도록 했다. 그러니 두 왕의 음악을 두고 어느 것이 더 훌륭하다고 말하지 말라는 것이 맹자의 가르침이다.

겉모습의 빛깔로만 따진다면 개살구가 참살구보다 훌륭하다. 참살구는 빛깔이 곱지 않지만 개살구는 빛깔이 눈부시게 곱다. 그러나 개살구는 속살이 없는 반면 참살구는 살이 깊고 향기가 그윽하다. 겉보기에는 개살구가 좋지만 먹기로는 참살구가 좋다. 겉만 보고 개살구가 참살구보다 가치 있다고 하는 것은 속 모르고 내리는 판단일 뿐이다.

경솔한 판단은 어긋나게 마련이다. 모르면서 안다고 하면 탈이 나는 법이고, 생선 살 속에 가시가 있는 줄 모르면 목구멍에 가시가 걸리고 만다. 속사정을 알려면 겉을 걷어 내고 속을 들여다보아야 한다. 그렇지 않고 선불리 판단하는 것은 판단하지 않은 것만 못하다. 세상을 헤쳐 가면서 판단을 하기 전에는 일단 세 번을 먼저 생각하라는 말은 언제 어디서나 지혜로 통한다. 하나만 알고 둘은 모르면 마음이 애꾸 또는 절름발이가 된다.

15

수치(羞恥)와 회오(悔悟)

뉘우치면 깨우치게 된다

마음에 없는 일을 하는 것은 동물원에 빌붙어 사는 길들여진 물개와 같다. 꽁치 한 마리를 얻어먹기 위해 재주를 부리는 물개는 불쌍하다. 물개가 불쌍한 것은 인간이 그렇게 만들었기 때문이다. 그러나 인간은 자기 스스로를 불쌍한 존재로 타락시키는 짓을 범하기도 한다. 스스로 불쌍한 존재로 전락하는 것보다 더 수치스러운 일은 없다. 삶은 목숨이 누리는 장엄함이다. '장대하고 엄숙한 삶을 누추하게 하지 마라.' 스스로 이렇게 다짐하는 사람은 훌륭하다.

남들이 좋아한다고 우스운 짓을 하는 사람은 허깨비나 들판에 서 있는 허수아비에 불과하다. 인기의 노예가 된 자는 따지고 보면 대중의 영웅이 아니라 자기를 잃어버리고 허공에 떠 있는 풍선과 같다. 당치 않은 사람을 두고 허파에 바람이 들었다고 비유한다. 오기와 만용을 부리는 자는 제정신을 차리지 못하고 호랑이 등에 올라탄 꼴과 같다. 자신의 뜻에 어긋난 길을 밟고 가는 목적지는 수치스러울 뿐이다.

맹자가 제 나라에 있을 때 기근이 들었다. 이에 맹자는 제 나라 왕에게 청해 당읍의 곡물 창고를 풀어 백성의 굶주림을 면하게 해 주었다. 다시 제 나라에 기근이 엄습했다. 이에 백성들은 이번에도 맹자가 왕에게 청해 당읍의 곡물을 풀어 굶주림을 풀어 주리라고 믿었다. 그러나 맹자는 그런 청을 하지 않았다. 이에 맹자의 제자인 진진(陳陳)이 왜 그렇게 하셨느냐고 공손히 묻자 맹자가 대답했다.

"그런 짓은 풍부 같이 되는 것이다〔是爲馮婦也〕."

풍부(馮婦)는 진(晋) 나라 사람으로, 맨주먹으로 호랑이를 때려잡는 데 능했다. 그러던 풍부는 뒤에 행동을 고쳐 좋은 선비가 되었다. 어느 날 풍부가 들판에 나갔는데 많은 사람들이 호랑이 몰이를 하고 있었다. 호랑이는 쫓길 때까지 쫓겨 오갈 데 없는 막다른 벼랑에 몰려 있었다. 그러나 막다른 골목에 몰린 호랑이가 벼랑을 등지고 있어서 아무도 가까이 갈 수 없었다. 때마침 그곳을 지나가던 풍부를 본 사람들은 모두 그를 환영했다. 풍부는 두 팔을 흔들면서 타고 가던 수레에서 내렸다. 맹자는 진진에게 이 이야기로 끝막음해 주었다.

"대중들은 모두 기뻐했지만〔衆皆悅之〕 선비들은 웃었다〔其爲士者笑之〕."

막다른 골목에서는 생쥐도 고양이에게 덤비는 법이다. 그러나 이렇게 간단한 지혜를 풍부는 몰랐던 것이다. 벼랑에 몰린 호랑이야 더 말할 나위도 없다. 그러나 풍부는 모든 사람들이 호랑이를 잡아 달라고 환호하는 데 홀려 예전에 그랬듯이 맨주먹으로 호랑이를 때려잡아 주겠다고 호기를 부린 것이다. 막다른 처지에 몰려 있는 것에는 순리가 통하지 않는다. 순리가 통하지 않으면 억지가 뒤따른다. 그러면 무리수가 터진다. 이렇게 되는 것은 오히려 일을 하지 않은 것만 못하다.

맹자는 왜 제 나라 왕에게 다시 간청해 백성의 기근을 풀어 주지 않았을까? 이미 막다른 벼랑에 몰린 호랑이 꼴이었던 제 나라 왕에게 무엇을 간청해 봤자 되지 않을 것임을 알고 있었던 까닭이다. 전쟁을 해서 땅을 넓힐 생각만 있었지 백성의 굶주림 따위는 아랑곳하지 않는 패도를 걷고 있던 제 나라 왕에게 실망하고 있었던 것이다. 그런 맹자가 전처럼 왕에게 간청해 기근을 막게 해 달라고 사람들이 부추긴다고 해서 우쭐하겠는가.

군자는 남들의 안목 때문에 자신의 뜻에 어긋나는 짓을 하지 않는다. 인기를 얻기 위해 공허한 행동을 하는 것은 사기다. 사기는 속임수다. 인간이 속임수를 쓰면 속임수는 그 인간을 불쌍한 존재로 만든다. 이를 모르는 무리들은 대중의 환호의 밥이 된다. 진정한 선비는 이를 비웃는다.

16

유성(有性)과 유명(有命)

인간이여, 본능을 다스려라

어린것이 사탕이 먹고 싶어 구멍가게에서 사탕을 훔쳤다면 비록 나쁜 짓이라도 이해할 수 있다. 그러나 어른이 남의 돈이 탐나서 훔쳤다면 그건 용서받지 못할 짓이다. 먹는 것이나 갖고 싶은 것을 탐내는 것은 본능이다. 어린것은 본능을 아직 다스릴 줄 모르지만 어른은 본능을 다스릴 줄 알기 때문이다. 어른이면서도 자신의 본능을 다스릴 줄 모르는 어른은 인간과 짐승의 차이를 없애 버린다. 짐승은 빼앗을 줄은 알아도 그것이 도둑질인 줄은 모른다.

동양 정신은 존재하는 모든 것에는 저마다 본성(本性)이 있다고 본다. 그리고 그 본성을 천명(天命)이라고 해석한다. 천명의 뜻은 오로지 평등할 뿐 무엇을 특별히 정해 놓고 편애하지 않는다. 천지의 입장에서 보면 사람이든 지렁이든 차별이 없다는 것이 곧 천명이다. 노장은 이러한 천명의 뜻에 순종하라 하고, 공맹은 천명의 뜻을 존중하되 그 뜻을 성스럽게 하라 한다. 공맹의 입장에서 본다면 군자는 누구인가? 인간이 부여받은 천명을 성스럽게 하는 자다.

"입은 맛을 안다〔口之於味也〕. 눈은 색깔을 안다〔目之於色也〕. 귀는 소리를 안다〔耳之於聲也〕. 코는 냄새를 안다〔鼻之於臭也〕. 사지는 편안한 것을 안다〔四肢之於安佚也〕. 이런 것들은 본성이기는 하지만 천명이 개재돼 있다〔性也有命焉〕. 그러나 군자는 이런 것들은 인간의 본성이라고 하지 않는다〔君子不謂性也〕."

구지(口之)는 입이 맛을 아는 것이고, 목지(目之)는 눈이 빛깔을 보고 아는 것이다. 이는 어떤 생물이든 다 가지고 있는 본능이다. 그러나 공맹은 인간에게는 다른 차원의 본성이 있다고 보았다. 오직 사람에게만 인의예지가 본성으로 개재돼 있다고 본 것이다.

"아버지와 아들 사이에는 인이 실천된다〔仁之於父子也〕. 임금과 신하 사이에는 의가 실천된다〔義之於君臣也〕. 손님과 주인 사이에는 예가 실천된다〔禮之於賓主也〕. 현자에게는 지혜가 실천된다〔智之於賢者也〕. 성인은 하늘이 명한 길을 따라 행한다〔聖人之於天道也〕. 이것들은 천명이기는 하나 거기에는 인간의 본성이 있다〔命也有性焉〕. 이를 두고 군자는 천명이라 부르지 않는다〔君子不謂命也〕."

태어나서 살다가 죽는 것은 천명이다. 태어나 죽을 때까지 사는 일을 인간은 내버려두지 않는다. 그래서 공맹은 인간의 세상을 치세(治世)로 본다. 치세는 세상을 다스린다는 말이며, 삶을 다스린다는 말과도 통한다. 그러나 노장은 치세를 부정한다. 인간도 만물과 더불어 다 같이 살라고 한다. 노장은 이를 자연(自

然)이라고 했다. 노장의 도가 사상은 본성을 선악으로 분별하지 않는다. 그러나 공맹의 유가는 선악을 분별하며, 인간의 본성을 선하다고 본다.

'본성인 선이 인간을 장엄하게 하고 위대하게 한다.' 맹자는 이를 주장한다. 인간은 자신을 고귀한 존재로 성취하기 위해 부단히 노력한다. 인간은 인(仁)을 실천한다. 이것은 사랑해야 하는 까닭을 알기 때문이다. 인간은 의(義)를 실천한다. 이것은 인간만이 부끄러움을 아는 까닭이다. 인간은 예(禮)를 실천한다. 이것은 삶의 질서를 의식하는 까닭이다. 인간은 지(智)를 실천한다. 이것은 인간만이 옳고 그름을 알기 때문이다. 공맹은 이러한 인의예지 때문에 인간이 유별난 존재라고 인정한다. 인의예지는 모두 선의 덕목이다.

군자는 천명에 자신의 삶을 맡기지 않는다. 천명에 맡겨 두고 사는 것은 노장이 말하는 무위(無爲)다. 군자는 삶을 향상시키려고 한다. 그래서 군자는 덕을 존중하고 도를 즐기면서 노닐기보다는 고뇌하고 절망하면서도 인간을 향상시키려는 뜻을 버리지 않는다. 군자가 잘하는 것은 소인이 괴롭게 여기는 것이다. 욕망의 절제 같은 것이 그렇다.

선인(善人)과 신인(信人)

인품의 첫 계단은 선이다

인품(人品)은 계급이 아니다. 그것은 인간 됨됨이의 서열에 속한다. 맹자는 인간이 향상한다고 할 때 그 맨 윗자리는 바로 성(聖)과 신(神)이라고 밝힌다. 맹자가 밝힌 인품의 차별은 간명하고 분명하다. 맹자는 인간의 인품을 여섯 단계로 밝힌다. 선(善), 신(信), 미(美), 대(大), 성(聖), 신(神)이 바로 그것이다.

제 나라 사람 호생불해(浩生不害)가 맹자에게 낙정자(樂正子)는 어떤 사람이냐고 물었다. 낙정자는 맹자의 제자다. 맹자는 낙정자의 인간됨을 이렇게 평가해 주었다.

"선한 사람이고[善人也], 신용 있는 사람이다[信人也]."

착한 사람을 누가 싫어할 것이며 믿음 있는 사람을 누가 멀리하겠는가? 악한이 가장 무서워하는 자가 바로 선인(善人)이며, 사기꾼이 가장 두려워하는 자가 곧 신인(信人)이다. 선인은 선한 사람이고, 신인은 신용 있는 사람이다. 선하고 신용 있는 사람은 언제 어디서나 환호를 받는다. 그래서 맹자도 제자인 낙정자를 좋아했다. 마치 공자가 덕망이 높은 안연(顔淵)을 좋아했듯이. 호생불해가 다시 물었다.

"무엇이 선한 것이고 무엇이 신용 있는 겁니까〔何謂善何謂信〕?"

"친해지고 싶은 마음이 드는 것이 선이고〔可欲之謂善〕, 자신에게 덕이 있는 것이 신용이다〔有諸己之謂信〕."

가욕(可欲)은 친해지고 싶은 마음이다. 그중에서도 맹자가 말하는 가욕은 못된 것과 친해지고 싶어하는 마음이 아닌 좋은 것과 친해지고 싶어하는 마음을 뜻한다. 못된 것은 악이요, 좋은 것은 선이다. 유저기(有諸己)라는 말은 자신에게 그것이 있다는 말이다. 그것이란 무엇일까? 덕으로 보아도 되고, 덕성이라고 보아도 된다. 돈으로 사람의 신용을 따지는 것이 아닌 덕성의 유무로 사람의 신용을 따지는 것이 곧 진정한 신(信)이다.

신(信)은 검척애경(儉戚愛敬)을 한마디로 묶은 말로도 볼 수 있다. 검소하게 살고〔儉〕, 친지들 사이를 화목하게 하고〔戚〕, 목숨이 소중함을 알고 사랑하며〔愛〕, 선을 넓히고 악을 폐할〔敬〕 때 인간의 덕성은 빛난다. 그렇기 때문에 덕이 있어서 신용이 가는 사람은 저절로 선한 인간이 된다. 그런 사람과는 누구나 친해지고 싶어하는 마음을 갖게 만드는 까닭이다.

인품의 미(美)란 무엇인가? 맹자가 대답해 준다.

"충실하게 채워져 있는 것을 아름다움이라고 한다〔充實之謂美〕."

잘 익고 잘 여문 열매를 충실하다고 한다. 인간도 그처럼 철들어 여문 인품보다 더 아름다운 것은 없다. 무엇이 가득 차서 아름답단 말인가? 선과 신이 가득 차서 아름답다 함일 것이다.

인품의 대(大)란 무엇인가? 맹자가 대답해 준다.

"충만하게 채워져 빛나는 것을 크다고 한다〔充實而有光輝之謂大〕."

봄여름을 제대로 보낸 가을 들녘에는 실하게 여문 황금 물결이 넘실댄다. 봄에 싹을 틔우고 여름에 무성하게 자라 꽃을 피우고 가을이 되어 열매를 맺은 나무의 모습은 위대함을 느끼게 한다. 인간 역시 그러하다. 선과 신을 착실하게 실천해 삶을 빛나게 하는 인간은 위대하다.

인품의 성(聖)이란 무엇인가? 맹자가 대답해 준다.

"위대해서 감화시킬 수 있는 것을 성스러움이라고 한다〔大而化之之謂聖〕."

성은 부처님의 광배(光背)와 같은 것이다. 덕이 충실하고 아름답고 위대하여 후광을 발휘하는 것은 성스럽다. 태어나게 하고 소생하게 하는 것이 곧 성이다.

인품의 신(神)이란 무엇인가? 맹자가 대답해 준다.

"성스러우면서도 알 수 없는 것이 신비스러운 것이다〔聖而不可知之之謂神〕."

성인(聖人)의 경지를 넘어선 신비로운 인간을 신선(神仙)이라고 한다. 성인이 인품의 절정이라면 신인(神人)은 인품의 극치라고 할 수 있다. 성인과 신인은 평범한 인간이 도달할 수 없는 이상(理想)의 인간형인 셈이다.

18

유가(儒家)와 양묵(楊墨)

관대한 마음은 배척할 줄 모른다

말기(末期)의 유림들은 좁쌀 같았지만 맹자가 바랐던 유가는 관대한 마음으로 세상을 포용했다. 관대한 사상은 어떤 이념의 외골목으로 치닫지 않는다. 걸림 없고 막힘 없이 인간을 끌어안는 마음은 크다. 공맹 같은 성현은 패(牌)를 짓지 않는다. 공자는 '대인은 어울리되 패를 짓지 않고〔君子和而不同〕, 소인배는 패를 짓되 어울릴 줄 모른다〔小人同而不和〕' 고 밝혀 두었다. 그러나 조선조의 유림들은 공자의 말을 어기고 수시로 어긋난 짓들을 범했다.

유가만이 유일한 절대 사상이고 그 밖에 다른 사상들은 모개로 배척했던 점을 맹자는 용서하지 않았을 것이다. 그릇된 것이라도 배척하거나 꾸짖어 힐책할 필요는 없다. 뉘우치고 되돌아왔다면 포용해 끌어안아 주면 된다. 이런 뜻으로 다음 말을 새기면 감동적이다.

"묵에서 도망치면 반드시 양으로 가고〔逃墨必歸於楊〕, 양에서 도망치면 반드시 유로 돌아온다〔逃楊必歸於儒〕."

묵(墨)은 묵가(墨家)의 무리를 말한다. 묵가는 소중한 것은 나뿐이라고 주장한다. 이른바 유아설(唯我說)이다. 양(楊)은 양자(楊子)의 사상을 따르는 무리를 말한다. 양자는 남을 내 몸처럼 사랑하자고 했다. 이른바 겸애설(兼愛說)이다. 유(儒)는 공맹(孔孟)의 뜻을 따르는 무리를 말한다. 유가는 나를 먼저 닦아 인의의 길을 넓힌 다음 남을 편하게 할〔修已安人〕 것을 주장했다.

"지금 양묵과 더불어 논쟁을 벌이는 것은 놓친 돼지를 뒤쫓아 가는 꼴이다〔今之與楊墨辯者 如追放豚〕. 이미 돼지우리 속으로 들어왔는데 또 따라가서 그 다리를 묶는 꼴이다〔旣入其苙 又從而招之〕."

이 말은 이미 쓸모없어진 것과 논쟁을 벌이지 말라 함이다. 그릇되었음을 깨우치고 뉘우쳐 돌아온다면 과거의 잘못은 덮어 주는 것이 군자의 도량이다. 뉘우치고 돌아온 사람의 마음은 무겁고 아픈 법이다. 그런 마음에 추궁까지 하는 것을 군자는 심하다고 여긴다. 심하면 치우치게 되고, 치우치면 중용을 잃게 된다. 군자는 중용을 잃는 것을 과오로 여긴다.

흑백 논리는 무섭다. 세 치 혀를 칼이 되게도 하고, 비상(砒霜)이 되게도 하기 때문이다. 이념 논쟁은 흑백 논리를 불러온다. 인의에는 무엇보다 관용이 앞서야 한다. 성현은 이단을 배척하지 않는다. 다만 이단 논쟁을 엄격하게 대하여 그 사악함을 깨우치게 하고 너그럽게 포용할 뿐이다. 그러한 관용을 베풀면 사악함을 깨닫고 바른 길로 돌아오게 됨을 맹자는 굳게 믿었다.

맹자가 밝히는 바른 길은 공자가 터놓은 인의의 길이다. 무엇보다 부모와 자녀 사이에는 사랑이 있으며, 그런 사랑을 사회로 넓혀 가라 함이 공맹의 인이다. 그리고 상하 관계는 바른 것만 실천하는 관계로 유지하라. 그러면 불의는 없어지고 정의가 살아 숨쉰다. 이것이 공맹의 의다. 유아설은 자기 자신밖에 모르기 때문에 남을 배척할 것이고, 겸애설은 남을 내 몸같이 사랑하라고 하지만 결국 말장난에 불과하다.

배척하는 삶은 고달프지만 포용하고 끌어안는 삶은 편안하다. 하루하루의 생활이 편안하려면 이해의 폭을 넓히고 오해의 폭을 좁혀야 한다. 미워하고 질시하는 마음을 지니면 무겁다. 그러나 용서하고 돕는 마음을 지니면 그 순간 마음이 가벼워진다. 삶을 뒤쫓아 묶을 것은 없다.

19

군자(君子)와 소재(小才)

재주를 앞세우면 원한을 산다

재승덕박(才勝德薄)이라 했다. 재주 하나만 믿고 앞세우는 것이 재승(才勝)이다. 너그럽지 못해 모나고 사랑할 줄 모르는 것이 덕박(德薄)이다. 재주는 좋은데 덕박한 사람은 무서운 일을 꾸미는 재사(才士)에 불과하다. 재사는 원한을 사고파는 거간꾼 노릇을 마다하지 않는다.

살면서 원한을 짓지 마라. 원한은 반드시 앙갚음으로 되돌아온다. 남을 해치거나 못되게 하는 짓은 누워서 침 뱉는 꼴과 같다. 하늘로 올라간 침방울이 남의 얼굴에 떨어지리라고 여기는 것보다 바보 같은 짓은 없다.

마음의 불안을 없애 편안해지고 싶은가? 그렇다면 후덕(厚德)하라. 후덕은 박덕(薄德)의 반대말이다. 덕이 두터우면 마음속이 봄날처럼 포근하고 안온하다. 그러나 덕이 엷으면 마음속은 살을 에는 겨울 날씨처럼 음산하다. 춥고 음산하게 살 것인가, 따뜻하고 든든하게 살 것인가? 추위에 덜덜 떨면서 살고 싶어하는 사람은 아무도 없을 것이다. 박덕을 후덕으로 바꾸는 순간 삶은 훈훈해진다.

행복은 돈으로 살 수 없으며, 내 밖에 있는 것이 아니라 바로 내 마음속에 뿌리를 두고 자라나는 꽃나무와 같다. 그 꽃나무에 행복이란 열매를 맺고 싶다면 덕을 떠나지 마라. 덕은 행복을 피우는 씨앗과 같다. 그대의 마음속에 덕이 없다면 행복할 수 없다.

분성괄(盆成括)이란 사람이 제 나라에서 벼슬을 살게 되었다. 분성(盆成)은 성씨이고, 괄(括)은 이름이다. 이 소식을 들은 맹자는 이렇게 말했다.

"죽었다〔死矣〕. 분성괄은〔盆成括〕."

아니나 다를까. 분성관은 벼슬한 지 얼마 안 되어 맹자의 말대로 피살당했다. 이를 두고 맹자의 제자가 어찌 알고 분성괄의 죽음을 예언할 수 있었는지를 묻자 맹자가 대답했다.

"그의 사람됨이 잔재주는 있는데〔其爲人也 小有才〕 군자의 대도가 무엇인지 들어 본 일이 없었다〔未聞君子之大道也〕. 그러니 제 몸을 죽이기에 족할 뿐이다〔則足以殺其軀而已矣〕."

《주역》에는 이정(利貞)이란 말이 많이 나온다. 마음이 곧고 바른 것이 정(貞)이고, 마음에 정이 있을수록 이롭다는 말이 이정(利貞)이다. 인의와 선미(善美)를 묶어 한마디로 정이라 하기도 한다. 정이야말로 군자의 대도에 들어갈 수 있는 마음가짐이다. 곧고 바른 마음을 추구하면서 힘을 헤아려 행하는 것이 올바른 정치를 하게 하는 것이다. 분성괄은 아마도 그런 마음을 추구하고 힘을 헤아려 행사할 줄 모르고 재주 하나만 믿고 설치다 피살을 당했던 모양이다.

피살과 살인 뒤에는 곡절이 있게 마련이다. 법은 실제로 일어난 살인 사건만 다룰 뿐 마음속에서 이루어지는 살인은 다루지 못한다. 마음속에 살기를 품는 것은 원한의 분풀이다. 이러한 분풀이를 짓게 하는 것은 살인을 부추기는 것과 같다. 세상에서 사람이 사람을 죽이는 것보다 더 큰 죄는 없다. 천명을 어기는 짓인 까닭이다.

남을 괴롭히고, 남의 것을 빼앗고, 못살게 하는 것은 죽음을 자초하는 짓이다. 독재자의 말로가 생죽음으로 마감되는 것도 백성을 탄압하고 수탈한 죄값이다. 맹자는 분성괄이 재주 하나만 믿고 벼슬자리를 뽐내면서 백성의 원성을 살 것임을 미리 알았던 모양이다. 덕이 있으면 삶을 누리고, 덕이 없으면 삶을 누릴 수 없음은 불변의 진리다. 그러나 인간들은 물질의 동물로 표변한 뒤로 덕성을 팽개치고 지성만을 앞세우면서 세상을 요리하려고 든다. 그래서 세상은 망나니의 난장처럼 되어 가고 있다.

20

불추(不追)와 불거(不拒)

붙들지도 않고 뿌리치지도 않는다

맹자의 문하에는 수많은 제자들이 있었다. 그러나 그 제자들이 모두 성인 군자였던 것은 아니다. 공맹의 길을 걷기 위해 노력하는 제자도 있었지만 그저 흉내만 내면서 잇속을 차리려 덤비는 제자도 있었다. 성현은 영재를 교육하는 훈장이 아니다.

성현이 사람을 가르치는 심정은 부모가 자식을 대하는 심정과 같다. 열 손가락 깨물어 아프지 않은 손가락 없듯이 성현은 검지보다 엄지가 더 소중하다고 할 수 없음을 안다. 인생은 학과 성적처럼 수 · 우 · 미 · 양 · 가나 A · B · C · D · F로 나눠지는 것이 아니다. 즉 학과 성적이 인생의 보증 수표가 되지는 않는다. 성적은 책을 통한 공부지만 인생은 세상 위에서 펼쳐진다. 세상에는 이런 사람, 저런 사람들이 형형색색 제 나름대로 삶을 영위하고 있다. 성현은 이런 세상을 헤아려 살길을 가르쳐 주는 선생이다. 맹자 역시 그런 선생이다.

맹자가 등 나라에 갔을 때 상궁(上宮)이란 집에서 유숙하게 되었다. 그런데 밤사이에 상궁의 주인이 신으려고 삼아 두었던 신발이 없어져 버린 것이다. 어떤 사람이 맹자에게 이 사건을 두고 물었다.

"어떻게 그런 짓을 합니까? 따라온 분이 감췄지요?"

이 말에 맹자는 이렇게 말해 주었다.

"당신은 사람들을 데리고 내가 신발을 훔치러 왔다고 생각하시오?"

"그렇지야 않지요."

맹자는 사람이 되는 법을 가르치기 위해 등 나라에 왔을 뿐이다. 이미 성인 군자가 되어 있다면 더 가르칠 필요가 없다. 그러나 세상은 사람이 걸어가야 할 길을 벗어난 자들로 꽉 차 있다. 성현은 이를 괴로워한다. 그래서 성현은 사람을 가려 가르치지 않는다. 신발이 없어진 것을 따지러 왔던 사람은 그런 성현의 마음을 알지 못했던 것이다. 맹자는 따지러 왔던 자에게 이렇게 타일러 주었다.

"가르칠 것을 마련해 두고〔夫子之設科也〕 가는 사람 붙들지 않고〔往者不追〕 오는 사람을 뿌리치지 않소〔來者不拒〕. 진정 배우고 싶어하는 마음을 지녔다면 그자를 받아들일 뿐이오〔苟以是心至 斯受之而已矣〕."

왕자(往者)는 왔다가 돌아가는 사람이고, 내자(來者)는 찾아오는 자다. 불추(不追)는 내쫓지 않는다는 뜻이고, 불거(不拒)는 거부하지 않는다 함이다.

성현은 억지로 가르치지 않는다. 배우고 싶다면 배우게 하고,

배우기 싫다면 그 또한 어쩔 수 없는 일이다. 자녀가 좋은 성적을 내게 하기 위해 비싼 돈을 들여 학원에 보내고, 과외를 강요하는 부모는 말을 억지로 강가로 끌고 가 물을 먹이려는 짓과 같다. 그러나 맹자 같은 성현은 억지로 끌고 가면 결국 물을 먹일 수 없다는 것을 안다.

죄인이면 어떻고 강도면 어떠한가. 진실로 잘못을 뉘우치고 사람이 되려 한다면 그 방법을 가르쳐 주어야지, 너는 과거가 나쁘니까 가르칠 수 없다고 내치는 것은 매정하다. 성현은 매정한 짓을 할 줄 모른다. 미운 사람, 고운 사람 가려서 편애하는 것은 소인배의 장기일 뿐이다. 미운 놈 떡 하나 더 주고 고운 놈 매 한 대 더 때리는 지혜를 소인은 모른다.

공자는 인을 통해 의를 행하자고 했지만 맹자는 의를 통해 인으로 가자고 한 성현이다. 물론 맹자는 공자의 말을 따라 사람이 가야 할 길을 개척하고 가르쳤지만 공자가 살던 춘추 시대보다는 맹자가 살던 전국 시대가 더 살벌했다. 그런 연유로 의를 강조하면서 인간이 선함을 널리 펴려고 한 것이다. 맹자는 인간의 본성을 선으로 보았다. 이러한 맹자의 길에서는 사람을 선별해 차별하지 않는다. 가는 사람을 붙잡지도 않고, 오는 사람을 뿌리치지도 않는다. 사람되는 법은 억지로 가르칠 수 없는 까닭이다.

불인(不忍)과 불위(不爲)

하지 못할 것과 하지 않는 것

맹자가 말했다.

"사람에게는 차마 하지 못하는 것이 있다〔人皆有所不忍〕. 그런 마음을 다룰 수 있는 데까지 실천해 나가는 것이 인이다〔達之於其所忍 仁也〕."

차마 하지 못하는 마음을 측은(惻隱)이라고 한다. 불쌍하고 어여삐 여기며 소중하게 여기는 마음이 곧 측은해하는 마음이다. 측은은 곧 사랑하는 마음이다. 이러한 마음을 한량없이 발휘하는 것이 곧 인이다.

'오는 정이 있어야 가는 정이 있다.' 이런 속담은 인을 흥정하려고 한다. 그러나 인은 어떤 전제 조건을 달고 사랑하지 않는다. 오는 정이 없을지라도 가는 정을 아끼지 말라는 것이 공맹의 인이다. 묵자는 나를 사랑하라 했고, 양주는 너와 내가 함께 사랑하자고 했다. 맹자는 이런 양묵을 모두 꾸짖었다. 남을 사랑할 줄 모르는 묵자를 꾸짖었고, 사랑에 전제 조건을 내건 양주를 꾸짖었다. '조건 없이 먼저 남을 사랑하라.' 이것이 공맹의 인이다. 남을 먼저 사랑하라. 그런 사랑은 어떤 사랑인가? 남을 해칠 생각을 않는 마음이 곧 인이다. 맹자가 말했다.

"사람이 남을 해치지 않는 마음을 충실히 하라〔人能充無欲害人之心〕. 그러면 어진 마음을 이루 다 쓸 수 없다〔而仁不可勝用也〕."

해인(害人)은 남을 해치는 것이다. 남을 해치는 마음이 없으면 남을 도울 수도 있고, 보살필 수도 있다. 돕고 보살펴 서로 누리게 하는 것이 바로 인(仁)이다. 이러한 인을 한량없이 이용하라 함은 어떤 조건을 빌미로 인을 빙자하지 말라 함이다. 해인(害人)을 애인(愛人)으로 승화시킨다면 양덕(養德)하는 것이다. 어진 마음은 덕을 키운다. 맹자가 말했다.

"사람에게는 모두 하지 않는 것이 있다〔人皆有所不爲〕. 그 마음을 따라 모든 것이 이루어지게 하면 의다〔達之於其所爲 義也〕."

사람으로서 해야 할 것은 반드시 하고, 하지 말아야 할 것은 반드시 하지 말아야 하며, 하지 않아야 할 것은 반드시 하지 않아야 하는 것이 곧 의다. 즉 선은 반드시 행하고, 악은 반드시 멀리해야 하는 것이 의인 셈이다. 맹자는 선을 멀리하고 악을 가까이하는 것을 천유(穿踰)라고 했다. 천유는 벽을 뚫고 넘어 들어가는 것이다. 즉 도둑놈이나 하는 짓이다.

"사람이 벽을 뚫고 도둑질하지 않겠다는 마음을 충실히 하면 의다〔人能充無穿踰之心而義也〕." 맹자는 왜 이렇게 말했을까? 마음속에 이런저런 도심(盜心)이 없다면 부끄러워할 것이 없다. 그러나 도심이 조금이라도 있다면 부끄러워하고 뉘우쳐라. 그러면 의롭게 살 수 있다. 의롭게 살겠다는 마음이 충실하면 의를 이루 다 사용할 수 없다.

당당하고 떳떳하게 살면 어디를 가도 두려울 것이 없다. 두려움이 없다는 것은 만용을 부리거나 오만을 떨지 않는다 함이다. 무모한 만용이나 경박한 오만은 부끄러움을 모르는 데서 비롯되는 추한 허세에 불과하다. 의롭지 못함을 두려워하는 사람은 언제 어디서나 겸허하고 겸손하다. 겸허한 마음은 자신을 살펴 부족하면 보태고, 지나치면 스스로 덜어내 절제한다. 잘난 척하는 마음은 스스로 건방을 떨어 자신을 천하게 한다. 겸손한 마음은 그런 건방을 무서워한다. 의를 실천하는 모습이 겸허이고 겸손임을 새길수록 인간은 떳떳해진다. 그래서 맹자는 이렇게 말했다.

"인간이 스스로 천해지지 않게 충실할 수 있다면〔人能充無受爾汝之實〕 어디를 가든 의롭지 않을 수 없다〔無所往而不爲義也〕.

새겨 둘 어록

선비가 말할 경우가 아닌데 말하는 것은 말하는 것으로 핥다 오는 것이다[士未可以言而言 是以言 餂之也].

첨지(餂之)는 혀로 핥다 오는 것(천한 짓)을 뜻한다.

22

선언(善言)과 선도(善道)

번지르르한 말솜씨는 껍데기다

'가는 말이 고와야 오는 말도 곱다', '말 한 마디에 천 냥 빚도 갚는다', '발 없는 말이 천 리 간다', '낮말은 새가 듣고 밤말은 쥐가 듣는다', '한 번 뱉은 말은 다시 주워 담을 수 없다.' 이 속담들은 모두 말의 중요성을 강조하고 있다. 함부로 말하지 마라. 말은 아낄수록 좋고, 따뜻한 마음은 쓸수록 좋다.

공자는 말을 아껴 좀처럼 하지 않는 것〔訥言〕이 인에 가깝다고 했다. 눌(訥)은 말을 마음속에 담아 두고 입을 열지 않고 하는 말이다. 즉 마음속으로 말하는 것이 눌이다. 생각이 깊을수록 말은 마음속에서 맴돈다. 이것이 곧 눌언(訥言)이다. 수다떨지 마라. 침묵하라. 세 번 생각한 다음 쉬운 말로 한 마디만 하라. 거창한 말로 듣는 이를 현혹하는 것은 달변이 꾀하는 수작이다. 수작은 속임수로 통한다. 맹자가 말했다.

"쉬운 말로 하되 뜻이 깊은 것이 좋은 말이다〔言近而指遠者 善言

也〕."

언근(言近)은 말이 가깝다는 뜻으로, 알아듣기 쉬운 말을 의미한다. 지원(指遠)은 멀리 있는 것을 가리킨다는 뜻이므로 말에 담겨 있는 뜻이 깊다 함이다. 유식함을 뽐내려고 어려운 말을 쓰는 사람은 저도 모르게 앵무새처럼 지껄이는 경우가 많다. 그런 말은 소리를 내는 것일 뿐 마음으로 통하는 말이 아니다. 헛말을 하면 거짓이다.

군자는 말을 아낀다. 군자의 말은 더하지도 않고 덜어내지도 않는다. 알면 안다 하고 모르면 모른다고 한다. 수다를 떨거나 너스레를 피우지도 않고, 능청을 떨어 남의 마음을 간드러지게 하지도 않는다. 과묵한 것은 마음속으로 말하는 것이다. 침묵하라. 그러면 거짓말은 죽는다. 그래서 맹자는 이렇게 말했다.

"군자가 말하는 것은〔君子之言也〕 허리띠를 내려가게 하지 않아도 도가 있다〔不下帶而道存焉〕."

하대(下帶)는 허리띠를 내려가게 한다는 뜻으로, 말을 잘하기 위해 수작을 부린다는 의미로 들어도 된다. 반대로 불하대(不下帶)는 말재주를 부리지 않는다 함이다. 도존(道存)은 군자의 말속에는 바른 길이 있음을 의미한다. 군자는 언제나 마음에 있는 말만 한다. 그런 말은 언제나 참말이다. 참말을 선언(善言)이라고 한다. 참말에는 바른 길이 있다.

왜 군자의 말속에는 바른 길이 있는가? 그리고 어떻게 해야 바른 길이 트이게 할 수 있는가? 맹자의 말을 들어 보면 그 연유와 방법을 알 수 있다.

"군자가 지키는 것은〔君子之守〕 자신을 닦고 천하를 평화롭게 하는 것이다〔修其身而天下平〕."

군자의 말 속에 있는 바른 길이란 선을 실천하는 길이다. 선을 실천하는 길을 트고 넓히기 위해 군자는 항상 수기(修己)의 길을 벗어나지 않는다. 스스로를 닦는 것을 수기라 한다. 군자는 악이 묻혀 주는 더럽고 추하고 부끄러운 얼룩이 지지 않도록 자신을 지킨다. 수기는 곧 수기(守己)와도 같다. 그러면 나는 나를 바르게 한다〔正己〕. 그러므로 나를 닦는 것이든 나를 지키는 것이든 나를 바르게 하는 것이든 모두 한길로 통한다. 그 한길을 좋은 길〔善道〕이라고 한다.

군자가 천하를 평화롭게 하는 것은 나 자신부터 다스린 다음에 천하를 다스리는 까닭이다. 나를 다스린 다음 세상을 다스리려고 하는 것은 병통이 아니지만 자기는 버려두고 남을 먼저 다스리려고 하는 것은 병통이다.

군자는 엄하게 신독(愼獨)하지만 소인은 신독을 모른다. 신독, 그것은 자신에게는 엄격하지만 남에게는 관대한 것이다. 그러나 자신에게는 관대하면서 남에게는 엄격한 사람은 제 잘못은 덮어두고 남의 잘못만 헤집어 난도질하려고 한다. 남의 눈 가장자리에 낀 눈곱은 더럽다 하면서 제 눈을 덮은 눈곱은 보지 못하는 인간은 입질이 간살스럽기 짝이 없다.

세상이 어긋나고 절름발이가 되어 절뚝거리며 걸어야 하는 것은 모두 자기만 잘났다는 사람들의 아우성 탓이다. 아우성이 그치지 않으면 세상은 소란스럽다. 공연히 평지풍파를 일으켜 패를 갈라 시비를 걸면서 물고늘어지는 것은 썩은 쥐를 놓고 서로 먹겠다고 지저귀는 까마귀 떼의 싸움판과 같다. 그러나 군자는 세상을 너그럽고 넉넉하게 하는 도량이 있어 군자가 머무는 곳에는 항상 변화가 일어난다. 소란한 난장을 잠재우고 부끄러움이 무엇인지를 가르쳐 줄 수 있는 군자의 덕이 좋은 길〔善道〕을 터 주기 때문이다. 맹자가 말했다.

"사람의 병은 제 밭은 버려두고 남의 밭에 가서 김을 매는 것이다〔人病舍其田而芸人之田〕."

수기를 않고 치인(治人)하려고 하면 탈을 낸다. 탈이 나면 그 사람은 병들고, 인생은 앓는다. 치인은 남을 다스리는 것이다. 모름지기 지도자라면 자기 자신을 먼저 다스린 다음에 남을 다스려야 한다. 잡초가 무성한 제 밭은 내버려두고 남의 밭에 난 잡초를 매 주려 하는 자야말로 가소롭다.

생각이 깊은 자는 남의 입장이 되어 자신을 되새겨 볼 줄 안다. 용서할 줄 아는 마음은 남의 허물을 감싸주면서도 자신의 허물에 대해서는 엄격하다. 남에게 선을 요구하지 마라. 내가 선하면 된다. 그러나 소인은 자신은 가볍게 하고, 남은 무겁게 하려고 한다. 이는 참으로 못난 짓이다. 선한 마음은 자신을 무겁게 하고 남을 가볍게 한다. 이것이 삶의 좋은 길이다.

새겨 둘 어록

남에게 요구하는 것은 엄중하고 자신이 맡는 것에는 소홀하다〔所求於人者重 而所以自任者輕〕.

중(重)은 엄격함을 뜻하며, 경(輕)은 소홀함을 뜻한다.

23

군자(君子)와 사명(俟命)

명리가 괴롭힌다

편하게 살고 싶은가? 그렇다면 명성에 홀리지 말고 이익에 놀아나지 마라. 그러면 삶이 자유를 얻는다. 한 시간의 노동을 하여 백 원을 벌었다면 그 백 원에 만족하라. 남이 벌어들이는 천 원을 탐하거나 시샘할 것 없다. 남이 잘사는 것을 부러워 말고 제대로 사는 것을 부러워하라. 그러면 내가 짊어질 인생이란 짐이 한결 가벼워진다. 명리(名利)가 나를 무겁게 짓눌러 대는 짐인 것을 모르고 인생을 무겁다고 말하지 마라.

예락(禮樂)은 언제나 함께한다. 생각과 행동이 예에 어긋남이 없다면 그 순간 삶은 낙이 된다. 예란 무엇인가? 덕을 공경하는 것이다. 덕은 무엇인가? 무릇 목숨을 사랑하고 소중히 하는 것이다. 낙이란 무엇인가? 덕을 누리는 것이다. 그러나 현대인이 괴로울 수밖에 없는 것은 덕성을 팽개치고 지성의 놀음에 매달리는 까닭이다.

예의 삶이 따로 있고, 낙의 삶이 따로 있다고 여길 것 없다. 군자의 낙도(樂道)는 군자의 삶이 예도(禮度)를 벗어나지 않는 까닭이다. 군자는 명리에 구애되어 자신의 삶을 구걸하지 않는다. 인기를 얻기 위해 남의 눈치나 보며 사는 인간은 참으로 불쌍하다. 인기를 누리고 사는 배우를 부러워 마라. 그들은 허깨비에 홀려 자신을 잃어버리고 사는 꼭두각시에 불과하다.

불행과 행복을 갈라 놓고 미혹하지 마라. 미혹은 곧 착각이다. 행복이 불행의 씨앗인 줄 모르고 행복을 바라면 결국 찾아오는 것은 불행뿐이다. 그러나 불행이 행복의 씨앗이 될 수도 있고, 선하면 결국엔 행복이 찾아온다. 그래서 사람 팔자는 모른다고 하는 것이다.

왜 인간 만사를 두고 새옹지마(塞翁之馬)라고 했겠는가? 불행인 줄 알았는데 어느 순간 행복이 되고, 행복인 줄 알았는데 다시 불행이 되는 것이 곧 인생의 신비로움이다. 이러한 신비로움은 인간이 어찌지 못한다. 그 신비로움의 조화를 천명이라고 여겨도 무방할 것이다. 천명은 선(善)이다. 그래서 선하면 천벌을 받을 리가 없다. 군자는 이러한 천명에 따라 살고, 소인은 명리에 따라 산다.

"요순은 본성대로 산 사람들이다〔堯舜性者也〕. 탕 왕과 무 왕은 본성으로 돌아갔다〔湯武反之也〕. 움직이고 돌아다님이 예에 맞는 것이 지극한 덕의 극치다〔動容周旋 中禮者 盛德之至也〕."

요순은 선의 화신이었다. 탕무는 선을 들어 실천했다. 성자(性者)는 선 그 자체를 말한다. 요순은 악을 모르고 선만으로 살았기에 성인으로 불릴 수 있었다. 반지(反之)의 지(之)는 성(性)을 받는 대명사이고, 반(反)은 되돌아온다 함이다. 여기서 반지는 본성으로 되돌아와 산다는 말이다. 탕 왕과 무 왕은 선악을 분별해 악을 물리치고 선에 머물러 천하를 다스렸다. 그래서 탕무를 성군이라고 한다.

예는 선을 실천하게 하는 방법이다. 그 예에서 어긋나지 않는다면 덕을 지을 수 있다. 덕이란 무엇인가? 삶을 공경하고 성스럽게 하는 것이다. 그래서 덕은 만물에 두루 통한다고 한다. 맹자는 덕으로 살고 사악하게 살지 않는다 함은 그렇게 하여 무슨 이득을 얻으려는 것이 아니라고 했다. 그렇게 사는 것이 인간의 본분이기 때문에 덕으로 사는 것일 뿐이다. 그래서 군자는 인간의 법도에 따라 살면서 천명을 기다린다고 했다. 덕이 없으면서 있는 척하지 마라. 악하면서 선한 척하지 마라. 속이 더러우면서 깨끗한 척하지 마라. 공자는 인간을 일러 직(直)이라고 했다. 남에게 정직할 것이 아니라 자기 자신에게 먼저 정직하라. 그래야 인간이다. 이 얼마나 무서운 말인가. 위선(僞善)은 선을 속이는 짓이다. 나를 바르게 하라〔正己〕. 이것이 곧 군자의 법도다.

24

맹자(孟子)와 제후(諸侯)

아부할 것도 없고 눌릴 것도 없다

어떠한 미련도 없다면 절절거릴 것도 없고 빌붙을 것도 없다. 나 자신이 떳떳하고 당당하다면 높은 지위에 있는 자에게 굽실거릴 이유도, 대통령이나 장관, 검사, 형사를 겁낼 이유도 없다. 따지고 보면 백성보다 더 높은 것은 없다. 백성이 없다면 어떤 문물과 제도도 소용없기 때문이다. 백성이 있으므로 나라도 있고, 정치 · 사회도 있고, 경제 · 문화도 있는 법이다. 백성이 중하고 왕은 가볍다고 한 맹자의 말은 인간의 존엄성은 지위나 명리에 좌우되지 않음을 밝혀 준다. 맹자는 이렇게 말했다.

"제후를 설득하고 싶다면 멀리 두고 다루어라〔說大人則藐之〕. 부귀로 위세를 부리면 무시해 버려라〔勿視其巍巍然〕."

세(說)는 내 뜻을 남에게 설명하여 이해시키고 받아들이게 하는 것이며, 대인(大人)은 덕이 지극한 대인이 아닌 제후(諸侯)로 보면 된다. 제후는 한 나라의 왕을 말한다. 막지(藐之)는 멀리 두고 다룬다는 뜻이다. 물시(勿視)는 높이 사 주지 말라 함이니 무시하라는 뜻이다. 그리고 위위(巍巍)는 부귀영화를 빌미로 위세를 부리는 모습이다. 지위나 명성이 높다고 목에 힘을 주는 사람은 설익은 열매와 같다. 그런 인간 앞에서는 조아릴 것 없다. 맹자가 말했다.

"집의 높이가 여러 인 되고, 서까래가 여러 척 되는 집은〔堂高數仞榱題數尺〕 내가 뜻을 이루어도 짓고 살지 않는다〔我得志弗爲也〕."

인(仞)은 한 길 높이를 말하고, 최제(榱題)는 집의 추녀를 이루는 서까래를 의미한다. 말하자면 맹자는 뜻을 이룬다 한들 호화주택을 짓고 살지는 않겠다고 한 것이다. 맹자가 말했다.

"음식을 사방으로 열 자 되는 상 위에 늘어놓고 시중드는 여자를 기백 명 두는 것은〔食前方丈 侍妾數百人〕 내가 뜻을 이루어도 하지 않는 짓이다〔我得志弗爲也〕. 흥청망청 즐기고, 술 마시고 말 달리며, 사냥하고 수천의 수레를 뒤따르게 하는 짓은〔般樂飮酒 驅騁田獵 後車千乘〕 내가 뜻을 이루어도 하지 않는 짓이다〔我得志弗爲也〕."

방장(方丈)의 방(方)은 사방을, 장(丈)은 열자를 말하고, 시첩(侍妾)은 시중드는 여자를 말한다. 반락(般樂)은 주체하지 못할 정도로 즐기는 것이고, 구빙(驅騁)은 말을 타고 달리는 것이며, 전렵(田獵)은 사냥하는 것이다. 맹자는 질탕 즐기고 끼마다 산해진미로 배를 채우며 영화를 누리기 위해 뜻을 펴고자 한 것이 아니다. 왕이 누리는 부귀영화와 높은 벼슬아치들이 누리는 부귀영화는 맹자의 안중에 없었다. 그래서 맹자는 이렇게 말했다.

"그들에게 있는 것은 모두 내가 바라지 않는 것들이다〔在彼者 皆我所不爲也〕."

맹자가 말한 그들은 누구일까? 힘만 믿고 오만방자한 폭군이며, 썩은 벼슬아치들이고, 출세해 부귀영화를 누린다는 졸장부들일 것이다.

"나에게 있는 것은 모두 옛날의 제도들이다〔在我者 皆古之制也〕. 내 어찌 저들을 두려워할 것인가〔吾何畏彼哉〕?"

맹자는 이렇게 선언했다. 맹자가 밝힌 옛 제도〔古之制〕란 무엇일까? 인간을 성스럽게 하고 선하게 하는 것이며 덕이 무르익게 하는 것이다. 효제로 질서를 이루어 다 같이 편안하게 살 수 있게 하는 길이 맹자가 말하는 옛 제도다.

전국 시대의 영웅호걸들은 땅을 뺏기 위해 백성을 죽음의 구렁텅이로 몰아넣었고, 부귀영화를 누리기 위해 백성의 호주머니를 털었다. 맹자는 힘있는 자들이 힘없는 백성을 짓밟고, 천지가 제 것인 양 호령하는 무리들을 질타했다. 어디 전국 시대에만 그런 무리가 있었겠는가? 지금도 그런 무리들이 선하게 살아가는 사람들을 아프게 하고 참혹하게 한다. 이런 것은 모두 반인간적이다. 맹자는 반인간적인 것을 물리치려고 했다. 그래서 맹자는 살아 있는 성인의 길을 다시 트려고 했다. 부귀영화를 누리려는 무리와 출세하고 명성을 얻으려는 무리들 탓에 세상은 항상 썩고 병든다.

25

과욕(寡欲)과 다욕(多欲)

욕심이 적으면 마음은 닦인다

사람은 저마다 가슴속에 덫을 만들어 놓고 살고 있음을 잘 모른다. 착각 때문이고 미혹 때문이다. 미혹은 옳은 것을 그르다 하고, 그른 것을 옳다고 고집하는 어리석음을 짓는다. 욕심은 클수록 좋을까, 작을수록 좋을까? 미혹은 욕심이 클수록 좋고 작을수록 나쁘다고 우긴다. 그러나 이러한 우김이 틀렸음을 깨우친다면 그것이 곧 지혜다. 지혜는 빛난다. 빛나는 것은 맑고 깨끗하다. 그래서 지혜로운 마음은 투명하다. 이런 마음을 간직하는 것이 곧 양심(養心)이다. 양심(良心)은 양심(養心)으로 열리고, 여무는 열매와 같다.

욕심이 많을수록 가난해지고 작을수록 부유해진다. 이는 물질의 빈부가 아닌 마음의 빈부를 말한다. 그러나 현대인은 이런 지혜를 모른다. 이미 물질화되어 버렸기 때문이다. 인간의 물질화란 마음의 빈부를 문제삼지 않고 재물의 빈부에만 신경 쓰는 것을 말한다. 재물의 빈부에만 급급한 인간은 인화물(人化物)의 덫에 걸려들고 만다. 인화물은 인간이 물질화되어 버렸음을 말한다. 인화물은 인간을 야수로 만든다. 야수는 서로 빼앗기만 할 뿐 베풀 줄은 모른다. 이렇게 되면 인간도 욕심이 많을수록 부유해지고 작을수록 가난해진다고 믿는다. 이것이 물질화된 인간의 확신이다. 그러나 마음 편에서 보면 이런 확신은 착각이요, 미혹이다. 미혹은 불행의 씨앗이다. 그 씨앗에서 행복의 꽃이 피기를 바라는 것이 현대인의 물질화된 욕망이다. 이러한 욕망이 구렁이처럼 똬리를 트는 한 그대는 행복할 수 없다. 맹자가 말했다.

"마음을 수양하는 데 있어 욕심을 적게 하는 것보다 더 좋은 것은 없다〔養心莫善於寡欲〕. 사람됨이 욕심이 적으면 본마음을 보존하지 않는다 할지라도 본마음을 잃는 것이 적다〔其爲人也 寡欲 雖有不存焉者 寡矣〕. 사람됨이 욕심이 많으면 본마음을 보존한다 할지라도 본마음을 보존하는 것이 적다〔其爲人也 多欲 雖有存焉者 寡矣〕."

마음이 곤궁을 면하려면 과욕(寡欲)하라. 과욕은 욕심이 적다 함이다. 욕심이 적으면 본마음을 잃어도 그 잃음이 적고, 욕심이 많으면 그 본마음을 간직한다 해도 그 간직함이 적다고 밝히고 있는 셈이다. 본마음을 성(性)이라고 한다. 맹자는 성을 선이라고 했다. 선한 마음이 곧 맹자가 말하는 본마음이다. 본마음을 극진히 하라. 이것이 맹자가 밝힌 진기심(盡其心)이다. 본마음을 극진히 하라 함은 그런 마음이어야만 인간이란 존재가 곧 선임을 알기 때문이다. 맹자는 이를 지기성(知其性)이라 했다. 그 마음을 보존하라는 것이 존심(存心)의 존(存)이다.

욕심이 적으면 착한 마음을 잃는 것이 적고, 욕심이 많으면 착한 마음을 간직하는 것이 적다. 그러므로 욕심이 많을수록 착한 마음은 줄어든다. 그리고 착한 마음이 줄어든 자리엔 악이 찾아온다. 과욕(寡欲)은 소유욕을 무서워하지만 다욕(多欲)은 소유욕을 부채질한다. 소유욕은 물욕(物欲)이다. 물욕은 악을 불러들이는 뚜쟁이와 같다. 악을 중매하는 뚜쟁이는 마음을 파는 덫이 된다.

노자는 과욕을 미명(微明)에 비유하기도 했다. 이기고 싶다면 먼저 질 것을 생각하라. 갖고 싶다면 먼저 잃을 것을 생각하라. 나아가고 싶다면 먼저 물러날 것을 생각하라. 이런 마음 씀씀이가 바로 미명이다. 맹자의 과욕은 노자의 미명을 연상케 한다. 여래와 노자, 그리고 장자는 무욕(無欲)하라 했지만 맹자는 그렇게 과격하게 말하지 않는다. 인간에게 욕심을 없애라고 하는 말은 말장난이나 거짓말로 둔갑하기 쉽기 때문이다. 다만 맹자의 과욕은 다욕을 다스리라고 한다. 다욕을 버려두면 탐욕(貪欲)이 된다. 탐욕은 사람을 비참하게 만드는 독(毒)이다.

정도(正道)와 위선(僞善)

공자는 인간을 세 등급으로 나눈다

군대에는 계급이 있고, 인간에게는 등급이 있다. 인간이 평등하다는 것은 생명의 존엄성을 두고 한 말일 뿐 인간의 품질을 보면 등급이 드러난다. 인간의 품질은 그 마음 씀씀이로 나타난다. 선비는 인간의 품질을 높이려고 정진하는 사람이다. 그래서 참다운 선비는 뭇사람의 거울이요, 본보기가 된다. 상품에만 진짜와 가짜가 있는 것은 아니다. 인간도 진짜와 가짜가 있다. 우리 주변에는 인간의 탈을 쓴 짐승 같은 인간들이 있다. 바로 사이비 인간들이다. 공자 같은 성현마저도 그런 치들을 미워했다. 공자는 진나라에 있을 때 이렇게 노기 어린 말을 했다.

"왜 돌아가지 않으랴〔盍歸乎來〕? 내 조국의 선비들은 과격하지만 단순하다〔吾黨之士狂簡〕. 그래서 진취적이고 처음 정한 뜻을 잊지 않는다〔進取不忘其初〕."

합(盍)은 불하(不何)의 줄임말이고, 불하는 '어찌 무엇하지 않으랴' 라는 뜻이다. 호래(乎來)는 의문문을 더욱 간절하게 하는 어조사다.

공자의 제자 만장(萬章)이 공자가 이렇게 말한 이유와 노 나라의 과격한 선비들을 생각하게 된 이유를 묻자 맹자가 대답했다.

"공자께서 밝힌 적이 있다. 중도를 가는 사람을 얻어 가르치지 못한다면〔不得中道而與之〕 반드시 과격한 사람과 고집 센 사람을 택하리라〔必也狂獧乎〕. 과격한 사람은 진취적이고 고집 센 사람은 하지 않으려는 것이 있다〔狂者進取 獧者有所不爲也〕. 어찌 공자가 중도를 걷는 이를 바라지 않겠느냐〔孔子豈不欲中道哉〕? 어떻게 해도 얻을 수 없었던 탓에 그 다음을 생각했다〔不可必得 故思其次也〕."

이에 만장이 다시 물었다.

"감히 여쭈어 보겠습니다. 어떻게 되어야 과격한 사람이라고 할 수 있습니까?"

"금장, 증석, 목피 같은 사람들이 공자가 말한 과격한 사람들이다."

만장이 되풀이해 물었다.

"무엇 때문에 그들을 과격하다고 하시는 겁니까?"

"그들의 뜻은 높고 커서 '옛날 사람은, 옛날 사람은' 하고 되뇌지만 그들이 행한 것을 공평히 살펴본다면 말대로 다 실천하지 못하고 있다네. 또 과격한 사람을 얻지 못하면 더러운 것을 가까이하지 않으려는 선비를 얻어서 가르치시기를 원하셨으니 그런 선비가 고집 센 사람들이라네. 고집 센 사람은 과격한 사람 다음 가는 자들이네."

과격한 사람은 하나를 선택하면 둘을 모른다. 하나만을 향해 질주하는 성격이 있기 때문이다. 불나방이 불을 향해 질주하듯이 과격한 사람은 하나를 정하면 그 하나를 향해 미친 듯이 질주한다. 공자는 이러한 사람을 광자(狂者)라고 했다. 고집 센 사람은 자신이 옳다고 여기는 것이 있으면 그것을 고집해 나아갈 뿐 다른 것과 타협하거나 흥정하지 않는다. 공자는 이런 사람을 견자(狷者)라고 했다. 울타리를 타고 기웃거리거나 남의 눈치를 보고 따라간다거나 남의 비위를 맞추려고 흉내내는 인간보다 차라리 과격하고 고집 센 사람이 더 낫다는 공자의 말에서 인간의 등급이 드러난다.

"내 집 앞을 지나면서도 내가 있는 방에 오지 않고 가 버려도〔過我門而不入我室〕 내가 유감스럽게 여기지 않는 자가 있다면 그 자는 향원일 것이다〔我不憾焉者其惟鄉原乎〕. 향원은 덕을 해치는 도둑이다〔鄉原德之賊也〕."

맹자는 이렇게 만장에게 공자의 말을 전해 준다. 향원(鄉原)은 말만 번지르르하게 앞세우는, 겉과 속이 다른 사이비 인간을 말한다. 위선자가 곧 향원이다. 덕을 해치는 인간이 곧 선을 망치는 인간이다. 선을 망치면 악만 무성해질 뿐이다.

부정한 짓을 하면서 정직을 부르짖고 전쟁을 도모하면서 평화를 부르짖는 거짓말쟁이들, 남에게는 선을 말하면서 자기 자신은 악을 범하고, 남에게는 사랑하라고 하면서 막상 자신은 사랑을 베풀 줄 모르는 위선자들, 아는 것을 앞세워 허세를 부리고 말만 크게 하는 허풍쟁이들, 이런 인간은 모두 공자가 미워하고 싫어했던 향원들이다. 제 밭의 잡초는 무성하게 버려두고 남의 밭에 있는 잡초를 흉보는 무리는 뻔뻔하고 영악하다. 만장이 향원의 인간형을 더 말해 달라고 간청하자 맹자는 이렇게 말해 주었다.

"이자들〔鄕原〕은 말만 거창하게 앞세워 어쩌자는 것인지〔何以是也〕? 말은 자신의 행동을 돌보지 않고〔言不顧行〕 행동은 자신의 말을 돌보지 않으면서〔行不顧言〕 걸핏하면 옛 사람, 옛 사람을 들어 팔기만 하고〔則曰 古之人 古之人〕, 하는 짓거리는 어쩌자고 독불장군과 같고, 냉랭하기 짝이 없는지〔行何爲踽踽凉凉〕? 이 세상에 태어났으면 이 세상에 맞게 살 것이요〔生斯世也 爲斯世也〕, 선하면 그만이다〔善斯可矣〕."

자기가 한 말에 책임을 지지 않고, 자기가 한 행동에 책임을 지지 않는 향원들은 말만 거창할 뿐 중심이 없다. 거만하고 오만하고 방자한 사이비 인간들이 못살게 군다. 맹자는 선을 유린하는 무리를 내시에 비유한다.

"내시처럼 세상에 아부하는 것들이 향원이다〔閹然媚於世也者 是鄕原也〕."

엄(閹)은 환관(宦官)을 말한다. 내시(宦官)는 사내 같지만 사내 구실을 할 수 없다. 내시는 사이비 사내다. 사내가 아니면서 사내인 척하자니 음흉하고 엉큼해야 한다. 향원은 그런 사이비 인간이다. 사이비 인간은 겉으로는 후한 척 하면서 속으로는 매정하고 잔혹하다. 자신에게 달면 삼키고 쓰면 여지없이 뱉고 등치는 사람이 바로 향원이다.

맹자는 이 세상이 바르고 제대로 살아야 하는 곳임을 강조한다. 이 세상에 사는 인간이라면 선한 존재가 되는 것만으로도 족하다. 그 밖에 다른 것은 필요 없다. 남에게 선하라고 말하지 마

라. 나 자신이 선하면 그만이다. 만장이 다시 물었다.

"한 고을에 있는 사람들이 모두 원인이라고 불려진다면 어디를 가든 원인 아닌 자가 없을 것입니다. 그런데 왜 공자는 행원을 덕을 해치는 자라고 한 것입니까?"

이런 질문으로 미루어 보아 만장은 향원을 왜 덕을 해치는 사이비 인간이라고 일컬었는지 몰랐던 모양이다. 만장은 향원을 한 고을〔鄕〕의 원인(原人)으로 해석하고 있었던 것이다. 원(原)은 원(愿)으로 통한다. 원(愿)은 덕이 후하고, 근신하고, 착한 것을 뜻한다. 그랬기 때문에 만장은 원인(原人)은 착한 사람인데 왜 사이비 인간이라고 하느냐고 물었던 것이다. 만장의 질문에 맹자가 답했다.

"향원은 비난하려 해도 딱 들이댈 증거가 없고〔非之 無擧也〕, 그 놈을 따끔하게 해 주려 해도 따끔하게 손봐 줄 거리가 없다〔刺之無刺也〕. 시류에 동조하고〔同乎流俗〕, 더러운 세파와 야합하고〔合乎汙世〕, 성실하고 믿음직한 것처럼 행세하고〔居之似忠信〕, 청렴결백한 것처럼 행동해〔行之似廉潔〕 모든 대중이 그 속도 모르고 다들 향원을 좋아한다〔衆皆悅之〕. 스스로도 옳다고 여긴다〔自以爲是〕. 이런 인간들과 더불어서는 요순의 길에 들어갈 수 없다〔不可與入堯舜之道〕. 그래서 공자는 향원을 두고 덕을 해치는 도적이라고 했다〔故曰德之賊也〕."

여기서 비지(非之)와 자지(刺之)의 지(之)는 향원을 받는 대명사다. 비(非)는 비난한다는 뜻이고, 자(刺)는 따끔히 혼내 준다는 말이다. 유속(流俗)은 천한 시류(時流)를 뜻하며, 오세(汙世)는 추잡하고 혼탁한 세상을 뜻한다. 철저한 위선자가 향원인데, 뭇사람들은 그 속도 모르고 겉만 보고 선한 인간〔原人〕으로 착각하고 있음을 맹자는 꼬집고 있는 중이다.

일제 때 철저하게 왜놈의 앞잡이 노릇을 했던 한 지식인이 있었다. 그는 해방이 되자 가장 먼저 자기 비판의 성명서를 내고 자유당 시절 대학 교수가 되어 독재 정권에 빌붙어 출세를 했다. 그는 4 · 19로 자유당 정권이 무너지자 다시 자기 반성문을 발표하여 대학 총장의 자리에까지 올랐다. 5 · 16 이후에는 또다시 자기 고해를 하여 출세를 지속했고, 유명 인사 그룹에 끼었다. 여든 살이 넘어서는 단군 성전에 나아가 제향을 올리는 자리를 얻기도 했다. 이런 자는 천하의 사기꾼이요, 대중을 속여먹는 위선자다. 이런 위선자를 공자는 향원이라고 질타한다. 지금도 향원의 무리가 세상을 더럽히고 못살게 굴고 있다. 그러면서 맹자는 만장에게 공자의 말을 들려주었다.

"사이비를 미워한다〔惡似而非者〕. 밭에 나는 강아지풀을 싫어하는 것은 곡식의 싹을 어지럽힐까 두려워서다〔惡莠恐其亂苗也〕. 잘도 둘러대는 구변을 싫어하는 것은 말의 참뜻을 어지럽힐까 두려워서다〔惡佞恐其亂義也〕. 날카로운 구변을 싫어하는 것은 신용을 어지럽힐까 두려워서다〔惡利口 恐其亂信也〕. 저속한 음악을 미워하는 것은 진정한 음악을 어지럽힐까 두려워서다〔惡鄭聲 恐其亂樂也〕. 자줏빛을 싫어하는 것은 붉은 빛을 어지럽힐까 두려워서다〔惡紫 恐其亂朱也〕. 향원을 미워하는 것은 덕을 어지럽힐까 두려워서다〔惡鄕原 恐其亂德也〕."

유(莠)는 밭곡식을 자라지 못하게 하는 잡초 따위를 말한다. 영(佞)은 변명과 구실을 둘러대는 구변이고, 이구(利口)는 자기에게만 유리하게 둘러대는 달변이다. 정성(鄭聲)은 저속한 음악을 말하고, 악(樂)은 바른 음악(音樂)을 말한다. 자(紫)는 혼합색인 자줏빛이고, 주(朱)는 붉은 원색이다. 혼합색은 줏대 없음을 비유하고, 원색은 중심이 분명하게 잡힌 마음가짐을 비유한다. 사이비 인간은 자신만을 이롭게 하고 남을 해치는 구변을 지녔으며, 너절하고 더럽다. 또 유리함과 불리함을 따져 변절을 일삼는다. 공자는 이러한 위선자를 향원이라 일컬었고, 그들을 미워했다.

남을 등치고 사기 치며 인생을 속이는 사이비 인간은 악할 수밖에 없다. 사이비 인간에게는 인의의 상도(常道)란 없다. 선을 행하는 변함없는 길, 그 길이 바로 상도다. 그러한 상도를 경(經)이라고 한다. 맹자는 만장에게 이렇게 결론지어 준다.

"군자는 상도로 돌아갈 뿐이다〔君子反經而已矣〕. 상도가 바로잡히면 온 백성에게 선한 기풍이 일어나고〔經正則庶民興〕, 서민이 선하게 흥하면 사악하고 더러운 것들이 없어진다〔庶民興 斯無邪慝矣〕."

27

성인(聖人), 그리고 성인(聖人)

언제쯤 성인이 출현할까

《맹자》의 마지막 장을 보면 누구나 맹자를 향해 옷깃을 여미게 된다. 맹자는 인간을 아프게 하는 역사와 문화 앞에서 고뇌하고 절망한다. 맹자가 겪는 상처의 아픔은 바로 모든 인간들의 것이기 때문이다. 인간은 점점 야수화되어 가고, 그 야수는 물질화로 치달아 빼앗을 줄만 알지 베풀 줄은 모르는 군상(群像)이 되었다. 전쟁의 동물로 표변해 힘만 믿고 잔학해져 가는 패거리들, 그로 인해 천하의 백성은 신음하고 아파한다. 맹자는 이런 미래를 고뇌했다.

백인의 기계 문명이 인간을 훔쳐 갔다. 지금은 동서가 합작해 인간을 더욱 물질화하려는 징후가 폭풍처럼 넘실대고 있다. 인간이 이룩한 문명이 인간이 도둑질하게 하는 모습은 인간이 짓는 어리석음의 극치요, 치욕의 연쇄 반응이다. 그런데도 인간은 살덩이만 남고 마음은 화석처럼 굳어져 사랑하는 방법을 잃어버리고 행복을 나눌 수 있는 보금자리를 상실해도 좋다는 듯 막다른 골목으로 치달으려고만 한다.

맹자는 파멸의 난간에 선 인류의 선생이며 성현이다. 맹자를 유가의 울타리 속에 묶어 두지 마라. 도둑질 당한 인간을 찾아내는 비밀을 열 수 있는 열쇠가 맹자의 말속에 살아 있기 때문이다. 그 속에는 내가 나를 행복하게 하는 비밀도 있고, 모든 사람들과 더불어 행복을 나눌 수 있는 비밀도 있다. 맹자는 그런 비밀을 감추거나 숨겨 두지 않고 누구나 사용할 수 있게 드러내 놓았다. 맹자가 설파한 인간 생존을 위한 비밀, 그것은 인간을 다시 태어나게 하는 지혜의 말들이다. 이러한 맹자의 말에 귀를 막지 마라. 그리고 맹자가 마지막에 남긴 절규를 경청해 보라. 그러면 맹자가 무엇 때문에 인간 앞에서 절망했는지를 알 수 있을 것이다.

"요순에서 탕 왕 때까지 오백 년이 지나갔다. 우(禹)와 고요(皐陶) 같은 분들은 요순을 직접 뵙고 알았다. 탕 왕 같은 분은 요순을 들어서 알았다. 탕 왕에서 문 왕까지 다시 오백 년이 지나갔다. 이윤(伊尹)과 내주(來朱) 같은 분들은 탕 왕을 보고 알았다. 문 왕 같은 분은 탕 왕을 들어서 알았다. 문 왕에서 공자까지 또 다시 오백 년이 지나갔다. 태공망(太公望)과 산의생(散宜生)은 문 왕을 보고 알았고, 공자 같은 분은 들어서 알았다. 공자에서 지금까지 오백 년이 지나갔다. 성인이 살던 때에서 이토록 가깝고, 성인이 살던 고장에서 이토록 근접해 있다. 그러나 그를 아는 사람은 나오지 않는구나. 그러니 앞으로도 나오지 않을 것이다."

맹자는 《맹자》마지막 장에서 이렇게 목놓아 절규하고 있다.

성인(聖人)은 누구인가? 사람이 되는 방법을 터득하게 해 주는

지고한 선생이다. 성인은 선으로 악을 정복하고, 온 천하를 햇빛처럼 덕을 비추어 주는 지혜를 남김없이 베푼다. 세상의 소란을 잠재우고 평화를 누리게 하는 분이 바로 성인이다. 맹자는 바로 그런 성인을 기다리는 것이다. 왜냐하면 온갖 패자들이 인간을 못살게 후려치는 현실이 아프기 때문이다.

성인도 없고 성현도 없는 세상이 오늘날까지 이어져 왔다. 맹자가 가고 오백 년이 다섯 번이나 돌아갔지만 맹자의 예언대로 성인은 오지 않고 수없는 패자들만 군림하고 난세만 이어지고 있다. 기술이 아무리 발달해도 도둑질 당한 인간을 찾아 주지 못하는 것이 역사요, 문명임을 우리는 이제 깨닫고 있다. 그러나 성인이 강림하지 않는다고 영영 도둑질 당한 상태로 살 것인가? 그래선 안 된다. 도둑질 당한 인간을 찾을 수 있는 방법이 있다. 성인과 성현들이 남기고 간 말을 귀담아 듣고 삶을 경영한다면 도둑질 당한 인간을 찾아낼 수 있다. 성인은 죽지도 않고 사라지지도 않는다. 다만 인간들이 성인의 말을 잊었을 뿐이다.